教师教育丛书

丛书主编：李存雄　赵守盈

U0862654

教育学导论

JIAOYUXUE DAOLUN

主编　袁凤琴

暨南大学出版社
JINAN UNIVERSITY PRESS
中国·广州

图书在版编目（CIP）数据

教育学导论/袁凤琴主编. —广州：暨南大学出版社，2010.9（2013.1 重印）
（教师教育丛书）
ISBN 978－7－81135－601－4

Ⅰ.①教… Ⅱ.①袁… Ⅲ.①教育学 Ⅳ.①G40

中国版本图书馆 CIP 数据核字(2010)第 159014 号

出版发行：暨南大学出版社

地　址：中国广州暨南大学
电　话：总编室（8620）85221601
　　　　营销部（8620）85225284　85228291　85228292（邮购）
传　真：（8620）85221583（办公室）　85223774（营销部）
邮　编：510630
网　址：http：//www. jnupress. com　http：//press. jnu. edu. cn

排　版：广州市天河星辰文化发展部照排中心
印　刷：广东省农垦总局印刷厂

开　本：787mm×960mm　1/16
印　张：16. 625
字　数：354 千
版　次：2010 年 9 月第 1 版
印　次：2013 年 1 月第 4 次

定　价：29. 80 元

前　言

课程改革，教材是关键。随着教师专业化进程的大力推进，人们对教育学课程的期望也相应地提高了。教材是课程的重要载体，因此，编写一本好的教育学教材，一直是各师范院校教育学教师们孜孜以求的愿望。为实现这一愿望，贵州师范大学教育科学学院教育学学科组的老师们历经一年多的时间，完成了本书的编写工作。本书的编写完成并不意味着我们真正实现了这一愿望，因为我们深深地知道“路漫漫其修远兮，吾将上下而求索”。

为了便于学生学习，了解教育学知识的基本结构，同时又充分体现教育学自身的话语内容和话语特征，我们不是简单地给予教育学以固化的概念和僵化的定位，而是在吸纳、借鉴、融合、创新的基础上，按照严密的逻辑顺序构建了本书的结构框架，对教育学的知识进行了较为系统的探讨，力图为未来教师提供教育学知识的基本结构和教育工作实践的全景透视，旨在引导学生逐步对教育学中的基础理论和基本技能加以明晰化的理解，并逐渐提升学生们学习教育学这门学科的兴趣。该书在编写时，既考虑到如何有利于教师的课堂讲授与辅导，又顾及到如何有助于学生的课后复习和思考，使其具有更强的针对性和有效性。

本书力求反映教育研究的新成果，并着力使教材的结构合理、内容精练、表述流畅、论述有条理。在通过若干次讨论后，大家对该书的基本框架达成共识，在观点基本一致的前提下，充分尊重每一位作者的学术自由。各章节执笔人如下：前言和第一章，袁凤琴；绪论，冉源懋；第二章第一、二节，葛晓穗；第二章第三节，韦永琼；第三章，滕鲁阳；第四章，刘振琪 、张地容；第五章，龙玲玲；第六章，张维娜；第七章第一、二节，张湘韵；第七章第三节，李兴韵；第八章第一、二节，李纯；第八章第三节，王荣兰；第九章，雷松岭；第十章第一、二节，穆陟today；第十章第三节，万华。

本书可以作为高等师范院校教育学公共教材，也可以作为中小学教师继续教育的教材。

知识发展日新月异，由于我们水平有限，再加之时间紧张，书中不妥之处在所难免，敬请大家批评指正。对于引注存在的疏漏，诚望广大读者指正，我们将及时更正。我们更热切地希望使用本教材的师生提出宝贵的意见和建议，以便我们修订。

编　者

2010 年 7 月于贵州师范大学

目　录

绪　论

学习目标

1. 了解关于教育学研究对象的各种观点
2. 了解教育学的基本研究目的
3. 识记教育学研究的基本方法
4. 领会学习教育学的基本方法

第一节　教育学概述

一、教育学的研究对象

每个学科领域都有自己独立的研究对象，研究对象的确定性是衡量一个学科领域研究成熟程度和水平的重要标志，教育学研究也不例外。教育学的对象问题，是人们特别是近现代社会的学者们在对人类教育活动的认识过程中逐步意识和逐步升华出来的。① 由于观察的视角和所持的方法论不同，人们对教育的理解不同，因而对教育学的学科性质有不同的认识，对教育学的研究对象也有不同的定位，并出现了多种多样的观点和学说。

（一）国外学者的观点

捷克教育家夸美纽斯提出，教育学是“阐明把一切事务交给一切人类的全部艺术”②。他把教育学的研究对象理解为教学艺术。

德国教育家赫尔巴特认为：“教育学是教育者自身所需要的一门科学，但他还应当掌握传授知识的科学。”他把教育学的研究对象理解为“传授知识的科学”，即教学法。

---

① 成有信. 教育学原理. 郑州：大象出版社，1993

② ［捷克］夸美纽斯. 大教学论. 傅任敢译. 北京：教育科学出版社，1999

美国学者亨德森在《教育百科全书》中认为："教育学（pedagogy）通常被理解为教的科学和艺术……几百年来，对教育过程的研究，就被叫做'教育学'。"这一定义是把教育学的研究对象理解为教育过程。

苏联教育家皮斯库诺夫认为："教育学是关于专门组织的、有目的和系统地培养人的活动的科学，是关于教育、教养和教学的内容、方式和方法的科学。"他把教育学的研究对象理解为教育活动及其要素。

日本学者春井实在《教育学的理论问题》一书中对教育学的对象进行了较全面而系统的分析，并提了教育学的研究对象是"教育问题"的结论。[①]

法国的贝斯特说："教育学……既是教育的科学，又是教育的艺术。但是，法国的语言通常不允许用一个词既表示一种艺术又表示与艺术相对应的科学，我们必须在两者之中作出选择。因此，我直接把教育学定义为教育的科学，为什么教育学是一门科学而不是一门艺术？因为教育学的本质中更多的是理论分析，而不是活动过程本身，教育学通过理论分析来发现、评价和协调这些过程。"

（二）我国学者的观点

我国著名教育学家顾明远教授认为，教育学是研究人类教育现象及其一般规律的学科，是从总结教育实践经验的过程中逐渐形成的理论，是经过长期积累而发展起来的。[②]

孙喜亭教授曾在《教育学问题研究概述》一书中对日本、苏联和我国学者关于教育学研究对象问题进行专门研究和分析，并提出："教育学应是以教育事实为基础的教育中的一般问题为研究对象的。"[③]

扈中平教授等在《现代教育理论》（第2版）一书中提出，根据对概念下定义的逻辑规则，可得到"宏观"、"中观"和"微观"三种教育学的定义。①宏观教育学（作为教育科学总称的教育学）：教育学是以教育活动为研究对象，以揭示教育规律为宗旨的社会科学。作为教育科学总称的教育学的研究对象是教育活动，研究的目的是揭示教育规律。②中观教育学（作为单独学科的教育学）：教育学是一门对教育与社会、教育与人的发展的相互关系以及学校教育的各个方面进行研究的教育科学。作为学科的教育学的研究对象是"教育与社会、教育与人的发展的相互关系以及学校教育的各个方面"，研究的目的不只是揭示教育规律，更重要的是为学校教育实践提供理论和规范的指导。③微观教育学（作为教师教育必修专业课程的教育学）：教育学是以广义教育的理论知识和学校教育的实践规范为主要内容的课程。作为课程和教科书的教育学是"规范教育学"，其研究对象是"教育应当是

---

① ［日］大河内一男等. 教育学的理论问题. 曲程，迟凤年译. 北京：教育科学出版社，1984

② 顾明远. 教育大辞典. 上海：上海教育出版社，1988

③ 孙喜亭. 教育学问题研究概述. 天津：天津教育出版社，1989. 13

什么”、“应当做什么”和“应当怎样做”这样的教育知识和学校教育的实践规范问题①。

综观国内外学者关于教育学的基本认识可以看出：教育事实、教育活动、教育现象、教育问题、教育规律、教育原理与方法等都曾被确定为教育学的研究对象。这都有一定的合理性。

我们认为，教育是为培养人而建构的社会活动系统，它的核心问题是引导和规范人的发展，是解决培养什么样的人和怎样有效培养人的问题。教育是有规律的。而所谓规律，指的是不以人们意志为转移的客观事物内在的本质性的联系及其发展变化的必然趋势。教育规律就是教育内部诸因素之间、教育与其他事物之间的具有本质性的联系，以及教育发展变化的必然趋势。学术界对教育活动的基本矛盾和基本规律基本上达成了共识：教育与社会发展之间的矛盾或规律，即教育要适应和促进社会发展的规律；教育与人的身心发展之间的矛盾或规律，即教育要适应和促进人的身心发展的规律。这被认为是教育活动的两个最基本规律，教育其他方面的各种矛盾或规律都是由此派生出来的，最终又复归于这两个基本规律之中。

教育现象是指人类各种教育活动的外在表现形式。有研究认为，它有三个规定性：①它是一种可以感知、可以认识的古今中外已存在或正存在于现实中的存在物；②它是教育实践的表现物或正从事着的教育实践，包括各种形式、各种类型、各种模式的教育事实、教育活动等；③它是以教与学为主体形式的客观存在，不以教与学为主体形式的活动不能称为教育活动，也不能称为教育现象。教育问题是在特定的条件下教育活动中出现的具体矛盾，教育问题的提出标志着教育学的萌芽，教育问题的发展是推动教育学发展的内在动力。教育广泛地存在于人类社会生活之中。人们为了有效地进行教育工作，需要对它进行研究，以便总结教育经验，认识教育规律。在这一意义上说，教育学就是通过对教育现象和教育问题的研究，去揭示教育规律的一门科学。

教育学的研究对象有多种选择，教育学有科学与哲学、实然与应然等多种研究取向，且在不同的历史时期，面对不同的对象和任务，教育研究也表现为不同的理论形态和思想观点。

二、教育学的研究目的

任何一门学科都有其特定的研究目的，因此研究目的也就成为一门学科区别于其他学科最主要的依据。一门学科的研究目的反映了它的有用性，有用性是一门学科得以产生并不断发展的根本动力所在，而一门学科的有用性大致可分为三个方面：①对学习者有用；②对国家、社会有用；③对学科本身有用。因此，教育学研究的

① 扈中平. 现代教育理论（第2版）. 北京：高等教育出版社，2005

目的也可以从这三个方面窥见其一斑。

（一）学习者的视角

1. 给予学习者以基本的教育理论知识，使之懂得并掌握教育、教学工作的一些基本规律

在社会生活中，人的实际需要具有决定性意义。凡是为人所需要的，人们总要去研究它，以达到满足这种需要的目的。理论的作用在于指导实践，教育学的研究目的就在于指导教育实践。人们之所以研究教育学，原因就在于对教育学的需求，在于对教育进行深刻认识和掌握其客观规律的需求，最终将之运用到社会实践，促进教育的发展和进步，进而实现推动社会全面进步的长远目标。学习教育、教学的理论知识可以让学习者明确方向，统观全局，在具体的教育、教学工作中，能使我们站得更高，看得更远、更全面。

2. 给予学习者以方法、技术方面的原则指导

一个教师应该掌握他所教学科的教材，也应该熟悉他所教学科的教法。他应该知道教什么，也应该知道怎样教。在师资培养上，偏重怎样教而忽视教什么是不对的。但是，在掌握了教材之后，或在掌握教材的同时，也学习一些教育、教学的方法与技术，这肯定对教育、教学工作有用处，因而这样的学习是必要的。

教育学不限于教学法，它不是教学方法、技术的汇编。除了教学方法与技术，教育学还阐述了指导教学方法、教学技术的运用原理和原则，以及这些原理和原则所根据的教学工作中的规律。这些原理、原则和规律的知识，对实际教学工作的作用来看似乎更为间接。如果不跟具体的方法、技术联系起来，它们是空洞的，没有实效的。但只要联系实际，这些教学原理、原则和规律就可以帮助教师把自己的教育教学工作从感性的、经验的状态中解放出来，形成既具有个人风格又扎根在坚实理论基础之上的研究成果。

3. 提高学习者从事教育工作的信心和决心，促进教师的专业发展

通过对教育学的学习，对坚定未来教师从事教育工作的信心和决心是有帮助的。学习教育学应使师范生对教育事业有更大的兴趣，感到教育事业大有可为。同时，对于入职的教师，则可以帮助他们充分认识自身职业的神圣性和不可替代性，进而树立坚定的职业理想，并为之不断努力。这正是教师专业发展的必备前提和必由之路。

（二）国家、社会的视角

1. 教育学要为现实的教育改革探索新的道路

现在，我国社会主义已经进入一个新的历史阶段，教育要随着社会的进步而发展，但它要有教育科学研究作“探子”，探索教育发展的客观规律，遵循教育发展的规律。因为教育改革中有大量的理论问题和实际问题亟待研究解决。在这种新的

形势下，教育科学研究如果落后于教育改革的需要，其矛盾就会愈加尖锐起来，对此缺乏应有的认识，必将影响我国教育事业的发展。

2. 预测未来教育

我国教育的前景如何？现代化的教育世界如何向前发展？这是广大教育科学工作者非常感兴趣的研究课题。在这里，马克思主义认识论为我们预测未来教育提供了锐利的思想武器，深入地、科学地剖析世界教育发展的过去和现在，就可能看出现代教育的大趋势。马克思总结了人类历史发展的基本规律，科学地揭示了未来社会的美好前景。列宁也曾指出，搞社会主义建设不仅要善于解释过去，而且要能大胆地“预测未来”。因此，预测未来教育的发展趋势，不仅是必要的，而且也是可能的。

（三）教育学自身发展的视角

教育学是一门注重理论的科学，其所担负的认识功能关键在于形成人们的教育思维。不同的人对同一客观事物会有不同的看法，这里面起决定作用的就是不同的思维方式。教育思维就是从教育学的角度来观察、思考教育事实。目前的教育学著作恰恰对这一点注意不够，因而不能形成人们正确的教育认识，不能使人深入把握教育规律。教育学的认识功能是至关重要的，它有助于加深人们对教育在社会中意义的理解，加深人们从事教育活动的自觉性；有助于人们在各种纷繁复杂的教育思想、教育学说、教育现象中辨别是非，把握真理；有助于人们对教育决策的正确理解和灵活贯彻。加强教育学的认识功能，应是当前教育学教材改革的重要任务。

因此，从教育学这一基本的认识功能出发，可以看出，这门学科的发展必须注重理论的研究和建构，形成独具特色而又与实践紧密结合的学科体系，推动学科的不断发展。

三、教育学的主要研究方法

教育科学的研究方法是个广阔的课题，包括历史唯物主义方法和唯物辩证认识论方法。除此以外，在研究过程中，还包括观察、实验、调查、研究文献的方法，理性思维中抽象的方法、逻辑的方法、数学的方法，现代科学方法中控制论、信息论、系统论的方法，建立理论体系中的历史与逻辑统一的方法，抽象上升到具体的方法，科学论证的方法等。然而，阐明这些方法是很复杂的问题，现介绍几种探索教育规律的一般常用方法。

（一）教育文献法

文献法是一种既古老又富有生命力的科学研究方法。无论哪一种社会活动，想要留下永久的痕迹，都离不开各种文献。因此，文献法也称历史文献法，就是搜集、分析和研究各种现存的有关文献资料，从中选取信息，以达到某种调查研究目的的方法。它所要解决的是如何在浩如烟海的文献中选取适用于课题的资料，并对这些资料作出恰当的分析和使用。教育文献法就是通过阅读与教育相关的文件、资料、图书、作业、作品、试卷等，全面而准确地掌握所要研究的情况。文献法要求的材料，最好是第一手原始材料。如果是间接材料，首先要鉴别其真伪及是否准确。文献法的实际操作步骤为：①搜集一切可以搜集的文献，并从中选择出重要的和确实可用的材料；②详细阅读有关文献，认真审阅，并作摘录、分类；③分析研究材料，提出研究意见，确立大纲；④写出研究报告。

人类活动与认识的无限性和个体生命与认识的有限性的矛盾，决定了我们在研究过去的事实时必须借助于文献。千百年来，丰富的教育文献资料积累了无数有关的教育事实、数据、理论、方法以及科学假设和幻想，成为人类宝贵的精神财富。

（二）教育观察法

1. 教育观察法的含义、特点和功能

（1）教育观察法的含义。

研究者在比较自然的条件下，通过感官或借助于一定的科学仪器，在一定时间、一定空间内进行的有目的、有计划地考察并描述教育现象的方法。

（2）教育观察法的主要特点。

第一，目的明确。观察是根据研究课题的需要，为解决某个问题而主动进行的，目的在于获得直接的经验事实素材。

第二，真实自然。观察是在观察对象不加干预控制的自然状态下进行的，从而使研究者能够考究被观察者在教育教学活动和日常生活中的自然的、真实的、典型的以及一般的心理与行为表现。

第三，直接翔实。观察者和对象共处一体，研究者能够直接地、准确地了解正在发生的教育现象及采取某措施而发生的现象，获得真实、生动、翔实的资料。

（3）教育观察法的功能。

第一，可以了解学生的学习、生活、娱乐等方面的情况，以进一步探寻学生学习、成长过程中的规律，深入研究教育现象、教育规律，改进教育工作。

第二，可以了解教师的教育、教学活动，帮助我们系统地观察教师在课堂教学中的活动情况，从而探讨与教师教学活动有关的规律。

第三，可以了解学生与教师的关系，研究教育者与被教育者之间的相互影响，促进学生更好地发展。

第四，可以了解学生与教师的群体氛围，揭示各项教育因素的作用，使教育过程得到更好的调控，从而产生更好的教育效果。

第五，可以了解其他教育影响的作用，比如内外环境、教学手段、教材等方面的情况。

2. 教育观察法的分类

(1) 自然观察法和实验观察法。

自然观察法是在自然状态下，即事件自然发生而观察环境不加改变和控制的状态下进行的观察。

实验观察法是在人工控制的环境中进行的系统观察，具有明确的观察目的和周密的实施计划。对观察对象的行为表现作精确的观测，对被观察者的行为的一个或一个以上的影响因素（自变量）进行控制，并观察这种控制对被观察者的行为表现（因变量）的影响，从而发现这些影响因素与被观察者的行为表现之间的关系。

(2) 直接观察法和间接观察法。

直接观察是直接通过观测者的感官考察被研究者的活动，获取具体而初始的第一手材料的方法。

间接观察是观察者借助一定的仪器、设备考察研究对象活动的方法。

(3) 参与式观察法与非参与式观察法。

参与式观察法是研究人员参与到观察对象的活动之中，通过与观察对象共同进行的活动从内部进行观察。所有的参与观察研究都介于“参与者的观察”与“观察者的参与”之间。

非参与式观察法是研究者不参与被观察者的任何活动，完全以局外人的身份进行观察的方法。

(4) 全结构观察法和非结构观察法。

全结构观察法是在观察前有详细的观察计划、明确的观察指标体系，观察时严格按计划进行，能对整个观察过程进行系统地、有效地控制和完整、全面地记录。

非结构观察法是研究者只有总的观察目的和要求，或只有一个大致的观察范围和内容，没有详细的观察计划和观察指标体系。

(5) 时间取样观察法和事件取样观察法。

时间取样观察法是在选定的一定时间内进行观察，对观察对象在这一时间段内或这一时刻发生的各种各样的行为表现和事件作全面观察记录。

事件取样观察法是对某种研究目的有关的、预先确定了的、有代表性的行为或现象以及背景、起因、经过、结果、持续时间等方面进行的观察和记录。

（三）教育实验法

教育实验法是在人工控制教育现象的情况下，有目的、有计划地观察教育现象的变化和结果的一种方法。它能使观察、研究更精密，便于弄清每一个条件下所产生的影响，保证研究工作的准确进行。

实验法分为自然实验法和实验室实验法。教育研究多采用自然实验法。自然实验法是在正常情况下进行的，以取得更加准确的材料和数据。没有教育实验，严格来说，就没有真正的教育科学。实验法一般可分为单组法、等组法和循环法三种。

单组法，就是在一组或一个班中进行实验，研究施加某一实验因子之后，在与施加之前或施加另一实验因子之后比较，效果上有何不同。等组法，就是将各方面基本相同的两个班或组，分别施以不同的实验因子，再来比较其效果，作出肯定或否定的评价。循环法，是把各个不同的实验因子，按照预定的排列顺序，分别施加在不同的班或组中，然后把每个因子的几次效果加在一起进行比较，作出结论。进行实验要事先拟订好试验计划，选好实验对象，确定实验方式，想好实验手段，认真做好实验记录，处理好实验结果，最后得出实验结论。必要时可进行反复实验，以验证结论的可靠程度。

（四）比较法

比较法是经常运用于教育研究的一种方法。比较研究不仅是研究各国教育的基本方法，而且也是研究我们一个国家、一个地区、一个学校、一个课题的重要方法。研究教育上诸问题，应寻找出比较与被比较对象之间的差异，以便我们获得新认识。有比较才有鉴别，只有通过比较，才能认识事物的异同，才能把握事物的本质。比较的根本要求是同质相比，而在同一教育问题上由两个或两个以上的单位进行比较，进行比较的材料必须是同类范围的，采用的标准、处理的方法必须都是统一的，否则就没有可比性。

比较研究，可分为横向比较和纵向比较。横向比较即在同时代的不同国度、民族、地区、学校等之间在某一课题上的比较。纵向比较即同一国家、民族、地区、学校等在某一课题上自身现在与过去的比较。横向比较做得正确，有助于我们大开眼界，全面认识自己研究的课题。纵向比较做得正确，有助于我们从历史经历中探索自己研究课题的变化线索和规律。事实上，在研究工作中，横向比较与纵向比较总是相辅相成的。任何较重要的课题，总要从静的方面进行横向比较，又要从动的状态进行纵向考察，这样才能较全面地把握所考察的事物。离开了“横向”和“纵向”的结合，比较研究就难以完成研究任务。

比较研究法的步骤：一般来说，先广泛搜集所要研究课题的教育资料，然后对资料进行分析比较，进而得出比较的结论。按照美国贝雷迪在《教育中的比较法》一书中所提出的见解，比较教育研究工作可分四步：第一，描述，主要任务是描述各个国家的教育制度和教育实践。为此，必须广泛搜集资料。第二，解释，主要是对所了解的教育情况进行解释，并从社会、经济、心理诸方面分析影响教育的各种原因。第三，并列，主要是把要比的材料按可比的形式排列起来，决定比较的格局，确立比较的标准，然后进行资料分析，提出比较分析假说。第四，比较，即全面的比较研究，验证假说，作出结论。贝雷迪所提出的比较研究的步骤和方法，把这一方法完善化、具体化了，对我们有重要参考价值。

（五）教育统计法

统计法是把通过观察、测验、调查、实验所得到的大量的数据材料进行统计分类，然后对问题作出数量分析的一种方法。这是数理统计法在教育上的应用。统计法可用于研究教育问题的各个方面，如对教育行政效率的检验、对教育经费的合理分配、对课程量规定的测定、对学生成绩科学的比较等。教育统计分为描述统计和推断统计两大类。统计法一般分为两大步骤：第一，统计分类：整理数据，列成系统；分类统计，绘制统计表或统计图。第二，数量分析：通过数据进行计算，找出集中趋势、离中趋势或相关系数等，以便从中找出规律性的东西。掌握统计法，必须学统计学，以掌握科学推理方法和统计计算技术。

（六）个案研究法

个案研究（case study）是指对某一个体、某一群体或某一组织在较长时间里连续进行调查，从而研究其行为发展变化的全过程，这种研究方法也称为案例研究法。

个案研究法亦称个案历史法，它是追踪研究某一个体或团体的行为的一种方法。它包括对一个或几个个案材料的收集、记录，并写出个案报告。在现场收集数据的叫做“实地调查”。它通常采用观察、面谈、收集文件证据、描述统计、测验、问卷、图片、影片或录像资料等方法。在大多数情况下，尽管个案研究以某个或某几个个体作为研究的对象，但这并不排除将研究结果推广到一般情况，也不排除在个案之间作比较后在实际中加以应用。对个案研究结果的推广和应用属于判断范畴，而非分析范畴，个案研究的任务就是为这种判断提供经过整理的经验报告，并为判断提供依据。在这一点上，个案研究有点像历史研究，它在判断时常需描述或引证个案的情况。因此个案研究法亦称“个案历史法”。

（七）教育调查法

教育调查法是在科学方法论和教育理论的指导下，通过运用问卷、访谈、测量等科学方式，有目的、有计划、系统地收集有关教育问题或教育现状的资料，从而获得关于教育现象等科学事实，并形成关于教育现象的科学认识的一种研究方法。

1. 问卷调查

亦称“书面调查法”，或称“填表法”，是用书面形式间接搜集研究材料的一种调查手段，是通过向调查者发出简明扼要的征询单（表），请其填写对有关问题的意见和建议来间接获得材料和信息的一种方法。

问卷调查，按照问卷填答者的不同，可分为自填式问卷调查和代填式问卷调查。其中，自填式问卷调查按照问卷传递方式的不同，可分为报刊问卷调查、邮政问卷调查和送发问卷调查；代填式问卷调查按照与被调查者交谈方式的不同，可分为访问问卷调查和电话问卷调查。

2. 访谈调查

访谈，就是研究性交谈，是以口头形式，根据被询问者的答复搜集客观的、不带偏见的事实材料，以准确地说明样本所要代表的总体的一种方式。尤其是在研究比较复杂的问题时需要向不同类型的人了解不同类型的材料。访谈调查法（interview）又称晤谈法，是指通过访员和受访人面对面地交谈来了解受访人的心理和行为的心理学基本研究方法。

在访谈过程中，尽管谈话者和听话者的角色经常在交换，但归根到底访员是听话者，受访人是谈话者。访谈以一对一为主，但也可以在集体中进行。

3. 测量调查

所谓测量调查，是用一组测试题（标准化试题或教师自编题）去测量某种教育现象的实际情境，从而收集资料数据进行研究的一种方法。其基本特点是根据一定法则，以测验为工具对研究对象进行测试并进行数量化分析。①

根据不同的分类标准，可以得出不同的测量类型。一般按行为目标、测验内容划分，可将测量分为四大类，即智力测量、能力倾向测量、成就测量和个性人格测量。

四、教育学的研究任务

根据教育学的定义，我们认为普通教育学的研究任务在于揭示教育的各种规律，并在揭示教育规律的基础上，阐明学校教育工作的原理、原则、方式、方法和组织形式等问题，为教育工作者提供理论和方法上的依据。

具体来说，教育学研究的基本任务是揭示教育规律，形成教育的基本原理和理论、方法体系，为教育实践提供价值理念、理论和方法的指导。

教育学要揭示教育规律。教育活动有两个最基本规律：教育与社会发展之间的规律，即教育要适应和促进社会发展的规律；教育与人的身心发展的规律，即教育要适应和促进人的身心发展的规律。此外，还有许许多多其他的规律，它们要么从这两大规律中衍生，要么复归于这两大规律之中。例如，作为教育活动对象的人的个性素质的发展，包括生理的、心理的、认识的、品德的、审美的素质的发展及其相互关系，是有规律的；办教育、选择教育内容和方式、进行教育教学管理等都是有规律的；进行有效的教与学的活动、激发学生的主体性与创造性等都是有规律的。教育学就是要研究这些规律，为教育提供科学合理的依据。应当承认，教育学对教育规律的研究还很不够，教育学的科学性还有待加强。

教育学要研究教育的价值问题，形成顺应历史发展、符合时代特征的，合理的价值观念体系，并形成教育活动的具体规范，用以指导教育实践。教育不只是一种

① 裴娣娜. 教育研究方法导论. 合肥：安徽教育出版社，2005. 196

有规律的活动系统，它同时也是一种有价值取向的活动系统。人们在建构和参与教育活动时会自觉或不自觉地把自己对生活的理解与态度和对人生意义与社会理想的选择和追求作为出发点，形成教育价值观念，引领和规范人的发展和人的教育。在现实生活中，不存在只讲规律、保持价值中立的教育。教育是一种人的主体性活动，是关注和关怀人的发展的活动。因此，教育学又是一门探讨教育价值观念或教育应然状态的学科。科学主义、价值中立学说不承认或不愿意承认教育的价值属性，但不能阻止人们对教育价值观念的正当性、合法性的探求。教育所设定的价值指向是否符合人的生存目的论、是否有利于人的生存和发展，这是判断教育价值观念的根本尺度。我们应当认识到，教育学对教育的价值观念的研究也是很不够的，教育中许多与先进的教育价值观念背道而驰的现象时有发生，重培训轻教育、重知识轻品德、重科技轻人文等现象值得我们好好反省。

教育学要研究教育的基本原理和基础理论和方法等，形成学科的理论知识体系，并以一定价值取向和人文关怀影响并指导教育实践，为教育实践提供价值理念、理论和方法的指导。从此角度说，教育学既有理论品格，又有实践特性，具有很强的综合性。教育学对教育实践的指导作用是建立在对一定的规律、原理、理论知识、观念和方法的揭示上的，具有一定的系统性、抽象性和间接性。在这一点上，教育学与教育方针政策和教育经验形成了区别。教育方针政策是人们根据一定的社会发展需要和人的发展需要而制定出来的，它体现国家意志，具有法律上的效力，是必须遵照执行的。教育经验是具体的、生动的、值得珍视的，又是感性的、表面的、局部的。它蕴涵着教育规律、教育价值观念和教育艺术，但又未彰显教育规律、教育价值观念和教育艺术。人们学习教育经验是必要的，但不能代替教育理论的学习。学习教育学能够为教好书和做好教育工作打下良好的基础，对提高教师素质和教育质量具有重要的意义。

第二节　教育学的产生与发展

教育学是随着社会的发展和人类教育经验的丰富而逐渐形成和发展起来的。随着学校的出现，人们的教育经验逐渐丰富，教育工作日益复杂，越来越需要对教育工作进行研究，对教育经验进行总结，这样就逐渐产生了教育学。

教育学的产生和发展，大体上可以分为以下四个阶段。

（一）教育学的萌芽阶段

在古代社会，教育学处于萌芽阶段，还没有成为一门独立的学科。古代的一些思想家、政治家的教育思想和教育经验，都包含在他们的哲学著作、政治著作和语言记录之中。如我国古代伟大的教育家孔子（前 551—前 479）关于哲学、政治、伦理和教育等方面的言论就汇集在《论语》中；古希腊哲学家柏拉图（Plato，前427—前347）的教育思想，散记在他的政治学著作《理想国》一书中。

在人类历史上，最早出现专门论述教育问题的著作是我国的《学记》，大约出现在战国末期，是儒家思孟学派撰写的，比外国最早的教育著作、古代罗马帝国教育家昆体良（M. F. Quintilianus，35—95）写的《论演说家的培养》一书还早三百余年。《学记》是我国古代教育经验和儒家教育思想的高度概括，全文虽只有1 229字，却对教育的作用、古代学校教育制度、教育和教学的原则方法以及师生关系等问题作了精辟的论述，成为千古传诵的教育名篇，至今仍有指导意义。在我国封建社会里，也涌现出不少优秀的教育著作。

但是，古代社会里，所有的教育方面的著作，停留于经验的描述，并时常带有类比、臆测的色彩，缺乏科学的理论分析，没有形成完整的体系，更没有形成专门的研究对象和研究方法。因此，还不具备形成学科的条件，只能说是教育学的萌芽阶段。

（二）教育学的独立形态阶段

由于认定学科形成的标准不同，人们对教育学作为一门独立学科的标志有不同的看法。对于这个标志，有的人认为是夸美纽斯《大教学论》的问世，有人认为是赫尔巴特《普通教育学》的发表，也有人把它推迟到将智力测量等定量研究手段运用到教育研究中的20世纪初期，甚至有人认为是以马克思主义理论为基础的教育学的出现。我们认为，教育学的学科独立是一个历史过程。

随着资本主义生产的发展和科学技术的进步，资产阶级为了培养他们所需要的人才，在教育上提出了他们的主张，采取了一些新的措施，总结教育方面的经验，写出了一些教育著作，出现了体系比较完整的教育学，教育学逐渐成了一门独立的学科。

1605年，英国哲学家培根（Francis Bacon，1561—1626）在《论学问的精神与进步》一书中，首次明确提出要建立教育学。1620年，他在所设计的“知识之球”上确立了教育学的学科地位。此后，教育学逐渐从哲学体系中分化出来，成为独立的专门知识，并逐渐形成自己独有的概念体系和学科体系。1632年，捷克著名教育家夸美纽斯（J. A. Comenius，1592—1670）写出了《大教学论》，这是近代最早的一部教育学著作。在这本著作中，他提出了普及初等教育，主张建立适应学生年龄特征的学校教育制度，论证了班级授课制度，规定了广泛的教学内容，论述了教学原则，高度地评价了教师的职业，强调了教师的作用。这些主张，在反对封建教育、建立新的教育科学方面，都起了积极的作用。

1762年，法国杰出的启蒙思想家卢梭（J. J. Rousseau，1712—1778）出版了他的小说体教育名著《爱弥儿》，系统地阐述了他的自然主义教育思想。卢梭以假设的爱弥儿为教育对象，按个体生长的自然年龄阶段，依次阐明了自己对于不同年龄阶段个体教育的目标、重点、内容、方法等一系列问题的独特见解。卢梭对教育学的最大贡献就在于开拓了以研究个体生长发展与教育的相互关系为主题的研究领域，从而引起了教育思想家和理论家从教育对象的角度，对儿童进行深入的了解和研究，促进了近现代教育思想变革。

1776—1787 年，德国著名哲学家康德（I. Kant，1724—1804）先后四次在哥尼斯堡大学讲授教育学，他是较早在大学开设教育学讲座的教授。后来，赫尔巴特（J. F. Herbart，1776—1841）接替了康德在哥尼斯堡大学的教育学教席，并于 1806 年出版了《普通教育学》。该书曾一度风行世界，对许多国家的教育产生了很大的影响，标志着教育学成为一门独立的学科。

在这一阶段，教育学具有独立的形态，成为一门独立的学科，对教育问题的论述，逐渐从现象的描述过渡到理论的说明，重视教育要适应儿童的身心发展和天性，开始运用心理学的知识来论述教育问题。

（三）教育学的发展多样化阶段

随着科学技术的发展，心理学、社会学、法律学等经验学科逐渐兴起，并对教育学的发展起了巨大的作用。教育学不仅从这些学科中吸取有关的研究成果，而且逐渐利用社会学所常用的实证方法和心理学所采用的实验方法来研究教育问题，使教育学不再仅仅是根据一定的理想和规范去考察教育，而是可以从教育事实出发，对其进行客观的分析与研究，从而促使教育学向着实证的社会科学转化。

20 世纪是教育学多样化发展的世纪，出现了众多的教育思想和流派。

1. 实验教育学

19 世纪末 20 世纪初，欧美教育学者利用实验、统计和比较的方法研究教育问题，出现了“实验教育学”。“实验教育学”这个术语是 1901 年由德国的梅伊曼（E. Meumann，1862—1915）首先提出的。他认为过去的教育学是概念化的，往往与实际相抵触，为了防止仅仅根据理论和偶然经验下结论，必须采用实验的方法研究儿童的生活和学习。另一名德国教育家拉伊（W. A. Lay，1862—1926）于 1908 年出版了《实验教育学》，完成了对实验教育学的系统论述。拉伊认为，实验教育学既是新教育学和科学的教育学，也是完整的教育学和一般的教育学；教育就是对人的发展的实际指导，目的是造就完整的生物—社会中完整的个性；教育的基本原则是活动和表现；每个活动单元都有三个过程：刺激—联想—反应，或印象—同化—表现，或观察—“心智的”消化（理解）—呈现。他主张一切教育教学中的被动、接受要让位于活动、表现、建构和创造。实验教育学采用实验的方法研究教育，无疑是教育学的一个重要进步。但是，当实验教育学及其后继者把实验方法夸大为教育科学研究的唯一有效方法时，它就走上了教育学研究中“唯科学主义”的迷途。

2. 文化教育学

文化教育学又称精神科学教育学，是19世纪末以来出现在德国的一种教育学说，其代表人物主要有狄尔泰、斯普朗格、利特等人，代表著作主要有狄尔泰的《关于普遍妥当的教育学的可能》、斯普朗格的《教育与文化》、利特的《职业陶冶、专业教育、人的陶冶》等。文化教育学的基本观点是：①人是一种文化的存在，因此人类历史是一种文化的历史；②教育的对象是人，教育又是在一定社会历史背景下进行的，因此教育的过程是一种历史文化过程；③因为教育的过程是一种历史文化过程，所以教育的研究既不能采用赫尔巴特纯粹的思辨概念来进行，也不能依靠实验教育学的数量统计来进行，而必须采用精神科学或文化科学的方法；④教育的目的就是要促使社会历史的客观文化向个体的主观文化的转变，并将个体的主观世界导向博大的客观文化世界，从而培养完整的人格。文化教育学作为科学主义的实验教育学和理性主义的赫尔巴特式教育学的对立面而存在与发展，深刻地影响着德国乃至世界20世纪的教育学发展，在教育的本质、教育的目的、师生关系以及教育学性质等方面都能给人以许多启发。文化教育学的不足之处表现在它的思辨气息很浓，在许多问题的论述上具有很强的哲学色彩，这就决定了它在解决现实的教育问题上很难提出有针对性和可操作性的建议，从而限制了它在实践中的应用。

3. 实用主义教育学

19世纪末20世纪初，美国出现了实用主义教育学说，这种教育学说为杜威（J. Dewey，1859—1952）所创立，其代表著作是1916年出版的《民主主义与教育》。杜威的实用主义教育学说是在批判脱离儿童生活的、以教师传授书本知识为主的“传统教育”的基础上提出来的。杜威反对传统的以教材、课堂和教师为中心的教育，从他的经验论原则出发，提出了“教育即生活”、“教育即生长”、“教育即经验的连续不断的改组或改造”、“从做中学”、“学校即社会”等新的教育思想，借以实现其民主理想。杜威不仅在批判旧教育的基础上提出了新的教育思想，而且亲自创办芝加哥实验学校，对自己的教育思想进行实验。

杜威的教育学说提出以后，西方教育学便出现了以赫尔巴特为代表的传统教育学派和以杜威为代表的现代教育学派的对立局面。

4. 马克思主义教育学

马克思主义教育学产生于苏联，克鲁普斯卡娅（1869—1939）于1917年出版的《国民教育和民主主义》，是第一本用马克思主义观点阐述教育和教育学史的专著。俄国十月革命以后，在列宁、斯大林的领导下，苏联进行了二十多年的教育改革实践活动，取得了正反两面的经验，于1939年出版了以凯洛夫（1893—1978）为总主编的《教育学》。这是一本试图以马克思主义的观点和方法阐明社会主义教育规律的教育学。这本教育学于1948年和1956年曾做过两次修改，在苏联和我国产生过很大的影响。该书继承了17—19世纪欧洲的传统教育思想，重视系统知识的教育，强调课堂教学和教师主导作用，有积极的意义。它的主要缺点在于，对学生是学习的主体和发展学生智力的重视不够。

我国新民主主义革命时期，杨贤江（1895—1931）于1930年以李浩吾的化名出版了《新教育大纲》。这是我国第一本试图用马克思主义的观点论述教育的著作。书中论述了教育的本质和作用，认为教育是社会上层建筑之一，是营谋社会生活的手段，是阶级斗争的工具。此书揭露了旧教育的反动本质，起到了教育理论上的启蒙作用。

马克思主义教育学的基本观点是：①教育是一种社会历史现象，在阶级社会中具有鲜明的阶级性，不存在脱离社会影响的教育；②教育起源于社会性生产劳动，劳动方式和性质的变化必然引起教育形式和内容的改变；③现代教育的根本目的是促使学生个体的全面发展；④现代教育与现代大生产劳动的结合不仅是发展社会生产力的重要方法，也是培养全面发展的人的唯一方法；⑤在教育与社会的政治、经济、文化的关系上，教育一方面受它们的制约，另一方面又具有相对独立性，并反作用于它们，对于促进工业社会政治、经济与文化的发展具有巨大的作用；⑥马克思主义的唯物辩证法和历史唯物主义是教育科学研究的方法论基础。

新中国成立后，在20世纪五六十年代，广大的教育理论工作者以马克思主义为指导，总结我国老解放区和新中国成立后的教育经验，曾编写和出版了一些教育学著作，这可以说是马克思主义教育学在我国的创建阶段。

（四）教育学的理论深化阶段

20世纪60年代以来，由于科学技术的迅猛发展，教育成为提高生产效率和发展经济的主要因素，引起了世界范围的新的教育改革，促进了教育学的发展。教育学日益受到社会学、经济学、心理学等学科和新兴思想方法的影响和渗透，在理论上愈益深化与丰富。世界各国的教育学在不同的思想体系指导下，都有新的发展，出现了一些著名的教育著作和教育流派，兹举要如下。

1956年，美国心理学家布卢姆（B. S. Bloom，1913—1999）制定出了教育目标的分类系统。他把教育目标分为认识目标、情感目标、动作技能目标三大类，每类目标又分成不同的层次，排列成由低到高的阶梯。布卢姆的教育目标分类，可以帮助教师更加细致地确定教学的目的和任务，为人们观察教育过程、分析教育活动和进行教育评价提供了一个框架。但是，布卢姆的教育目标分类学并未说明应该怎样促进学生心智能力的发展，对情感目标、动作技能目标阐述得还不够深入。

1963年，美国教育心理学家布鲁纳（J. S. Bruner，1915— ）出版了他的著作《教育过程》。他主张："不论我们选教什么学科，务必使学生理解该学科的基本结构。"他还认为，学科结构要与儿童认知的结构相适应，提出了这样一个命题："任何学科的基本原理都可以用某种形式，教给任何年龄的儿童。"①他特别重视学生能

① ［美］布鲁纳．教育过程．邵瑞珍译．北京：文化教育出版社，1982．32

力的培养，提倡发现学习（learning by discovery）。布鲁纳的教育思想，对于编选教材、发展学生的能力、提高教学质量，是有积极意义的。但他忽视学生的接受能力，主张儿童提早学习科学的基本原理，难以推行。

1975 年，苏联心理学家、教育家赞科夫（1901—1977）的《教学与发展》一书出版。这本书是他 1957—1974 年进行教学改革实验的总结，全面阐述了他的实验教学论的体系，系统地叙述了学生的发展进程，介绍了研究学生学习过程的情况。通过实验，他批评了苏联传统的教学理论对发展学生智力的忽视，强调教学应走在学生发展的前面，促进学生的一般发展。赞科夫的教学理论对苏联的学制和教育改革，一度起了很大的推动作用。

1972 年开始，苏联连续出版了苏联教育科学院院士、副院长巴班斯基关于教学过程最优化的系列著作，提出教学过程最优化理论。巴班斯基认为，应该把教学看作一个系统，从系统的整体与部分之间、部分与部分之间以及系统与环境之间的相互联系、相互作用之中考察教学，以便最优处理教育问题。他把教学过程划分为社会方面的成分（目的、内容）、心理方面的成分（动机、意志，情绪、思维等）和控制方面的成分（计划、组织、调整、控制）。巴班斯基将现代系统论的方法引进教学论的研究，是对教学论进一步科学化的新探索。

20 世纪 60 年代，法国出现了制度教育学。制度教育学的代表人物是 F. 乌里、A. 瓦斯凯、M. 洛布罗等人，代表作是瓦斯凯和乌里的《走向制度教育学》（1966）、《从合作班级到制度教育学》（1970）以及洛布罗的《制度教育学》（1966）等。其主要观点是：①教育学研究应以教育制度作为优先目标；②教育制度是造成教育实践中的官僚主义、师生与行政人员之间疏离的主要原因；③教育的目的是帮助完成预想的社会变迁，这就要求进行制度分析；④教育制度的分析不仅要分析显性的制度，还要分析隐性的制度。

批判教育学是 20 世纪 70 年代之后兴起的有比较广泛和深刻的影响一种教育思潮。批判教育学的代表人物有美国的鲍尔斯、金蒂斯、阿普尔、吉鲁，法国的布尔迪厄等。批判教育学的基本观点是：①学校教育是推进现实社会公平和现实社会公正的强有力手段和途径；②有什么样的社会政治、经济和文化，就有什么样的学校教育机构，社会的政治意识形态、文化关系、经济结构都强烈地制约着学校的目的、课程、师生关系、评价方式等，学校教育的功能就是再生产出占主导地位的社会政治意识形态、文化关系和经济结构；③批判教育学的目的就是要揭示看似自然事实背后的利益关系，帮助教师和学生将自己所处的教育环境及形成教育环境的诸多因素结合起来，即对他们进行“启蒙”，以达到意识“解放”的目的；④批判教育学认为教育现象不是中立的和客观的，而是充满利益纷争的，因此教育理论研究不能采取唯科学主义的态度和方法，不能仅仅依靠收集、整理、统计一些数据来进行，而要采用实践批判的态度和方法，揭示具体教育生活中的利益关系，使之从无意识的层面上升到意识的层面。

最近30年来，我国的广大教育工作者坚持以马克思主义为指导，继承我国宝贵的教育遗产，学习借鉴国外研究成果，总结教育实践经验，研究我国教育事业发展与改革过程中的重大实践问题和理论问题，提高了教育学的科学水平，在促进具有中国特色的教育理论与实践的发展上，取得了多方面的丰硕成果。

第三节　学习教育学的意义和方法

一、学习教育学的意义

（一）树立正确的教育观，掌握教育规律，指导教育实践

教育有其自身的客观规律，并不为人们的主观意志所转移，教育工作者只有按照教育规律办事，才能搞好教育。历史经验证明，教育规律早在人们认识它之前，就已经存在并起作用了。遵循它，教育事业就发展，就前进，就成功；违背它，教育事业就受挫，就倒退，就失败。例如，伴随1956年、1958—1960年、1978年三次教育“大跃进、大发展”之后的“大调整、大收缩”就是因为违背了“教育与社会生产力发展相互制约的规律”而招致的重大失败与损失；而1981年以后国家制定的大、中、小学工作条例，由于它符合了教育自身的规律，因而促进了教育事业的稳步发展和教育质量的持续提高。教育学系统地剖析了教育现象的不同层次和各个侧面，揭示了教育领域里的一般规律和特殊规律，如能自觉地在教育实践中按规律办事，将会取得事半功倍的效果。

我国的教育学以马列主义为理论基础，以发展、变化、唯物、辩证、动态的观点为指导，去分析、认识与把握教育现象及其本质属性。因此，学习教育学可以使我们逐步树立正确、科学的教育观，提高我们投身教育实践的自觉性、积极性与预见性，也能使我们在各种错综复杂的教育实际中坚持正确的方向，掌握正确解决问题的思维方式和工作方法。

（二）树立正确的教学观，掌握教学规律，提高教学质量

有人说：“不学教育学，照样能上课。”当然，现实中这种现象虽然存在，但是否学习教育学，掌握教学规律，对于提高教学质量影响很大。因为，上课有好坏优劣之分。一个卓越而成功的教师正是借助教育学的理论，睿智、敏锐地观察课堂上学生心理活动的脉搏，恰当地利用科学的教育环境和科学的教育方法，去吸引学生的注意力，激发他们的学习动机，“点燃”他们的求知欲望，从而把教学过程组织得生动活泼，水乳交融，富有成效。

在课堂教学过程中，“教”有教的规律，“学”有学的规律，各门学科自身又有

各自的特点与规律，要形成高水平的教学“双边活动”，需要对许多因素进行综合、协调，使其发挥整体效应。有的教师上课，不能使学生心领神会，学生愁眉苦脸，摇头叹息，既窒息了学生的求知热情，又压抑了学生的思维发展。这两种截然不同的教学效果，关键就在于教学是否符合教学规律，教师是否善于科学而巧妙地将教学规律应用于教学实践，并按照教学规律，形成自己的教学艺术风格。

有位小学特级教师从来不把孩子当作一只空口袋，拼命往里灌东西。她把主要精力放在启发诱导上，让孩子们有更多的时间发展已有的知识，发展记忆、想象和理解能力，接受和消化新的知识。如“祖国”这个词比较抽象，很难用一言半语讲清楚。她问学生：“哪个小朋友知道祖国是什么意思?”一个小朋友说：“祖国就是一个国家。”又问：“到我们学校参观的客人中有日本朋友、美国朋友，日本和美国都是独立存在的国家，我们能不能称它们为祖国呢?”好多孩子同声回答：“不能!”另一个小朋友举手回答说：“祖国就是我们自己的国家。”她立即肯定了他的回答，并且画龙点睛地指出：“对，祖国就是我们自己的国家，是我们爸爸妈妈、祖祖辈辈生活的地方。”又如讲解“颗颗穗粒多饱满”这一句过后，她要孩子们用“饱满”一词造句。有的同学说：“麦子长得饱满。”有的说：“豆角长得饱满。”她忽然走到教室门口，转过身来，胸脯略微挺了一挺，两眼炯炯发光。她问学生：“你们看，老师今天精神怎么样?”大家不约而同地回答说：“老师精神饱满。”她接着说：“让我看看大家的精神怎么样。”孩子们也挺起了小胸脯，坐得端端正正。“饱满”这个词，大家不仅懂得了它本身的含义，也懂得了引申的意思和用法。

（三）掌握学生思想品德发展规律，做好教书育人工作

年青一代是祖国的未来和希望，他们的思想品德决定着今后中华民族的精神面貌。对外开放政策的实行，使我们学习到西方先进技术的同时，也给学校的思想品德教育带来了诸多新的矛盾和许多负面影响。因此，教师要树立正确的“人才观”，不仅要重视对学生文化知识的传授，而且要重视对学生思想品德的教育，即不仅要“教书”，而且要“育人”，并且把两者辩证统一地结合起来，以提高学生的思想道德素质及对不良影响的“抵御”与“免疫”能力。这样，才能培养出合格人才，实现培养目标。

青少年时期容易受外界影响，具有很强的可塑性。教师只有掌握德育过程的特点与规律、原则与方法，并将其建立在社会发展需要与学生身心发展特点的科学基础之上，才能使学生的思想觉悟、道德品质、行为习惯按照现代化建设对人才的需要健康成长，学生才可望成为具有健全个性、奋发有为、德才兼备的新一代。

在帕夫雷什学校曾发生过这样一件事：一年级的新生格里沙，由于母亲工作忙，开学第一天来上课时，耳朵没有洗干净。在第一节课上，女教师发现格里沙的耳朵很脏，就叫他站起来给大家看，把他作为典型，教育其他学生要爱清洁讲卫生。教师这种粗心大意的做法，对格里沙的幼小心灵造成了很大的创伤。在这以后，每当

上这位女教师的课时，格里沙就感到似乎大家的眼睛都盯着他的耳朵，抬不起头来。这种反常的心理妨碍孩子集中精力听课，所以对女教师所教的算术和阅读课，格里沙都学得很差。女教师对自己的教育措施所产生的后果却毫无觉察。她不了解格里沙的痛苦，反而把他学习不好的原因归罪于他上课思想不集中、不肯用功，并多次进行指责。这一切更加重了孩子的思想负担。结果，格里沙的算术和阅读只得了“2”分。格里沙终于忍受不住了，他流着眼泪向母亲倾诉了自己全部的痛苦。母亲向学校要求调换班级。学校在了解事情的真相后，同意将格里沙调到其他班级。后来，就是这个被女教师认为学习不好的格里沙，到五、六年级时，在数学方面表现出极大的才华。

这位女教师在教育方法上的错误在哪里呢？就在于她对儿童的自尊心抱着漠不关心的态度。当她把格里沙在全班面前“示众”时，她完全不了解这对孩了心灵造成的创伤和精神上带来的痛苦。以后，她对孩子的指责，更加重了他的思想负担，以至严重影响了孩子正常的学习，阻碍了孩子智力的发展。当初这位女教师完全可以采取正面教育的做法：她可以找一个衣着整齐、手和脸洗得干净的学生，叫这个学生站起来给大家做榜样。而对格里沙，只要注意地看他一眼就行了。

（四）建构教师合理优化的知识结构，提高教育理论水平和实际技能

教师合理的知识结构，既是提高教育理论水平与技能技巧、适应教师职业需要的必要条件，又是教师发展智力、培养能力、焕发创造精神的根本保证。正如一个缺乏坚实古文基础的人不可能成为一名出色的考古学家一样，一名没有深厚教育学基础知识的教师，也很难成为一名出色的教师。教师的知识结构，既需要扎实的专业知识，又需要广博的科学文化知识，还需系统的教育学科知识。只有三者兼备一身，合理优化，才能产生相得益彰的效果。目前，我国高等师范院校课程结构的弊端之一，就是只在本专业一个点上掘井。这种掘井式的知识汲取也许对学术研究是必要的，但作为一种教师的培养模式只能导致知识单一，视野狭窄，很难适应教师职业的要求。

在西方发达国家培养教师的综合大学、师范学院、教育学院中，教育学科的课时数在各门课程课时总数中占有相当大的比例。例如，美国有的高校占30%以上，有的达到50%；英国甚至达60%；日本约占19%；苏联大致占25%。这说明，教育科学特别是教育学是师范生最佳知识结构的重要组成部分之一。

二、学习教育学的方法

（一）明确教育学学习的两条主线

为了充分发挥《教育学基础》课程的育人功能，深化教学改革，本门课程的教

学内容沿着两条主线展开，一是教育科学知识体系的建构，二是学生教师职业技能的训练。前者重点在学生形成现代教育观念上下工夫，在学生了解学校教育教学活动的基本原理上下工夫，在学生掌握教育科学的基本结构上下工夫。后者重在强化实践环节，训练学生的教育教学技能。

学生必须明确这两条主线的意图和作用，既要认真掌握教育学的知识结构、理论体系，又要重视技能训练，强化理论与实践的联系。通过理论学习指导实践训练，通过实践训练加深对理论的认识。

（二）积极参与课堂教学讨论

学生对通识类课程的学习普遍重视程度不够，许多学生既没有从事教师职业的心理准备，更没有从事教师职业的实际体验，对教育学的学习态度处于消极、应付状态。尤其是理科的学生感觉教育学没有公式、没有计算，似乎不像是一门科学，感觉无从学起。我们在教学中注重引导学生充分认识教育学的学科特点，挖掘教育学的育人功能，真正使教育学不再是“记诵之学”，而是“睿智之学”。

要在教学中改变长期以来教育学教学满堂灌、“填鸭式”的教学方式，激发课堂学习的生机与活力，不断探索教育学教学的新方法、新手段，核心是充分调动学生学习的自主性、主动性和创造性，做到课堂讲授与课堂讨论相结合，教师讲授与学生自学相结合，理论学习与案例分析相结合，文本学习与网络学习相结合。学生应在教师的指导下积极参与课堂教学活动，敢于发表自己的见解，敢于提出自己的问题，做学习的主人，而不是学习的奴隶。

（三）认真完成综合性实践教学任务

根据《教育学基础》教学任务的实际需要，在教学中至少应安排三类综合性教育实践活动，包括：

1. *教育见习活动*

组织学生到中小学分别观摩主题班会和课堂教学实践，写出见习笔记，并组织讨论、交流。

2. *教育调研活动*

安排学生利用假期深入中小学，就中小学教师队伍现状、德育现状、课堂教学改革等进行专题性实地调研，撰写调查报告。

3. *教育研究活动*

针对教育改革发展中的热点、难点问题，组织学生在理论与实践的结合点上开展初步的教育研究活动，帮助学生搜集整理有关的资料和数据，阐述自己的观点，撰写研究论文。

这些活动不仅仅是课堂教学的延伸，更重要的是培养学生的创新精神和实践能力的需要，是提高大学生综合素质的需要。每位学生都要吃透活动精神，明确活动要求，规范活动程序，圆满完成活动任务。

本章知识结构图：

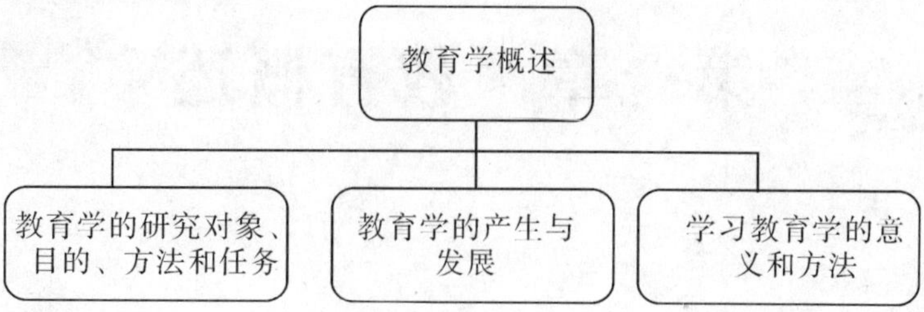

讨论与应用：

1. 教育学的研究对象是什么？
2. 教育学研究的基本目的是什么？
3. 教育学是怎样建立并发展起来的？
4. 教育学研究的主要方法有哪些？
5. 为什么要学习教育学？怎样学好教育学这门课？

本章主要参考书目：

1. ［美］布鲁纳．教育过程．邵瑞珍译．北京：文化教育出版社，1982
2. ［日］大河内一男等．教育学的理论问题．曲程，迟凤年译．北京：教育科学出版社，1984
3. ［日］筑波大学教育学研究会．现代教育学基础．钟启泉译．上海：上海教育出版社，1986
4. 王道俊，王汉澜．教育学．北京：人民教育出版社，1988
5. 孙喜亭．教育学问题研究概述．天津：天津教育出版社，1989
6. 成有信．教育学原理．郑州：大象出版社，1993
7. 叶澜．教育概论．北京：人民教育出版社，1999
8. 全国12所重点师范大学联合编写．教育学基础．北京：教育科学出版社，2002
9. 裴娣娜．教育研究方法导论．合肥：安徽教育出版社，2005
10. 扈中平．现代教育理论（第2版）．北京：高等教育出版社，2005

第一章　教育概述

学习目标

1. 识记学校教育的概念及其构成要素
2. 理解教育各个阶段的特征和现代教育发展的趋势

第一节　教育的定义

教育是一种和人类相伴而生的社会现象，广泛地存在于人类的社会生活之中，且在不同的语境中，教育的含义是不尽相同的。如这件事情“教育”了我，父母“教育”孩子的方法不对，学生在学校接受“教育”等。三个“教育”的内涵和外延都是不一样的，因此如何理解教育的含义，要因人而异。

《美国教育百科全书》中写道：“从最广泛的意义上来说，教育可能是正式的或非正式的，私人的或公共的，个人的或社会的，但是它总是在用一定的方法培养各种倾向（能力、技能、知识、信仰、态度、价值及其品格特征）。”①

《教育大辞典·总论》中写道：“广义的教育，泛指影响人们知识、身心健康、思想品德的形成和发展的各种活动。”②

《中国大百科全书·教育卷》中写道：“教育是培养人的一种社会活动，它同社会的发展、人的发展有着密切的联系。”③

到底应该怎样给教育下一个定义呢？逻辑学中最常用的下定义的方法是属种定义法，即“种差＋属”的方法。“属”是指所要定义的上位概念，即教育的上位概念（教育属于什么类型的事物）；“种差”是指属于同一个上位概念下的各事物之间的差异或不同。

教育到底属于哪一类事物呢？人们通常将所有的事物或现象分为三类：事物

---

① W. K. 法兰肯纳．关于教育哲学的一般看法．张家祥译．外国教育资料，1981（2）

② 顾明远．教育大词典（增订合编本）．上海：上海教育出版社，1998. 725

③ 中国大百科全书（教育卷）．北京：中国大百科全书出版社，1985. 1

（包括生物和非生物）、观念或意识、有机体的活动（人的活动和动物的活动）。显然，教育不是静态的事物，也不是一种纯观念或意识，而是人的一种活动。因此可以简单地说教育是一种活动。

同属于上位概念“活动”的下位概念还有生产活动、政治活动、科学研究活动、文学艺术活动、战争军事活动等。教育活动与这些活动有什么区别呢？生产活动、政治活动、科学研究活动、文学艺术活动、战争军事活动等的主要目的不是培养人，而教育的主要目的是培养人，因此可以说，教育是培养人的活动。

培养人的教育活动一般分为三类：社会教育、家庭教育和学校教育。社会教育的基本含义有广义和狭义之分。广义的社会教育，是指旨在有意识地培养人、有益于人的身心发展的各种社会活动；狭义的社会教育，是指学校和家庭以外的社会文化机构以及有关的社会团体或组织对社会成员所进行的教育。

广义的社会教育和我们所说的广义的教育在含义上几乎无异。事实上，教育史上最早的教育职能就是通过社会教育来实现的。在原始社会，家庭形成之前，年青一代的教育是在全氏族成员的共同劳动中，在日常社会生活中，由氏族公社的成员通过互相的言传身教，或由有经验的年长者向年青一代传授一些简单的生产和生活的经验的方式进行的。以后随着家庭及家庭教育的出现，直至学校教育的产生，广义的社会教育开始逐步地分化为三种独立的教育形态，即学校教育、家庭教育和狭义的社会教育。由于篇幅有限，本书只讨论学校教育。

学校教育与家庭教育和狭义的社会教育相比，有自身的特点：一是根据一定的科学理论依据，事先设定明确的目的；二是有经过专门培训并取得资格的专门的施教主体；三是有取得一定资格的专门培养机构（学校）；四是学校教育活动是有组织的、系统和连贯的，即学校教育活动是根据一定的理论依据，事先进行精心的策划，并根据一定的程序培养人的活动；五是学校教育活动有一系列的制度作保障，如入学的年龄和条件、学籍和成绩的管理、作息制度、文凭制度等。因此这里将学校教育定义为：由专门的教育机构和专门的教职人员组织实施的有目的、有计划、有组织、系统和连贯的培养人的活动。

第二节 教育的构成要素

教育活动的复杂程度不同，其构成的要素也不同。这里所讨论的教育的构成要素是指构成教育活动必不可少的基本要素，即教育过程的必要要素，缺少这种要素，教育就不成其为教育。

我国对教育要素的分析，在 1928 年的《中国教育辞典》中列有“教育之要素”条目，认为教育要素有人员、物品和场所，其中人员包括教师和学生，物品指教育的材料，场所指教育活动的地方和设备。1978 年南京师范大学教育系编写的《教育学》把教育的要素分解为教育者、受教育者和教育影响，认为教育者是教育实践活动的主体，受教育者是教育实践活动的客体，教育影响是教育实践活动的手段。叶澜教授在《教育概论》中把教育的基本要素划分为教育者与受教育者、教育内容与教育物资。作为教师的教育者是教的活动的主体，作为学习者的学生是学的活动的主体，教育活动是“教”和“学”两类活动的复合，因此教师和学生就构成复合主体。教育内容是教育活动的纯客体，教育物资是进入教育过程的各种物质资源。

以上各种观点都有其合理的地方。虽然教育活动与其他社会实践活动都属于活动的范畴，但却有着很大的区别。因为教育过程是教育者和受教育者之间的交往过程，表现为“主—客—主”的模式特征。[①] 即教育者和受教育者都是教育活动的主体，教育中介是教育活动的客体。根据这种认识，教育的基本要素可以分为受教育者、教育者和教育中介。

一、受教育者

在整个教育的过程中，受教育者是处于第一位的，没有受教育者，就不可能有促进人发展的教育活动的存在。

受教育者是指受教育影响的人，有广义和狭义之分。广义的受教育者是指一切受教育影响的人；狭义的受教育者是指在学校学习的学生。

17 世纪捷克教育家夸美纽斯谈到：“有人说，人是一个‘可教的动物’，这是一个不坏的定义。实际上只有受过恰当教育之后，人才成为一个人。”[②] 既然人是可教的，那么怎么教育人呢？即如何看待受教育者在教育过程中的地位。

“学习者的地位和作用是确立任何教育体系的性质、价值与最终目的的重要标准。”[③] 教育发展至今，对受教育者在教育活动中地位的看法也是不断变化的，从把受教育者当成教育的对象、教育的客体到把受教育者看成学习的主体或复合主体的变化可以判定，现代教育越来越重视受教育的地位了。“未来的学校，必须把教育的对象变成自己教育自己的主体。受教育的人必须成为教育他自己的人，别人的教育必须成为这个人自己的教育。这种个人同他自己的关系的根本转变，是今后几十年内科学与技术革命中教育所面临的最困难的一个问题。”[④] 现代的教育应该使它本身适应学习者，学习者应成为教育活动的中心，即受教育者应该是教育活动的主体。虽然迄今为止，这还只是一种尚未完全实现的设想，但这是国际社会对教育发展的

① 冯建军. 现代教育原理. 南京：南京师范大学出版社，2001. 7

② ［捷克］夸美纽斯. 大教学论. 傅任敢译. 北京：人民教育出版社，1984. 39

③ 联合国教科文组织国际教育发展委员会. 学会生存——教育世界的今天和明天. 北京：教育科学出版社，1996. 262

④ 联合国教科文组织国际教育发展委员会. 学会生存——教育世界的今天和明天. 北京：教育科学出版社，1996. 200

一种正确预测。

二、教育者

教育的过程虽然致力于受教育者的发展，但是受教育者的发展，一种是自发的，一种是自觉的。自发的发展对人的身心所产生的影响不是教育活动，教育活动是有意识、有目的地促进人的身心发展的活动，是教育者有目的的引导活动。

教育者是指在教育过程中施教的人，有广义和狭义之分。广义的教育者指所有的对他人施加影响的人，如家长、朋友等；狭义的教育者则指的是学校中的教师。

教师在教育中，尤其是在学生发展中的作用，为古今中外教育家所重视。我国古代思想家荀子说："人无师法，则隆性矣；有师法，则隆积矣。"说明教师在学生的成长过程中起关键作用。古罗马学者西塞罗说："教育者，所以使儿童容易发达，而不流于罪恶之放肆，以高尚其思想也。"[①] 其实，看看今天的家长为孩子择校的情景就可以知道，不仅是古代教育家把儿童发展维系在教师的身上，现代人对教师作用的认识有过之而无不及。这种传统的观念的缺陷是把教师的特性、才能与学生的发展一一对应起来。这与我们前面把受教育者作为主体的观点是相悖的。卢梭早已指出：教师的作用"不在于要他拿什么东西去教孩子，而是要他指导孩子怎样做人"，"他的责任不是教给孩子们一些行为准绳，他的责任是促使他们去发现这些准绳"。[②]这样的"教师"更应该称之为"导师"，因为"教师的职责表现在越来越少地传递知识，而越来越多地激励思考；除了他的正式职能以外，他越来越成为一位顾问，一位交换意见的参加者，一位帮助发现矛盾论点而不是拿出真理的人。他必须集中更多的时间和精力去从事那些有效果的和有创造性的活动：互相影响、讨论、激励、了解、鼓舞"。[③]

以上观点涉及教育者在教育过程中的地位，教育者与受教育者的关系问题。教育者在教育过程中的地位也有一个历史发展过程。教学组织形式从古代的个别教学到近代的班级授课制，再到今天的小班教学的变化，也促使了教师的地位的变化。在个别教学中，教师面对的教育对象很少，教学形式和内容比较简单，相对来说，古代教育更容易进行因材施教，更加注重学生的"学"，教师更易于发挥主导作用。如孔子的"不愤不启，不悱不发"、苏格拉底的"产婆术"可以为证。近代班级授课制在把越来越多的人吸收到课堂中来的同时，也越来越多地忘记了每个学生的存在。为了使课堂能够有序地进行，教师必须进行严格地管理，虽然"儿童心灵的培育是完全不能忽视管理的"，但是"种种管理并非要在儿童心灵中达到任何目的，

---

① 郑金洲．教育通论．上海：华东师范大学出版社，2000. 314

② 卢梭．爱弥儿．李平沤译．北京：人民教育出版社，1985. 26

③ 联合国教科文组织国际教育发展委员会．学会生存——教育世界的今天和明天．北京：教育科学出版社，1996. 108

而仅仅是创造一种次序”。[①]从这个意义上讲，教师是管理和教育的主体，而学生是管理和教育的对象，是客体。现代教学形式的变革，把教师从直接的管理和教学转变为辅导和引导。但这并不是说，现代教育否定了教师的“主体地位，主导作用”，而只不过这里的“主体”不是“主—客”对象性关系中的主体，而是“主—客—主”交往关系中的主体。教师的主体性不在于改造受教育者，而在于加工教育“中介”这个客体，引发受教育者在学习中发挥他们的主体性。

三、教育中介

任何交往活动都是一种“主——客——主”的结构。在教育活动中，教育者与受教育者的交往活动也是以共同的客体为中介来进行的。教育活动中的中介主要是教育资料。教育资料作为一种特殊的文化源，与文化的三种形态相对应，也形成不同的形态：与物质文化相对应的是教育场所、设备和教育手段，与制度文化相对应的是教育方法和组织形式，与精神文化相对应的是教育内容和教育目的。当这些教育资料介入到教育过程，受到教育者和受教育者的共同作用后才真正成为教育中介。

受教育者、教育者和教育中介是构成教育活动的基本要素。这三个要素的有机联系就构成了教育活动的统一整体。三者的关系如下图：

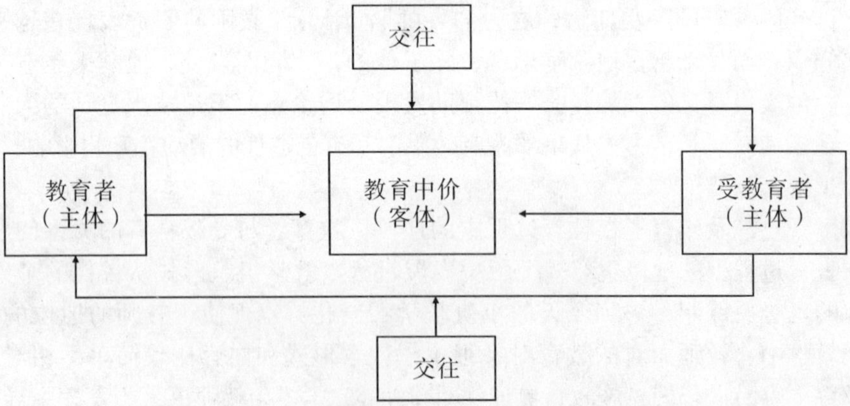

图1-1　受教育者、教育者和教育中介关系图

---

① 赫尔巴特．普通教育学/教育学讲授纲要．李甚龙译．北京：人民教育出版社，1989. 24

第三节 教育的起源和发展

一、教育的起源

教育是一种与人类相伴而生的社会现象。古往今来，人们从未中断过对教育起源的思考和探索。迄今为止，对于这一问题的研究，在教育理论的发展史上人们的看法并不很一致，其中比较有代表性的观点是：教育的生物起源论、教育的心理起源论、教育的劳动起源论和教育的交往起源论。

（一）教育的生物起源论

教育的生物起源论，其创始人是19世纪末期法国的社会学家、哲学家利托尔诺。利托尔诺在他的著作《各人种的教育演化》中首先明确提出了教育这种现象不仅存在于人类社会之中，而且超越于人类社会的范围之外，甚至在人类产生以前，教育就已经在动物界存在的观点。利托尔诺认为，老猫教小猫捕鼠、老鸭子教小鸭子游水等都是教育，其基础是生存竞争。跟动物一样，人为了保存、延续其种类的存在，都会处于通过遗传所获得的本能，将“知识、技能、技巧”传授给下一代，教育是人和动物所共有的活动。在本质上，动物的教育和人的教育是一样的。因而，利托尔诺就把老动物对小动物的爱护、照顾都说成是一种教育，甚至设想在昆虫界也有教师和学生。20世纪20年代英国的教育学家沛西·能就持教育的生物起源论观点。他在1923年召开的不列颠协会教育科学组大会上，发表了题为“人民的教育”的演说，其观点是：“从起源上讲，教育是一个生物学的过程。不仅一切人类社会有教育……甚至在高等动物中也有低级形式的教育。我之所以把教育称之为生物学的过程，意思就是说，教育是跟种族需要相应的种族生活所天生的，而不是获得的表现形式；教育既无待周密的考虑使它产生，也无须科学与指导，它是扎根于本能的不可避免的行为。”[①] 因此，他认为生物的冲动是教育的主流，而且人类社会的教育是对动物界教育的继承、改善和发展。

教育的生物起源论学说是以达尔文生物进化论和近代以来的自然教育思想为指导的，并且看到了人类教育与动物界类似教育行为间的相似性，正式把教育的起源问题作为一个学术问题进行探讨，其开创性是值得肯定的。但是，它没有把握人类教育的目的性和社会性，没有能区分出人类教育行为与动物类教育行为之间的差别，否认了人与动物的区别，这是这一理论的缺陷。

① 吴式颖．外国教育史教程．北京：人民教育出版社，1999. 210

（二）教育的心理起源论

美国的心理学者孟禄从其心理学观点出发，批判了利托尔诺的教育的生物起源论，认为利托尔诺没有揭示人的心理和动物心理的本质区别，并从原始社会中没有编制的教材和确定的教学方法的事实出发，指出“原始社会的教育普遍采用的方法是简单的无意识的模仿。儿童对年长成员的无意识模仿就是最初的教育的发展”①。由此把儿童对于成人的出于本能的模仿说成是教育过程的基础，他认为，不论成人是否意识或同意，儿童总是在模仿他们，教育即起源于无意识的模仿。

虽然，孟禄的教育的心理起源论是从人的心理发展方面进行分析，但是他将儿童模仿的本能看作是教育的基础，这实际上与利托尔诺的生物学起源论并没有本质上的区别，即他们都把教育活动看作是按生物学规律完成的动物的本能活动和心理模仿行为，只不过孟禄比利托尔诺、沛西·能进步的地方是认识到这种本能是人类的本能而不是动物的本能。因此，这两种观点在认识上所犯的共同错误是，否定了教育的有意识性和有目的性，同时也就否定了教育的社会性。

（三）教育的劳动起源论

教育的劳动起源论是在批判生物起源论和心理起源论的基础上，以历史唯物主义为指导产生的，源于恩格斯的《劳动在从猿到人的转变过程中的作用》。“劳动创造了人类本身”的论断，主要是十月革命后苏联的一些教育家和教育史学家的观点，最早见于米丁斯基所著的《世界教育史》。这种观点认为，人类教育起源于劳动或劳动过程中所产生的需要，而以制造和利用工具为标志的人类劳动不同于动物的本能活动，前者是社会性的，因而教育是人类特有的一种社会活动；教育产生于劳动是以人类语言意识的发展为条件的；教育从产生之日起其职能就是传递劳动过程中形成与积淀的社会生产和生活经验；教育范畴是历史性和阶级性的统一，而不是如一些教育家所说的是永恒不变的范畴，自人类产生之日起，它就一直在随着社会的发展而变革。这种观点于20世纪50年代初传入我国，并成为我国教育起源论的主导观点。

（四）教育的交往起源论

叶澜教授指出：教育的起源问题的观点分歧很多，其中包括对“起源”理解上的区别。②“起源”不同于“产生”、“出现”，要说明某事物的产生或出现，只需要阐明该事物存在的必要性和可能性，并说明这种必要性和可能性在什么时间、地点、范围内存在即可。“起源”则要说明该事物由何而生，从何演化而来，且必须包括

---

① 吴式颖．外国教育史教程．北京：人民教育出版社，1999.211

② 叶澜．新编教育学教程．上海：华东师范大学出版社，1991.28～33

该事物的基本要素。因此，要探明教育的起源，就必须对教育产生的必要性和可能性进行分析，找出教育从中脱胎的事物，且该事物还应包括教育的基本要素。在把教育作为一种活动的理论假设下，教育只能从另一种活动中演化而来。这种活动显然不是生产劳动本身，因为生产劳动是人与物的相互作用，其目的是生产物质产品。由此看来，符合教育起源的活动是人类的相互交往活动，因为人类的交往活动要发生就必须有交往的双方、交往的内容和交往的结果。交往活动不仅包含了教育活动的基本要素，而且一旦交往的双方特殊化，并形成以传递经验、影响人的身心为直接目的的特殊活动时，交往活动的一方就转化为教育者，另一方就转化为受教育者。当这种交往活动逐渐有了较为固定的内容、形式、场所和人员时，教育活动也就产生了。在一定意义上说，教育是人类一种特殊的交往活动。

二、教育的发展

教育自产生之日起，就随着人类社会的发展而发展。在不同的社会历史阶段，由于生产力发展水平不同，生产关系和政治制度不同，地域和民族不同，教育就有不同的性质和特点。社会发展从古至今经历了五种生产关系，因而也就有五种不同的教育，即原始社会的教育、奴隶社会的教育、封建社会的教育、资本主义社会的教育和社会主义社会的教育。本书则根据社会生产工具的性质来划分社会发展的阶段（因为衡量社会物质生产力发展水平的物质尺度是社会生产工具）：一是以主要利用石器和天然工具的原始社会；二是以手工工具为标志的古代社会（包括奴隶社会和封建社会）；三是以机器大工业生产为标志的现代社会（包括资本主义社会和社会主义社会）。因此教育也由此划分为原始社会的教育、古代社会的教育和现代社会的教育。

（一）原始社会的教育

原始社会是人从动物界分离出来的第一个人类社会，大约经历了一百万年的漫长历史时期。在原始公社制度建立之后，人类才开始从事有组织的社会生活，这时的教育还没有从社会生活中分离出来成为专门的事业，教育活动是在共同的劳动和社会生活中进行的。原始社会生产力水平很低，教育的水平也很低。青少年儿童在与年长者共同劳动中学习劳动技能，在共同的生活中学习生活规范，还在部落间的冲突中学习军事斗争经验。原始社会的教育是和生产劳动和社会生活紧密结合在一起的。当然，在原始社会的不断发展过程中，教育也在不断地发展和前进着。原始社会的教育具有如下特征：

第一，教育目的单一。原始社会的生产力水平极端低下，人们的生产经验和生活经验都极度贫乏，为了谋生，成年人力图把所有的经验都传递给下一代，以提高青少年参加生产和生活的能力。

第二，没有专门的教育机构和教育制度。在原始社会，教育还没有从社会生产和生活中分化出来，没有产生制度化的教育机构，教育活动完全渗透于社会生产和生活之中。

第三，教育内容非常贫乏。由于原始社会的生产力水平极端低下，人类自身发展的水平也很低，所以原始社会的教育内容就是让青少年在社会生产和生活中习得人类所积累的、有限的社会生产和生活经验。

第四，没有专门的教育人员。在原始社会，教育还没有从社会生产和生活中分化出来，教育活动完全渗透于社会生产和生活之中，因此也就没有专门的教育人员。

第五，教育方法简单。原始社会的教育方法主要是口耳相传和实践模仿。由于原始社会还没有文字，教育就是在社会生产和生活中通过“教育者”的言传身教和“受教育者”的听讲和观察模仿来实现的。

（二）古代社会的教育

阅读下面的材料，讨论古代社会的教育的特征。

樊迟请学稼，子曰：“吾不如老农。”请学为圃。曰：“吾不如老圃。”樊迟出，子曰：“小人哉，樊须也！上好礼，则民莫敢不敬；上好义，则民莫敢不服；上好信，则民莫敢不用情。夫如是，则四方之民襁负其子而至矣，焉用稼？”

《论语·子路》

古代社会包含奴隶社会和封建社会，因此古代社会的教育也就包含了奴隶社会的教育和封建社会的教育。

奴隶社会是人类历史上第一个阶级社会，分成奴隶和奴隶主两大阶级，其间还有自由民等。这时已经出现了学校和教师，学校教育为奴隶主阶级所享用，奴隶不被当做人看待，更谈不上接受学校教育。

在封建社会中，由于生产力的发展，奴隶转化为占有少量土地的农奴，社会的主要矛盾是地主阶级和农民阶级的矛盾，但其中也分为不同的阶层，因而封建教育的基本特点是其封建的等级性，不同身份的人接受不同的教育。

总的来说，奴隶社会和封建社会的教育大致表现出以下的特点：

第一，教育目的是培养统治人才，教育与生产劳动相脱离。在我国古代社会所盛行的“学而优则仕”的观点则是最好的佐证。西方奴隶社会的教育主要以雅典和斯巴达的教育为代表。雅典的教育文化与军事并重，目的是培养奴隶主民主政治下的健全公民；斯巴达的教育以军事教育为主，目的是将奴隶主的子女培养成为身体健壮的武士。西方封建社会的教育主要是教会学校和骑士教育。教会学校的教育的目的是培养僧侣；骑士教育也称“武士教育”，是欧洲中世纪世俗封建主的教育，目的是培养效忠封建领主和善于作战的武士。因此，在古代社会，教育是完全和生产劳动相脱离的。

第二，出现了专门的教育机构和教育人员，并初步形成一定的学校教育制度。

在奴隶社会，随着生产力的发展，社会的进步，为专门的教育机构和专职的教育人员的产生提供了条件。首先，奴隶社会出现了部分的剩余产品，出现了脑力劳动和体力劳动的分工，使一部分人能脱离生产劳动，为专门从事教育和学习提供了可能；其次，知识和经验的增加，以及文字的产生为专门的教育机构和专职教育人员的产生创造了条件。据《礼记》等书记载，我国奴隶社会的学校，已有庠、序、校、学等不同级别和不同性质的名称；中国封建社会长期发展，封建文化已达到相当高的水平，在教育制度上有官学、私学、书院等多种形式。

第三，教育内容主要是古典人文学科和治世之术。我国古代礼、乐、射、御、书、数已成为当时学校的学习内容。在西方，斯巴达的教育内容有赛跑、跳跃、角力、掷铁饼、投标枪（合称为“五项竞技”），甚至有时以屠杀奴隶作为演习。雅典是一个商业较为发达的城市，它对教育的要求，除体育竞技外，还要学习哲学、文法、修辞三门学科，即所谓“三艺”。欧洲中世纪的教育，其内容主要是“武士七技”（骑马、游泳、投枪、击剑、打猎、下棋、咏诗）和宗教教育。

第四，教育方法多是死记硬背和强迫体罚。相对于原始社会的教育，从奴隶社会起，出现了一些开明的教育方法，如我国孔子曰：“不愤不启，不悱不发。举一隅不以三隅反，则不复也。”其意是：若非弟子努力想弄明白某个问题却还没有弄明白，就不去引导他；若非弟子想表达某种意思却表达不出来，就不去启发他。举一个墙角做例子给弟子讲清楚，而弟子不能触类旁通推知另外三个墙角的情况，就不要再反复地给他举例了。又如苏格拉底法，也称产婆术，它是一种教师和学生共同辩论的方法。苏格拉底的母亲是产婆，他借此比喻他的教学方法。他母亲的产婆术是为婴儿接生，而他的“产婆术”教学法则是为思想接生，是要引导人们产生正确的思想。具体过程是首先由教师向学生提出问题，学生回答，教师用反诘的方式使学生意识到自己回答的荒谬，然后教师用种种事例启发学生，使学生得出正确的答案。具体步骤分为讥讽、助产术、归纳和定义。“讥讽”即通过不断追问，使对方自相矛盾，承认对此问题无知；“助产术”即帮助对方抛弃谬见，找到正确、普遍的东西，即帮助真理问世；“归纳”即从个别事物中找出共性，通过对个别的分析比较来寻找一般规律；“定义”即把单一的概念归到一般中去。下面是一个他和学生问答的有趣的例子。

学生：苏格拉底，请问什么是善行？

苏格拉底：盗窃、欺骗、把人当奴隶贩卖，这几种行为是善行还是恶行？

学生：是恶行。

苏格拉底：欺骗敌人是恶行吗？把俘虏来的敌人卖作奴隶是恶行吗？

学生：这是善行。不过，我说的是朋友而不是敌人。

苏格拉底：照你说，盗窃对朋友是恶行。但是，如果朋友要自杀，你盗窃了他准备用来自杀的工具，这是恶行吗？

学生：是善行。

苏格拉底：你说对朋友行骗是恶行，可是，在战争中，军队的统帅为了鼓舞士气，对士兵说，援军就要到了，但实际上并无援军，这种欺骗是恶行吗？

学生：这是善行。

尽管这一时期出现了一些伟大的教育家，创造了一些划时代的教育方法，但是，由于这一时期的主要教育目的是培养维护统治和服从阶级等级次序的人，要求受教育者绝对服从，因此，机械记忆、背诵、体罚是常用的教育教学及管理措施。

第五，教学组织形式主要是个别教学。古代社会的手工业生产方式决定教育的个别教学组织形式。无论是我国还是欧洲，都没有招生计划，都是收一个学徒就教一个学徒。

（三）现代社会的教育

相对于古代社会的教育而言的现代社会的教育，从生产力与教育发展的历史来看，是现代生产的产物，是指18世纪从英国开始产业革命、机器大工业代替了原来工场手工业生产以后的教育。现代社会的教育以现代化的大机器生产作为基础，处于以商品经济为基础的现代社会，因而，与古代社会的教育相比更具有新的特点：

第一，教育的目的多元化。由于工业社会大工业机器生产要求工人有一定的科学文化知识，所以，现代社会的教育既要培养和选拔统治阶级的统治人才，又要给予广大的劳动人民以一定的科学文化知识，这使得教育又逐渐与生产劳动走向结合。因此，普及义务教育的思想得以形成。最早颁布义务教育法的是普鲁士，时间是1754年，其次是1774年的奥地利，美国是1852年，英国是1870年，日本是1872年，法国是1882年。义务教育的年限也逐渐地从4年延长到6年、7年、8年，现在最长的达12年。

第二，建立了完整的现代学校制度，且要求教育人员专业化。现代学校制度虽然是建立在古代学校教育制度基础上的，但是，与以前的学校教育制度相比，形成了完整的从学前教育到高等教育的学制系统。现代学校教育制度“在分级上更加细致，在分类上更加多样，在总体上更加注意联系，因此显得更加丰富、清晰与系统”①。同时，对教育人员的要求也越来越高，教育者不仅要具有一定的科学文化知识，而且还必须经过专门的培训，要求教育者要明确教育目的、熟悉教育内容、懂得教育活动的基本规律和方法，即我们今天所说的教育人员的专业化。

第三，课程结构、内容得到了不断的调整。在这方面，最突出的一点就是打破了古代社会道德课程或宗教课程一统天下的局面，引入了大量的现代科学课程，而且日益把科学课程放在了学校课程体系的核心地位。

第四，教学方法多样化，师生关系民主化。随着科学技术的不断发展，教育教学理论不断完善和更新，一些新的教学设备和教学手段开始不断进入教育领域，激

① 叶澜．教育概论．北京：人民教育出版社，1999. 69

发学生学习兴趣的教学方法也不断出现。教学过程中的师生关系也得到了不断的改善，如古代中国所说的“一日为师，终身为父”和西方中世纪所说的“牧师代表上帝的旨意”等明显地反映了师生关系的不平等性及专制性的观念和行为都得到了很大的改善。

第五，教学组织形式主要是班级授课制。近代资本主义的大工业生产，要求普及教育，扩大教育教学规模，提高教学质量和效率，班级授课制就在这一要求下诞生了。先是捷克教育家夸美纽斯对班级授课制从理论上加以总结和论证，使它基本确定下来，后又经过赫尔巴特等教育家进行补充，使它进一步完善。

阅读以下材料，讨论班级授课制的优缺点。

教育的“圈养”

这是我们的教育现状——“圈养”。16世纪以来，班级授课制实施，开始了对孩子的全体“圈养”。在中国，京师同文馆于1862年开其先河。现代的学校，有美丽的校园，有现代的教室，但是当把孩子整天整天地关在校园里，用繁重的课业把孩子困在教室内的时候，校园和教室就成了“饲养场”。在那里，教师并不顾及学生的饥饱和口味，而是定时定量地“喂食”——根据课程表规定的时间，按照教学大纲的规定，依照教师的理解，向不同的学生传授同样的指示。

（资料来源：孙传宏．教育的“圈养”与“人工繁殖”．教育时报，2003－02－04，有删减。）

三、现代教育的发展趋势

阅读以下材料，讨论现代社会教育发展的趋势有哪些？

教育的使命

全民教育的基本目的或称“最终目标”是满足全体儿童、青年和成人尤其是女性的“基本学习需要”，主要包括基本的学习内容和基本的学习手段。而这些内容和手段是人们为能生存下去，充分发展自己的能力，有尊严地生活和工作，充分地参与发展，改善自己的生活质量，明智地作出决策等所必需的。

每一个人——儿童、青年和成人——都应能获得旨在满足其基本学习需要的受教育机会。

满足基本学习需要可以使人和社会中的任何人有能力并有责任去尊重和依赖他们共同的、文化的、语言的和精神的遗产，促进他人的教育，推动社会正义事业向前发展，保护环境，宽容与自己不同的社会、政治和宗教制度，从而确保坚持人们所普遍接受的人道主义价值观念和人权，并为这个相互依存的世界建立国际和平与团结而奋斗。

基础教育应设计成不仅提供必要的学习内容，而且还应发展对个人特定的文化和社会背景的批判性意识，不会使学习者疏离于他们的根源：其家庭、社区和环境。

教育应该从一种长期均衡发展的角度，培养人民在国家和国际范围内的团结和公平的感情。

教育必须发展承认并接受存在于各种个人、男女、民族和文化之中的价值观的能力，并发展同他人进行交流、分享和合作的能力。

教育政策必须有助于增进个人之间及种族、社会、文化和宗教群体和主权国家之间的理解、团结和宽容。

（资料来源：赵中建．教育的使命——面向二十一世纪的教育宣言和行动纲领．北京：教育科学出版社，2005）

（一）教育的民主化趋势

教育民主化的概念是一个具体的、历史的范畴，它在人类社会发展到一定阶段时出现，在不同的社会时期又具有不同的内涵。最初教育平等的要求是随着工业化时代的到来，对工人素质要求的普遍提升而出现的。但这与真正意义上的教育民主存在着相当大的差距。

教育民主化是20世纪60年代以来世界教育改革的主流。所谓教育民主化，就是全体成员享有越来越多的教育机会，享受越来越充分的民主教育。它包括教育的民主和民主的教育。[①] 教育的民主，是民主外延的扩展，是把政治民主扩展到了教育的领域，是把受教育权变成公民的权利和义务；民主的教育，是要把教育领域内专制的、不民主的教育改造成为民主的教育，是教育民主内涵的深化。前者是后者的前提，后者是前者的深化。

教育的民主化主要包括以下三个方面：首先，入学机会要均等。这就要求教育须普及化和全民化，即不同种族、性别，不同社会经济、政治地位的公民，都享有均等的受教育的机会。其次，教学过程要民主化，即在教学过程中要建立民主、平等、和谐的师生关系，为学生提供更多的自由发展的机会。最后，教育管理民主化，即在教育决策的制定与执行上，在教育管理上，应由集权型转向综合型，教育管理由刚性转向弹性。

（二）教育的国际化趋势

在经济全球化、贸易全球化的背景下，加强国际间文化与教育的相互理解、交流与合作已成为一种必然的趋势。1995年11月，OECD（Organization of Economic Cooperation and Development，经济合作与发展组织，简称经合组织）召开的高等教育国际化学术讨论会的文件认为，高等教育国际化已从边缘逐渐变成了高等学校管理规划、培养目标和课程的一个中心因素。第二年，即1996年，联合国教科文组织发表的重要报告《教育——财富蕴涵其中》，也把开展国际合作、培养人才、从事

---

① 袁振国．当代教育学（修订本）．北京：教育科学出版社，2004. 40

研究、提供终身教育并列为赋予大学的四种基本职能。因此，现代教育应该从态度、知识、情感、技能等方面培养受教育者从小就为一个国际化的时代做准备，培养学生具有国际意识、国际理解以及参与国际事务的能力。

教育的国际化主要表现在：跨国的课程、学分、学位予以认可，设立信息库，在国家间传播和分享知识，促进国际间的合作。

教育国际化的驱动因素既有文化交流和教育发展的要求，也有政治和经济利益方面的因素。因此，对于发展中国家来说，教育国际化是一把“双刃剑”，正如西方发达国家在政治和经济方面处于主体和支配地位一样，在教育交流与合作中也处于主体和支配地位，占有明显的科技、资金和信息优势，占据极其有利的地位。例如，“据美国统计，仅吸收外国学生一项，每年即可给美国带来33.5亿美元的财富。每年有大量留学生学成后留在美国工作，即掠夺了大量发展中国家的人才，也节省了大批培养费用”①。因此在教育国际化这一进程中，发展中国家要学会掌握和运用好国际规则，努力做到趋利避害，同时建立健全自身的法律法规，保持应有的独立，使教育国际化的正面效应得到最大限度的发挥，把负面影响降到最低。

（三）教育的本土化趋势

尽管教育本土化具有多元的概念界定，但有一点是基本的，那就是明确意识到任何教育必定是有民族特色的教育，只有在本土文化的土壤中，在特定的社会条件下，才能获得自身的生长与发展。在全球化背景下，各个地区、国家和民族更应该清醒地意识到，全球化不是均质化、西方化，也不应该是均质化和西方化。全球化应该是促进不同地区、国家和民族的繁荣，而不应该形成新的依赖。因此，教育本土化不仅对保护世界的多样性具有非常重要的意义，而且对保护各个地区、国家和民族发展与繁荣也有着不同寻常的意义。

（四）教育的信息化趋势

信息技术的迅猛发展促进了知识经济的崛起，从而推动了教育信息化的进程。所谓“教育信息化是一项极其复杂的社会系统工程，包括了从宏观教育规划、战略、管理信息化，到微观学习环境、学习模式、课程、教学、评价模式的信息化等教育系统的所有环节”②。

2000年4月，在新加坡召开的第二届APEC教育部长会议上，23个国家签发了题为《教育为在21世纪创建学习化社会而努力》的部长联合声明。声明指出：“部长们认识到信息技术在学习化社会中的重要性，他们认识到信息技术在更好地培养学生适应未来需要，在为成年人提供继续学习的机会两方面都拥有巨大的潜力。信

---

① 周满生．世界教育发展的基本特点和规律．北京：人民教育出版社，2003.20

② 桑新民．信息化：教育梦想成真的条件．中国教育报，2001-02-02

息技术为各层次的教育提供新的和有创意的学习方式。信息技术也为远距离学习提供了方便，在教育中运用信息技术将是适应以知识为基础的经济所需要的一个关键战略。”① 这段话高度概括了信息技术对教育各个领域的深刻影响及其作用。

（五）教育的未来化趋势

现代教育的未来性具有两方面的意思：一方面是指现代教育的价值取向、目标定位等会对未来社会和个体的发展产生非常大的影响；另一方面是指现代教育的发展不仅要考虑到当前社会和个体发展的要求，要从当前社会和个体的发展需要出发，而且要考虑到未来社会的发展趋势对教育提出的要求，教育要面向未来，未雨绸缪。

（六）教育的终身化趋势

终身教育作为一种教育思想起源于20世纪60年代。1972年，联合国教科文组织国际教育发展委员会在其发表的报告《学会生存——教育世界的今天和明天》中指出：“最初，终身教育只不过是应用于一种较旧的教育实践即成人教育（并不是指夜校）的一个新术语，后来逐步地把这种教育思想应用于职业教育，随后又涉及整个教育活动范围内发展个性的各个方面，即智力的、情绪的、美感的和政治的修养。最后，到现在，终身教育这个概念，从个人和社会的观点来看，已经包括整个教育过程了。它首先关心儿童教育，帮助儿童过他应该有的生活。同时它的主要使命是培养未来的成人，使他准备去从事各种形式的自治和自学。后一种学习要求为成人发展许多范围广阔的教育结构和社会活动……因此，终身教育就变成了由一切形式、一切表达方式和一切阶段的教学行动构成一个循环往复的关系时所使用的工具和表达方式。”② 因此，现代教育不再局限于学龄阶段，而是贯穿人的一生。现代教育的改革应该着眼于创造一个适合于终身学习的社会，满足不同年龄段的受教育者的教育需求。

---

① Statement from the second APEC Education Ministerial Meeting. *Education for Learning Societies in the 21st Century*, 7 April 2000, p. 2

② 联合国教科文组织国际教育发展委员会. 学会生存——教育世界的今天和明天. 北京：教育科学出版社，1996. 180

本章知识结构图：

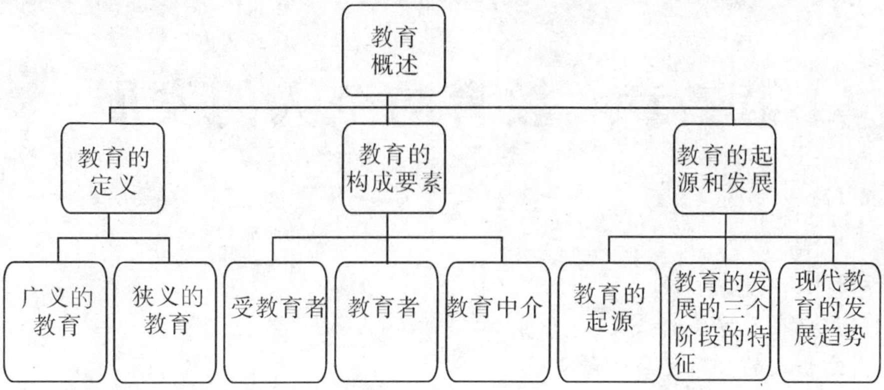

讨论与应用：

1. 关于教育的起源有哪些说法？你赞同哪一种说法？为什么？
2. 教育的发展经历了哪些阶段？各阶段有什么特点？
3. 现代教育发展的趋势有哪些？

本章主要参考书目：

1. 冯建军．现代教育原理．南京：南京师范大学出版社，2001
2. ［捷克］夸美纽斯．大教学论．傅任敢译．北京：人民教育出版社，1984
3. 联合国教科文组织国际教育发展委员会．学会生存——教育世界的今天和明天．北京：教育科学出版社，1996
4. 郑金洲．教育通论．上海：华东师范大学出版社，2000
5. 吴式颖．外国教育史教程．北京：人民教育出版社，1999
6. 叶澜．新编教育学教程．上海：华东师范大学出版社，1991
7. 叶澜．教育概论．北京：人民教育出版社，1999
8. 袁振国．当代教育学（修订本）．北京：教育科学出版社，2004
9. 周满生．世界教育发展的基本特点和规律．北京：人民教育出版社，2003

第二章　教育与个人的发展

学习目标

1. 识记个人发展的含义
2. 掌握人的身心发展的特点
3. 理解影响人的身心发展的几种因素分析
4. 掌握学校教育在人的身心发展中的作用及其限制

人是教育的对象。教育的目的是培养全面发展的人，而人的发展有其自身的规律，因此必须讨论教育与人的发展的关系。

第一节　个人发展的含义

教育要促进个体的身心得到发展，使人能够发挥价值，就必须理解人的本质，把握人的发展规律。

一、人的本质

自从古希腊人提出“认识你自己”的命题以来，人的本质问题一直是思想界、理论界关注的中心问题之一。人的本质即人区别于动物的最根本特性。要发展教育，首先就要了解什么是人，如何看待人。

在不同的社会历史时期，东西方的思想家都从各自的世界观出发，提出了对人的本质的认识。西方看待人的发展与本质，比较重视人的自然属性，对人的本能、需要和价值的议论较多，有自然人性论、理性人性论、天赋人性论等。西方古希腊、古罗马时代，朴素的唯物主义哲学家认为人的本原是由物质构成的。泰勒斯认为人的本原是水，赫拉克利特认为人的本原是火，阿纳克西米认为人的本原是空气，德谟克利特把人的本原看做原子。而苏格拉底和柏拉图从唯心主义立场出发，把理念和灵魂看做是人的本原。

欧洲文艺复兴以后，以哲学家费尔巴哈为代表的人本主义者，用人的自然性反对神性，认为人的本质就是人的生理和心理特性。费尔巴哈批判了宗教神学和黑格尔的唯心主义，试图用感性存在的人代替抽象的理性天国中虚幻的人，这是一种进步。但是他采取孤立、静止地考察人的形而上学方法，离开人的活动去说明人的本质，就使他始终停留在唯物史观的门槛之外。

中国古代从先秦时期就开始辩论人性问题，主要是谈论人的社会本质，有性善论、性恶论、性无善无恶论、性善恶混论以及性三品论等不同的观点。孟子是性善论的代表，他认为性善可以通过每一个人都具有的普遍的心理活动加以验证。既然这种心理活动是普遍的，因此性善就是有根据的，是出于人的本性、天性的，孟子称之为“良知”、“良能”。荀子则持性恶论的观点。在他看来，人的自然本性是“恶”的，“目好色，耳好声，口好味，心好利，骨体肤理好愉佚，是皆生于人之性情者”，发展下去必然发生“残贼”和“淫乱”，破坏社会秩序。但是，人们又能够尊君、孝亲、循礼、守法，这是“化性起伪”，后天教育改造的结果。因此，他认为人类社会的一切政治法律措施和礼义教化，都是为了改造人们的恶性。告子以主张“性无善无不善”的人性论而著称，认为人性和水一样，“水无分于东西”，性也“无分于善不善”。西汉哲学家、文学家扬雄则认定“人之性也善恶混，修其善则为善人，修其恶则为恶人”。“性三品说”的代表人物是汉代的董仲舒和唐代的韩愈。董仲舒把人性区分为“圣人之性”、“斗筲之性”和“中民之性”。“圣人之性”是情欲很少，不教而善的；“斗筲之性”（斗筲：比喻气量狭小和才识短浅）是情欲多，虽教也难能为善，只能为恶的；“中民之性”即虽有情欲，但可以为善，也可以为恶的，这部分人的善恶主要在引导，而前两类人的差异则在天性。韩愈也把人性分为上、中、下三等，并把“性”和“情”对立起来，“性”的内容为“仁、义、礼、智、信”，是“与生俱生”的；“情”的内容为“喜、怒、哀、惧、爱、恶、欲”，是“接于物而生”的。

西方也同样有人性善恶之说，捷克大教育家夸美纽斯、法国启蒙思想家卢梭都是性善论者。18 世纪法国的旧唯物主义者和 19 世纪的空想社会主义者也大都是性善论者。但中世纪的压抑人性、提出“原罪”说的宗教神学显然是性恶论者。

上述种种关于人性的争论，都是从不同角度关注了人的属性的某一方面，并且这种认识程度与当时社会发展水平相关。在人类思想史上，马克思以辩证唯物主义和历史唯物主义为世界观和方法论，第一次对人的本质作出科学界定。马克思关于人的本质的思想主要有三个命题：一是“劳动或实践是人的本质”；二是“人的本质是一切社会关系的总和”；三是“人的需要即人的本质”。关于第一个命题，马克思在《1844 年经济学哲学手稿》中指出：“人的类特性恰恰就是自由的、自觉的活动。”这一思想提出，人的生命活动具有特有的方式，即实践或劳动。实践活动是人和动物的最本质的区别，也是产生和决定人的其他所有特性的根据。把人同动物的区别归结于人的自由自觉性，就是对人的主观能动作用的肯定。关于第二个命题，马克思在《关于费尔巴哈的提纲》中指出："人的本质不是单个人所固有的抽象物，在其现实性上，它是一切社会关系的总和。"马克思认为，人类社会存在两种关系，自然关系和社会关系，人的本质离不开同自然的关系，但更重要的是由社会关系决定的，一切现实的人都是"一切社会关系的总和"。关于第三个命题，马克思在《德意志意识形态》中指出："他们的需要即他们的本性。"这里，马克思不仅赋予需要以前提性，而且赋予它以普遍性、永恒性和能动性。离开了人的需要，人的一切实践活动和一切社会关系都将不复存在。

教育观来自如何认识人的本质，马克思用实践的观点对"人"作出了全新的诠释，据此而引起的教育思想变革主要反映在以下几个方面：

第一，马克思关于人的自然属性和社会属性辩证统一的观点，揭示了遗传因素对人的发展是一种物质前提，给人以发展的可能性，但不能起决定作用。马克思在《德意志意识形态》中特别指出：社会上大多数劳动者及其子女的才能不能得到充分的发展和发挥，并不是先天的遗传素质不好，而是社会关系造成的。只要随着历史的发展，社会关系得到改造，这种状况就一定会改变。

第二，人具有历史性和现实性。教育培养的人都是生活在社会中的活生生的、现实的个人，这些个人既不是抽象的，也不是孤立的，都是在特定环境下进行活动的具体的人，科学的教育理论绝不能脱离社会现实和个人的现实，必须以人的现实性为前提。同时人也处于不断发展的历史中，受到历史条件的制约，对特定历史的盲目超越往往会导致人性的扭曲与灾难。

第三，人的本质具有多样性和变化性。既然人是一切现实社会关系的总和，而社会关系是动态的，发展变化的，这就必然决定了人的本质的不断发展变化性。教育上承认教育对象的多样性和发展变化性是科学教育观形成的重要标志。

第四，人的本质是一切社会现实社会关系的总和这一论断就说明了人的受动性的一面；而同时承认人的本质的自由自觉性就是对人的能动性一面的肯定。人有主观能动作用，所以受教育者才不是单纯的客体，也是学习的主人；人又是受动的，即人的本性是可能改变的，因此教育才具有巨大的育人力量。

第五，人的个性与共性也是统一的。就人类整体而言，人存在着"一般本性"、"类特性"。例如人类的言语、意识和劳动能力等，都是人类所具有的共同的"种"的特征。但个人由于所处的社会生活条件不同，社会关系的差异，每个人又必然都具有各自的独特性。因此，教育上就要既注意培养学生的共性，又要同时发展学生的个性。

二、人的发展

发展，是指运动着的物质或事物连续不断的变化过程，是客观世界一切事物的普遍属性。人的发展，从人类的起源来说，是生物进化过程，是社会文化不断发展与提高的过程。教育研究人的发展，是从个体的发育、成长来看的，所以这里所说的发展专指个人的发展。个人的发展是人的身体和心理两个方面在多种因素的相互联系、共同作用下，随着年龄的增长而不断协调、发展、完善的变化过程。每一个人都是一个独立而完整的系统，这个系统又是由两个子系统构成的，即生理（身体）系统和心理系统。只有当这两个系统处在和谐协调之中，一个人才可能得到真正良好的发展。

人的身体发展是指人的生理方面的发展，包括机体各种组织系统的正常发育和机能的增长以及体质的增强，这三个方面是相互联系的，机体的正常发育，有利于各种组织系统机能的增长，使得体质得到增强；而体质的增强，又有助于机体的正常发育和各种组织系统机能的增长。

人的心理发展是指人的精神的发展，包括人的认识的发展（感觉、知觉、记忆、思维、想象等）和人的意向的发展（需要、兴趣、情感、意志等）。这两方面是相互联系的，人在认识客观世界的同时，形成了对客观世界的主观意向，而对客观世界的主观意向又制约或促进人对客观世界的认识。

人的身心各个方面都是紧密联系的。心理是大脑的机能，身体是精神的载体。人的心理是离不开身体的，身体的发展特别是神经系统的发展，为人的心理的发展提供了不可或缺的物质基础，制约着心理的发展；同样，精神和心理的状况在一定程度上也影响着人的肌体的成长，对身体健康有重要意义。人的身心是统一的，是人的发展不可分割的两个方面，教育就必须全面关心人的身心和谐统一发展。

人的身心发展是一个连续不断的变化过程。这种变化，既有连续的、渐进的量的变化，又有质的飞跃。主要表现为：①不论是人的身体变化还是心理变化都是从不完善到完善，从简单到复杂；②人从不能控制的无意识活动逐步变为有目的、有意识地支配自己的活动；③人由出生时仅仅在遗传素质方面具有差异变为逐渐形成自身的个性特点。人的发展贯穿于人的一生。人的一生，经历了胎儿期、婴幼儿期、儿童期、青少年期、成年期、老年期直至死亡，人的发展不是只包括新生到成熟这段时期，从成熟到衰老也是发展。所以现代教育研究的对象已不再仅限于儿童和青少年，而是涉及人的一生。在世界范围内兴起的终身教育观、毕生发展观便是确证。

三、人的身心发展的规律

人的发展是有规律的，并通过在发展过程中所呈现出的一系列特点表现出来。教育与发展之间存在辩证关系，所以教育必须了解人身心发展的规律。

1. 人的身心发展具有顺序性与阶段性

多学科尤其是生理学和心理学的研究证明，人的身心发展具有顺序性和阶段性的特点，必然经历一个由低级到高级、由量变到质变的连续不断的发展过程。

从顺序性来看，人在生长发育中，各功能的发育由低级到高级，由简单到复杂。

例如用手拿东西，4～5个月的婴儿是用整只手张开去抓，以后逐渐会用拇指和食指去捏取小的物品。整个身体的运动功能，按“从头到脚”的顺序发育，先会抬头，其次挺胸、独自坐，然后会站，最后才会行走。同样，在心理方面，比如记忆的发展总是由机械记忆到意义记忆，思维的发展总是由具体形象思维到抽象逻辑思维，情感的发展总是由喜、怒、哀、乐等一般情绪到道德感、理智感、美感等高级情感。从阶段性来看，前后相邻的阶段又是规律地联系着的。每一个发展阶段都是前一阶段的积蓄，又是后一阶段的准备。每一个发展阶段都经历着一定的时间，发展也就主要表现为量的变化，经过一段时间的发展，就由量变到质变，也使发展进入到一个新的阶段。而在每一个阶段，无论是身体方面还是心理方面都会产生与该阶段相应的一般的、典型的、本质的特征，这些特征被称为年龄特征。

根据年龄特征，现代心理学把人的发展的顺序与阶段概括为新生儿期（出生～1岁)、婴儿期（1～3岁)、幼儿期（3～6、7岁)、童年期（6、7～11、12岁)、青少年期（11、12～17、18岁)、成年期（18岁以后)，成年期又分为成人前期、成人中期、成人晚期。

人的发展总体上经历的顺序与阶段是相对稳定的，因为形成年龄特征的客观条件具有一定的稳定性，促使人成熟的生理基础的发展有一定的规律性和顺序性。然而，必须注意的是人的身心发展还表现出在不同年龄阶段有不同的发展速度和不同的发展重点的特点，这对把握人的发展机会是十分重要的。例如，在小儿发育过程中，各个器官、系统发育不平衡，脑子的生长发育先快后慢，7～8岁大脑的重量已接近成人。而生殖器发育先慢后快，幼儿时期发育并不明显，青春期时发育明显增快。皮下脂肪在婴儿时期增加比较快，以后减慢，青春期又稍微快些，这在女孩表现得更为明显。这就反映了发展速度的不均衡性。

2. 人的身心发展具有相似性与差异性

人的发展同人的本质一样，既有共性特点，又有个性特征。个体发展既在一定程度上呈现相似性，又呈现明显的差异性。

相似性表现在人类群体经历的发展阶段顺序大体一致，同一个地区同一个人群，他们在某阶段都有共同的发展特点。差异性表现在个体的身体、智力、人格等方面。身体方面的差异表现在个人的身高、体重、体质、外貌以及各器官的结构与功能、生理发育成熟的迟早等。智力方面的差异表现在注意力、观察力、记忆力、思维能力、想象力等方面每个个体都是不同的。人格差异表现为心理倾向于特征的差异，如情感、意志、性格、气质等方面的差异。有的儿童身心的某些方面在较早的年龄已发展到较高水平，而有的在较晚年龄才发展到一般水平。正如常人所言有的人早慧，有的人大器晚成。对于早慧者，教育要跟上成熟的发展，对于晚熟者，也不能急于求成或放任自流。这些差异性对教育的丰富性和多样化提出了要求，教育一定要在把握共性的基础上区别对待差异性，因材施教，长善救失。

3. 人的身心发展具有不平衡性

个体身心发展的不平衡性表现在两方面。首先是同一方面的发展速度在不同的年龄阶段变化是不平衡的。例如，青少年的身高体重有两个生长的高峰，第一个高峰出现在出生后的第一年，第二个高峰则在青春发育期。在这两个高峰期内，身高体重的发展速度比其他时期要迅速得多。

第二是不同方面发展的不平衡性。有的方面在较早的年龄阶段就已达到较高的发展水平，有的则要到较晚的年龄阶段才能达到成熟的水平。例如在生理方面，神经系统、淋巴系统成熟在先，生殖系统成熟在后。人的身心在不同方面有不同的发展现象，越来越引起心理学家的重视，心理学家提出了发展关键期或最佳期的概念。所谓发展关键期是指身体或心理的某一方面机能和能力最适宜于形成的时期。在这一时期中，对个体某一方面的训练可以获得最佳成效，并能充分发挥个体在这一方面的潜力。错过了关键期，训练的效果就会降低，甚至永远无法补偿。

在现代，由于社会发展对于个体要求的提高，在校学习年限延长，独立生活和工作年龄往后推移，这使人的心理成熟年龄、社会性成熟年龄也向后推移。另一方面，由于食物营养的改善和社会文化的影响，个体生理成熟的年龄却提前了，这样使本来就存在的身心发展的不平衡性表现得更为突出。

第二节 影响人的身心发展的因素及其作用

哪些因素在影响着个体的身心发展，是促进还是制约？这一直是古今中外的教育研究者积极探索的问题。

一、关于影响人的身心发展因素的观点回顾

1. 单因素论

单因素论指那些认为人的身心发展是由某种单一因素决定的理论，常见的有内发论（遗传决定论）、外铄论（环境决定论、教育万能论）。

遗传决定论认为认知发展由先天的遗传基因所决定，人的发展过程只不过是这些内在的遗传因素的自我展开的过程，环境的作用仅在于引发、促进或延缓这种过程的实现。柏拉图的人分三等论、基督教的“原罪”说、我国古代的性善性恶论，都持遗传决定论的观点。到了近代，英国的高尔顿、美国的霍尔等发展了遗传决定论。高尔顿的典型论调是：“一个人的能力是由遗传得来的，它受遗传决定的程度，正如一切有机体的形态及躯体组织受遗传决定一样。”然而这与人的发展的复杂性、丰富性和现实性有较大的距离，受到了广泛的质疑。

环境决定论、教育万能论认为在人的发展中，真正起决定作用的力量是生活环

境和后天所获得的教育。有些观点激进的学者甚至强调人就如同一张白纸，受后天环境的影响即可改变其未来的人格与成就。英国著名哲学家洛克的“白板说”指出，儿童犹如一块白板，到他们长大成人以后，是好还是坏，有用还是无用，感到幸福还是痛苦，主要是他们所受的教育决定的。行为主义学者华生曾说：“给我一打健全的婴儿，把他们带到我独特的世界中，我可以保证，在其中随机选出一个，训练成为我所选定的任何类型的人物——医生、律师、艺术家、大商人，或者乞丐、窃贼，不用考虑他的天赋、倾向、能力和祖先的职业与种族。”虽然环境决定论肯定了人发展的可塑性，但确信后天的经历和环境以及教育起决定作用直接导致了传统教育实践重视教师权威和书本知识、学校纪律，企图通过控制儿童学习活动的环境、教育内容和方法等达到控制儿童发展的目的。

这些单因素理论的贡献在于各从一个侧面提出、论证了该因素对个体发展的意义，其缺陷在于忽视因素间的相互关系以及绝对化的判断，所以它们不可能是正确的，然而这似乎是人们在认识某一复杂问题时的必经阶段。

2. 二因素论、三因素论

二因素论可参见巴拉诺夫等著的《教育学》，它把影响人的发展因素分为两大类，一类是生物因素，包括遗传素质以及遗传素质以外的某些生理特点及健康状况等；另一类是社会因素，包括社会、家庭、学校和自然、文化以及人际关系等环境因素，并认为这两大因素对人的发展共同起着交互影响作用。三因素论认为人的发展是由遗传、环境和教育三个因素所决定的。这种观点把教育作为一种特殊环境从一般环境中分离出来，把教育看作是一个独立的因素，强调了教育的作用。三因素论观点以苏联凯洛夫主编的《教育学》为代表，认为在人的发展中，遗传是人发展的物质基础，环境（特别是社会环境）是人发展的决定性因素，而学校教育在人的发展中则起着主导作用。三因素论曾一度成为我国教育理论界所公认的观点。然而，这一理论还存在着许多不足之处：首先，在分类标准上存在混乱，教育对于遗传、环境来说不是同一层次上的，不应并列；其次，三因素论还没有能包含影响人发展基本因素的全部，同时对因素间的相互影响也缺乏分析。由此，后人又提出了一些新的因素论。新的因素论沿着两个方向发展，一个是对因素重新分类和重新界定每一类中所包含的内容，发展成前面提到的二因素论；另一个是增添新的因素，并进一步研究因素与因素间的相互关系，孕育出各种多因素论。

早在三因素论之前，西方还存在着“成熟”和“学习”的相互作用理论，也称为二因素论。

3. 多因素论与综合因素论

多因素论主要指四因素论和五因素论，四因素论在三因素论基础上，增加了一个人的主观心理因素。五因素论在四因素基础上再加一个“反馈调节”因素。另一种五因素论为：生理因素、心理因素、自然因素、社会因素和实践活动因素。综合因素论则认为影响人发展的因素是多系统、多层次的，它们密切相互作用，很难用几因素的提法描述，关键是应研究因素的综合作用。多因素论增加的因素大多是个体内在的非遗传性因素，这反映出主体自身因素对自身发展的影响越来越受到重视。综合因素论则更强调实际作用的综合性，因素间关系结构的系统性与层次性，这对于进一步探讨因素问题显然是重要而富有启发作用的。

4. 二层次三因素论

这种观点实质上突破了过去那种仅从形式上增加因素数量的做法，力图突出从动态上、人的主体意义上以及从因素结构上分析人的发展因素及其关系。人的发展在实质上是个体生命的多种潜在可能逐渐转化为现实个性的过程。可以把影响人发展的因素分为：对个体发展的潜在的、可能产生影响的因素（可能性因素）和对个体发展从潜在可能转化为现实影响的因素（现实性因素）两大类，这两类因素对发展的影响不在一个层次上，故可称为“二层次”。在二层次中共包含有三大类影响因素。在可能因素中又分为个体自身的条件因素和环境条件因素；而现实因素则是指发展主体所进行的各种类型和各种水平的活动。

二、影响人的身心发展的主要因素

1. 遗传素质

遗传素质指那些与生俱来的解剖生理特点，如形体构造、形态、感觉器官和神经系统的特征等。其中神经系统的结构与机能特征对人的心理发展有重要影响。所有的遗传生物特征都由细胞染色体的基因所决定。染色体基因最主要的成分是脱氧核糖核酸（DNA）。遗传素质为儿童心理的发展提供了前提和发展的可能性。

遗传素质对人的发展的作用如下：

第一，遗传素质是人发展的物质基础和前提条件。人的存在和发展必须以人的自然机体为前提和基础。如果人没有大脑的生理机能，也就不会有人的言语和思维等心理功能。天生残障的儿童，总体发展水平就会低于正常儿童。

第二，遗传素质的成熟程度制约着人的身心发展过程和阶段。人的遗传素质不是静态的，它也有一个成熟发展的过程。人的身心发展的阶段性，正是人的遗传素质成熟程度的表现。人的遗传素质的成熟程度是学习和教育的条件，超越人素质发展程度的学习和教育是难以获得成功的。人的身体器官的结构和机能都是随年龄而发展的，教育和训练虽然可以开发人的潜能，但也必须适应素质的发展程度。人的一些活动能力，总是随着素质的成熟程度而表现出来的，例如婴儿一般 3 个月会翻身，6 个月会坐，1 岁左右会走。著名的双生子爬梯实验，无疑说明了遗传素质的成熟阶段是教育的重要条件。20 世纪初，美国心理学家格塞尔以同卵双生子为对象，研究动作发展与成熟的关系。在这个实验中，双生子 T 从出生后第 48 周起每天做 10 分钟爬梯训练，连续 6 周，到第 52 周，他能熟练地爬上 5 级楼梯。在此期间，双生子 C 不做爬梯训练，而是从出生后第 53 周才开始进行爬梯训练，两周以后，双生子 C 不用旁人帮助，就可以爬到楼梯顶端。由此，格塞尔得出的结论是：在儿童生理上未达到准备状态（即成熟）时就无从产生学习，学习只对成熟起一种促进作用；一旦在生理上有了完成这种动作的准备，训练就能起到事半功倍的效果。学习依赖于成熟所提供的准备状态。

第三，遗传素质的差异性在一定程度上影响着人的个别特点的发展。人的遗传素质具有“类”的共性，但也具有差异性。每个人的身高、面孔等都不一样。人的心理也存在与生俱来的差异，儿童的视觉、听觉等感觉器官的灵敏度有着遗传差异；儿童在记忆、注意、思维等心理过程方面也存在遗传的差异；特别是在高级神经活动类型及其活动过程的强度、灵活性及兴奋与抑制的平衡性等方面也存在着差别。有的人生来好动，有的人生来好静，有的儿童智力发展较快，有的儿童智力发展迟缓，这些都在一定程度上同遗传素质及其成熟水平有关。尽管后天的环境和教育可以在一定程度上改变人与人之间先天的差异，但这些遗传来的差异毕竟会在一定程度上影响着人的发展，也制约着教育培养人的方向。

遗传因素对人的发展影响程度如何呢？应该看到，遗传因素是与一系列因素有关的，从性质上来看，与人自身是否处于常态有关，对于处于常态的大部分人来说，遗传因素不具有决定性作用。从程度来看，与发展具体机能的性质有关，人的低级生理、心理机能（如眨眼、电反射、手腕运动等）受遗传影响程度强。反之，高级生理、心理机能（如人的认知高级神经系统的活动等）受遗传的影响程度相对较弱。这里的强弱是与环境的作用相对而言的。遗传因素的影响在人的整个发展过程中呈减弱趋势，这主要有两方面的原因：一是发展作为从潜在到现实的过程，随着时间的推进，“潜在”变成了“现实”，或“潜在”错过了变为“现实”的时机，“潜在”因素的作用变弱了；二是随着个体的发展，影响的因素逐渐增多与增强，人的心理发展也趋向高级和复杂。

2. 环境

环境是指围绕在人的周围并对人的身心发生作用的外部世界的一切因素。环境包括自然环境和社会环境。自然环境固然对人的身心发展有影响，例如地理、气候等会影响人的身高、肤色、性格，但对人的发展具有决定性影响意义的还是社会环境。

环境既为人的发展提供了多种可能性，也对人的发展作出了一定的限制。环境首先为人的发展提供了认识与实践的客体、客观条件和机遇等，从而为个体的发展提供了选择的可能，个体可以选择和利用环境中的有利因素为自我的发展服务。但是，在一定的时空条件下，环境为人的发展提供的可能性是有限的，可能会限制甚至阻碍个体的发展。

环境对人的作用的大小与环境本身的性质和变化相关，也与个体发展水平相关。环境对人的作用在个体一生发展过程中是一个变量。环境中不同的构成部分对人的发展的不同方面及不同时期的作用大小不同。如在童年期，家庭环境对人的发展影响较大，青年期以后，社会环境尤其是文化因素、大环境对人的发展影响相对增强。而且，环境的影响随着主体自我意识的形成而相对减弱，影响的性质也由限制逐渐转向更有效地利用。此外，环境因素还随个体活动能力的大小而变化。人在童年期活动能力不强，范围不大，环境因素的变化不大。到了青壮年时期，人的经验丰富、视野开阔、精力充沛，活动天地大大开拓，环境因素的影响随之变大。一旦进入了老年时期，随着体力和各种活动能力的减弱，人的活动天地又相对缩小了，环境因素的影响程度也随之改变。

3. 主观能动性

作为影响人身心发展的基本因素，环境是人身心发展的外部因素。唯物辩证法认为“外因是变化的条件，内因是变化的根据，外因通过内因而起作用”，人的身心发展的内因就是人的主观能动性。

主观能动性是指人的主观意识对客观世界的反映和能动作用。主观能动性是人类所特有的意识方面的特性。动物也有生命活动，但只是消极地、本能地对自然界的适应；而人的活动却是有目的、有意识的自由自觉活动。人的主观能动性从要素构成上说，它体现为人的需要、动机和目的等主观方面的特性；从外部实现来看，则主要表现为作用于客观事物的自觉活动。人的主观能动性的大小、性质和方向都是在各种实际活动中体现出来的。

同样的环境因素在不同人身上所产生的影响作用是不同的，这完全是由于人的主观能动性在起作用。如生活在一个家庭里的子女，由于他们本身主观能动性的作用，他们的思想、行为、个性心理都可能具有各自不同的差异。

人的发展水平达到具有较清晰的自我意识和自我控制的水平时，能够有目的地、自觉地影响自己的发展。这不仅意味着人能把握自己与外部世界的关系，而且具有把自身的发展当作自己认识的对象和自觉实践的对象，建构自己的内部世界。人对自身发展的控制表现在两个方面：一方面是人在认识自己与周围环境现实关系的前提下，不断地为自己的发展创造条件，而不是消极地期待客观条件的成熟，另一方面是人勾勒自己未来的前景，选择自己的发展目标。具有自我意识的人对未来的自身发展有追求，并据此决定自己的行为策略，为实现自己的理想而奋斗。这种自觉的追求，是人的主观能动性影响人的发展的重要体现。所以，人不仅是先天因素与环境相互作用的产物，也是自我选择的产物。

4. 社会实践活动

社会实践活动是主体同外部世界进行物质或精神交换的活动。主体的发展是在活动中实现的。活动就像是人的各种能力、素质的媒介。如参加体育活动就可以促进身体机能的发展，参加辩论赛就能促进思维的发展。在活动过程中，人与环境不仅实现着物质与信息的交换。而且实现着能量的交换；活动不仅使人的智慧和力量得以外化和对象化，实现对外部世界的改造、对物质财富和精神财富的创造，而且使人的才干、意志、智慧在实践中得到发展，实现内部世界的丰富与发展。

社会实践活动能否有效地影响个体发展以及影响的程度主要表现在以下几个方面：首先，取决于社会实践活动对发展个体提出的要求与发展个体现有发展水平的相差度。对发展个体来说，过高或过低的活动要求都无助于发展。只有在个体现有水平基础之上而又是他有能力进行的活动，才能有效地促进个体的发展。其次，社会实践活动对个体发展影响的程度，与活动本身的组织结构水平与重复程度有关。再次，取决于主体对活动的自主程度。最后，与活动是否取得成效以及活动主体对成效的主观感受有关，若活动取得成功，主体体验到成就感，由此而自信、愉悦，就会激发出新的更高水平的需求。需求水平的不断提高正是推动人发展的重要内部动力。

5. 教育

教育是有目的、有意识地培养人的活动，它是影响人发展的最有效的手段。教育同实践活动一样，也是主观见之于客观的活动，体现着人的内部因素与外部因素的统一。但教育又不同于实践活动。实践活动的主体是人，客体是自然与社会；而教育则不然，参与教育活动的施教者与受教者都是人，都有各自的主观能动性。社会实践活动反映着主体自身的主观意志和能动作用；而教育活动不仅同时反映着教育者和受教育者共同的主观能动作用，更重要的是它是社会意志的体现。教育也不同于环境，环境会对人产生各种积极的、消极的影响，都是自发的、无目的的、潜在的；教育则是为了专门对人施加影响而存在的，从来都是有目的的。教育对人的发展具有重要作用，特别是有计划的、全面的、系统的、由特定教育者负责组织和实施的学校教育，下一节将会详述。

第三节　学校教育在人的身心发展中的作用

凡是有目的地增进人的知识技能，影响人的思想品德，增强人的体质的活动，不论是有组织的还是无组织的，不论是系统的还是零碎的，都是教育。教育是一种有目的地培养人的活动，它规定着人的发展方向。教育，特别是学校教育给人的影响是比较全面、系统和深刻的。

所谓学校教育，是指教育者按照一定社会的要求和受教育者身心发展的规律，对受教育者施行的一种有目的、有计划、有组织地传授知识技能，发展智力和体力，培养思想品德的系统影响活动。

一、个体个性化与个体社会化

一个人生活在社会上，他既是社会的人，又是个体的人。人与人之间既有相同的一面，又有不同的一面。相同的一面表现为人的社会性，社会性反映的是人对社会的适应，是社会化的结果；不同的一面表现为人的个性，个性是个体在实践活动中形成的独特性，它是个体个性化的结果。个体的个性化表现为人具有个性，追求的是个体的独立性；个体的社会化表现为人具有社会性，追求个体的共同性。人的社会化和个性化是相互对立而又矛盾的统一，人是社会化和个性化的双重统一体。个体发展从本质上说是一个包含着两个矛盾方向的变化而又重新系统化的过程，即人的社会化和个性化过程。教育就是通过个体的社会化和个性化，促使一个生物体的自然人成为一个生活在现实社会中的具体的人的活动。因此，教育具有促进个体社会化和促进个体个性化的功能。

（一）个体的个性化

个体的个性化是指个体尊重差异性的求异过程，它反映的不是对社会的适应，而是在继承基础上的发展、变革和创造，因而个性化的核心是个体在社会实践活动中促进自主性、独特性和创造性的形成。

教育的个体个性化功能主要体现在它促进人的主体意识的发展，促进人的个体特征的发展以及促进人的个体价值的实现三个方面。人的主体意识可以看成是人对自我的主观能动性的认识。人的个体特征是指人的身心发展的个体差异性。人的个体价值归根结底是通过他在社会生活中发挥的作用之大小来衡量的，人越有知识、越有能力、越有道德，便越能展现其生命的价值。

1. 教育促进人的主体意识的形成和主体能力的发展

主体意识和主体能力是人的主体性的表现。主体意识是人作为认识和实践活动的主体的自觉意识，它包括主体的自我意识和对象意识；主体能力是主体认识、改造外部对象世界的能力。主体意识是主体性的观念表现，主体能力是主体性的外在表征。无论是主体意识的形成，还是主体能力的获得，都要通过教育。人要成为认识和实践的主体，必须通过接受教育，获得相应的知识、能力，从而达到变革客观世界的目的。因此，教育过程对个体而言，是一个提高自身素质、增强自我能力的过程。

2. 教育促进个体差异的充分发展，形成人的独特性

个体的独特性表现在人的个性心理上，诸如兴趣、爱好、理想、信念、世界观、能力、气质、性格等。人的遗传素质蕴涵着个体的差异性，如气质类型的差异、智能优势的差异等。个体由于后天的生活环境、教育影响不同，即便是相同的遗传素质，也会形成不同的发展结果。教育作为有目的的活动，可以根据学生的不同心理发展特征，选择适合他的发展道路，设计适合他的教育。因此，教育能够尊重个体的差异，因材施教，帮助不同的学生充分开发其内在潜力，形成自己的优势区域和特长。

3. 教育开发人的创造性，促进个体价值的实现

创造性是人的个性的核心品质，是个性的自主性、独特性的综合体现。它是个体在创造活动中所表现出的自主、独特、与众不同的心理倾向。创造活动是人生产新颖、独特、有社会价值的产品的活动。人们在创造活动中所表现出来的创造性是

自我性和社会性的连接，它虽是个人才能的最高体现，但这种才能的发挥要受到社会的制约，要以对社会的贡献来衡量。

（二）个体的社会化

个体的社会化，是指个体学习所在社会的生活方式，将社会所期望的价值观和行为规范内化，获得社会生活必需的知识、技能，以适应社会需要的过程。人在婴儿时，还是一个软弱无能的生物体，依靠后天的学习逐渐地成为一个能有效地参与社会生活的主体。个体从自然生物体到社会活动主体的变化，就是通过个体社会化过程来实现的。人生活在社会上，不可能孤立存在，社会化是其生存和参与正常社会生活的必要途径。社会化是人之为人的根本。对人类社会而言，社会化使社会能够在社会学和生物学意义上进行繁殖，从而确保它世代延续下去。社会化的过程是一个持续终身的过程。从婴儿期到老年期，它不断地调整个体的观念和行为，以适应社会生活变化的要求。社会化的具体内容大致包括四个方面：一是接受一定社会的文化价值与社会规范；二是使个人追求的目标与社会要求一致；三是掌握个人获得社会成员资格和追求目标所必需的技能；四是学会认同身份和每一场合下自己所处的角色。影响个体社会化的因素包括家庭、学校、同伴群体、大众传媒、职业组织、社区等。不同年龄阶段，社会化的主导因素不同。幼儿阶段以家庭为主，青少年阶段以学校为主，成年阶段以职业组织为主。学校是青少年社会化的主要场所，学校对青少年的社会化是通过有目的、有计划、有组织的教育完成的。学校是个体社会化的场所，教育是个体社会化的途径，教育在促进个体社会化中的功能主要表现为促进个体思想意识的社会化、促进个体行为的社会化、培养个体的职业意识和角色意识等三个方面。

1. 教育促进个体思想意识的社会化

人的行为是一种有意识的行为，思想意识成为支配人行为的内在力量。意识虽然为个人所有，但它不是个体思维的产物，而是社会的产物，个体意识必须反映并符合社会的规范和要求。所以，个体的思想意识本质上是社会价值规范在个体头脑中的反映。教育代表着一定社会的要求，传播社会中的主流文化和价值观念，受这种文化和价值观念的影响，学生就易于形成与主流社会文化要求一致的思想意识，从而认可并自学维持现存社会的种种关系。而且，由于教育所传播的文化价值观念的系统性和深刻性，还由于教育活动组织的计划性和严密性，以及教育形式的活泼性和多样性，就易于使学生接受这种价值观念，并形成完整的思想观念体系。教育促使个体思想意识的社会化，特别表现为个体的政治化。

2. 教育促进个体行为的社会化

人的行为要符合所属群体或社会的要求，这个要求就是社会规范。教育通过社会规范的传递，使人们认识社会规范的意义和内容，认识到应该干什么，不应该干什么，从而规范人的行为，防止个体行为偏离社会的轨道。在日常生活中，教育还具有生活指导的功能。它授予人在社会生活中必需的知识技能，如处理人际关系的技能，帮助人们学会协调理想和现实之间的冲突，使人们首先学会生活、适应生活。

3. 教育培养个体的职业意识和角色意识

职业是社会化的集中体现。人生活在社会中，要以一定的职业为主，这就决定了为就业和生活做准备的教育，必须能够促进个体的职业化。对职业技术教育、高等教育和成人教育而言，培养人的职业角色意识、技能是其核心要求。基础教育作为一种全面的素质教育，也负有职业指导和职业定向的重要职责，要指导学生根据自己的兴趣、爱好和能力，结合国家的需要，确定自己的未来理想，帮助他们实现自己的职业理想。

二、学校教育在人的身心发展中的主导作用及有效发挥的条件

（一）学校教育在人的身心发展中的主导作用

学校教育是一种特殊的社会环境，在一定的前提和条件下，它在个体的身心发展中起主导作用。所谓主导作用，是指主要的并能引导事物向某一方面或某些方面变化的作用。在一般情况下，相对于影响人的发展的其他外在因素而言，良好的和有效的学校教育对人的身心发展，特别是对年青一代的发展起着主导作用，即学校教育对年青一代的发展起主要的、导向性的作用，这是因为：

1. 学校教育具有较强的目的性

学校是专门培养人的机构，它的一切活动几乎都是围绕着有目的地培养人来展开的。无论哪种形式、哪种类型的学校教育，都必须对人才培养的规格质量提出一个基本的和一贯的设计。学校教育的目的性之所以比较强的原因在于：第一，学校中的各种教育活动是在各种人为设置的环境中进行的。这一环境中有意识提供的条件与活动对象，都是为实现教育目的和完成教育任务的，其最大的特点是弥漫着科学、文化和道德规范的气息，这是滋养人精神力量生长的最重要的社会因素。第二，学校教育中进行的大量有目的、有意识、有计划的活动的特殊性正在于它是为影响受教育者成长而精心设计的。这类设计只要符合一系列的基本要求，就有可能对参与活动的受教育者的发展起主导作用。

2. 学校教育具有较强的系统性

人的培养是一个复杂的系统工程，要求学校教育必须有较强的系统性，在总体上要避免教育影响的自发性、随意性和片面性。因此，怎样使学校内的各部门、各机构、各要素及成员间形成一个呈良性循环上升的有序系统，是学校教育必须解决的问题之一。学校教育具有较强系统性的主要表现：一是计划性。作为一个有组织的社会机构，学校教育总体上是较为有计划的。除了有计划的教育工作和教育影响才有可能保证教育的效率和效果外，人的发展的顺序性和阶段性也要求学校教育必

须具有计划性。二是组织性。学校教育是有一定组织性而非自发无序的。因为学校本身就是一种社会组织机构，其内部还有各种类型和各个层面的组织小单元（或称部门），因而学校教育也是在组织中并通过组织来运行的。另外，学校教育的组织性还表现在，它必须把校内外在时间和空间上分散的教育影响组织起来，使之形成一个系统和整体。三是协调性。学校教育具有一定的协调性，各单元及组织部门间不是各行其是、离散冲突的。学校内部的教育影响具有相当程度的复杂性，不仅在时空上存在一定的分散性，而且由于教育者的意识、态度和水平等方面的差异，以及教育者有意或无意地受个人需要和某种利益驱使的局限性，从而有可能造成不同的教育者在教育影响上的不一致性乃至冲突现象的出现。这就需要学校对其内部的各种教育影响加以协调，以形成一种比较符合教育目的要求的教育合力。此外，学校教育也要协调自身与外部的各种关系。四是全面性。一般说来，学校教育比其他任何形式的教育都更有条件实施全面的教育。其中之原因，一是因为学校教育制定有比较全面的教育目的；二是因为学校教育设置有比较全面的课程体系和较为丰富的教育内容；三是因为学校教育有比较多样化的教育途径和教育的方式与方法；四是因为学校教育有一支结构比较完整与合理的教师队伍。但仍需作出区分的是，不同的学校教育，其全面性是不尽相同的，如普通教育与专门化的教育在其全面性上应有一定的区别。

3. 学校教育具有较强的选择性

影响人的发展因素是复杂多样的，这就需要学校教育对复杂多样的教育影响进行选择、整理和加工，避害趋利、去伪存真、去粗取精，尽可能为年青一代的发展营造一个良好和谐的小环境。学校教育的选择性主要表现在以下几个方面：一是在教育培养目标上的选择性。社会是不断发展变化的，社会对人的素质要求也是随之发展变化的。加之社会的各个层面和结构也是复杂多样的，因而对人的素质的要求也会多种多样。比如不同的政治立场、经济体制及状况、文化差别以及伦理道德规范等，都会以所处的不同立场而有可能更多地把人分别看作政治人、经济人、文化人和伦理人。对人的不同素质要求的定位，决定了学校教育将以什么样的途径和形式来达到并实现其培养目标。学校教育不可能实现所有的社会要求，并且也是不必要、不现实的，因而学校教育的有所选择性和将其各方面要求进行整合，才是实际可行的。另外，学校教育在面对受教育者对教育的各种要求以及不同社会方面对教育的复杂期望上，也同样有一个需要选择的问题，而不可能将其所有都反映到教育培养目标中去。二是在教育内容上的选择性。学校教育不可能也不必要把所有的人类文化都传递给受教育者，而是必须根据社会发展和人的发展主导性需求以及人的发展的特点和规律，选择出既较为符合社会发展需要和人的身心发展需要，也较能符合人的发展特点和规律的内容传递给受教育者，以保证学校教育的导向性和提高学校教育的效率。三是在教育方式、方法和手段上的选择性。教育的方式、方法和手段丰富多彩，而且是不断发展变化的。教育的不同目标、内容和对象往往对教育的方式、方法和手段有不尽相同的要求，这就需要对其进行恰当的选择。

4. 学校教育具有较强的专门性

在社会具有教育性质的各部门及机构中，学校是培养人最为专门的场所，因而学校教育在培养人上是最具专门性的。学校教育的这一培养人的专门性表现在以下几个方面：一是学校的根本职能就是培养人。学校自其诞生之日起，就是以培养人为其主要活动的，各级各类的学校教育，概莫能外。二是学校中的教育体系和课程设置是较为系统和完整的。三是学校中的施教人员——教师，也是经过专门化的训练的，他们所从事的是一种专门性的职业。教师是专事教育工作的人，以培养人为其本职工作。教师必须通过较长期而专门的训练，必须具有专门的学科知识及相关知识，具有专业性的教育理论知识和相关的教育、教学能力和专业性的伦理道德素养。

5. 学校教育具有较强的基础性

从终身教育、终身学习和终身发展的角度看，职前性的各级各类学校教育都是在不同层面上为人一生的发展打基础，包括为“做人”打基础。学校教育的基础性尤其表现在基础教育、普通教育和通识教育中，对人一生的发展具有“定调”与“定性”的意义，对人一生的发展前景和发展后劲具有举足轻重的影响。从某种意义上讲，各级各类教育都是在为人学会做人、学会做事、学会生存、学会学习等打基础。正因为如此，学校教育才应尽可能地面对全体学生和促进学生的全面发展；正因为如此，现代教育才越来越注重通识教育，越来越注重宽厚的基础，越来越注重扩大专业口径。正因为学校教育具有较强的基础性，因此它对人的发展不仅具有即时的价值，更具有延时的、久远的和增值的价值，从而对人的发展产生主导性作用。

（二）学校教育在人的身心发展中的主导作用有效发挥的条件

在充分肯定了学校教育在人的身心发展中的主导作用后，我们还必须看到，学校教育在人的（身心）发展中的主导作用的有效发挥既是有限的又是有条件的。

1. 学校教育对人的身心发展的主导作用是有限的

教育在人的身心发展中的作用，曾被历史上许多思想家和教育家作过充分的肯定，但过分和片面夸大教育在人的身心发展中的作用，实际上就是教育万能论。教育万能论忽视或否认了遗传尤其是人的主观能动性在个体发展中的作用，很大程度上把人看作为环境和教育的消极产物，这是不足取的。随着社会的全面进步，教育特别是学校教育对人的身心发展的意义日益明显。在信息社会和科学技术是第一生产力的知识经济时代，在一般人心目中，学校教育在人一生发展中的意义几乎到了无论怎么说都不为过的地步。作为一种发展战略，作为更新观念和呼吁全社会更加重视教育的一种策略，在理论上和宣传中适当拔高教育对人的身心发展的作用是可以理解的，但在理性上必须认识到，教育包括学校教育，对人的身心发展的作用并不是万能的。

学校教育对人的身心发展的“主导作用”主要是相对于遗传的先在作用和社会

环境的自发作用而言的，主要是指这种作用具有相对较强的人为性、自觉性和可控性，但“主导作用”并不等于决定作用，它是有条件的，也是有限的，不可能孤立地发生作用，更不可能无限度地发生作用。

人的发展是一个极其复杂的过程，影响人的发展的因素很多，学校教育只是其中一个重要因素。人的发展也是多方面的，学校教育也不可能对人所有方面的发展都起到主导作用。我们必须实事求是地看待学校教育在人的发展中的作用，不能笼统地说“学校教育对人的身心发展起主导作用”，不能对学校教育对人的身心发展的作用寄予不切实际的期望。正因为如此，也不能把人的发展中所出现的所有问题的根本原因都归咎于学校教育。许多教育问题从本质上讲，与其说是教育问题，不如说是社会问题，尽管这些问题看上去都是表现在学校中。

夸大和拔高学校教育对人的身心发展的作用看似无碍，其实有害。第一，这不是实事求是的。学校教育是受社会制约的，从根本上讲，有什么样的社会就有什么样的教育，教育很难逾越社会的生产力和生产关系的制约对人的发展产生主导作用。第二，这反而不利于维护教育的地位。对教育的期望值过高，当教育无法承受超出它的力量的重负时，就必然导致人们的失望，这时，“教育万能”的期望可能瞬间转变为“教育无能”的指责。在现实中，“教育无能”的指责许多时候恰恰来自对“教育万能”的过高期望值。由此，学校和教师，包括教育理论工作者，大可不必把教育的作用说得过大，因为事实上教育也承受不起与之不相应的重负。

2. 学校教育对人的身心发展的主导作用是有条件的

学校教育不是在任何条件下都能对人的发展起主导作用，它的主导作用能否实现，实现的程度如何，还取决于学校内外方方面面的条件。从学校教育内部来讲：一是取决于学校教育的目的性、系统性、选择性、专门性和基础性的实现程度；二是取决于教师能否敬职爱业，充分而正确地发挥积极性、主动性和主导性；三是取决于教育过程中能否尊重学生的身心发展规律，充分而正确地调动和发挥学生的主观能动性。从学校教育的外部来讲：一是取决于社会影响与学校教育影响的一致性程度，如果这两种影响严重冲突，学校教育的主导作用是很难实现甚至是无法实现的。比如，如果党风和社会风气不正，学校教育就难以对学生的发展，尤其是道德方面的发展起主导作用。二是取决于家庭教育与学校教育的配合程度，如果家庭教育与学校教育明显相左，或者家庭在子女教育上不能履行应尽的义务和责任，那么学校教育的主导作用至少也是要大打折扣的。

最后还需指出，影响人的身心发展的各种因素是相互作用、相互影响、共同作用于人的发展的，它们是一个整体、一个系统，是以各不相同的复杂组合在不同个体的发展上产生影响的。尽管从理论上讲，影响人的身心发展的以上四个因素都能在各自的意义上和一定的前提下对个体的身心发展产生一定的作用，但是，作为一个整体的人来看，是不能孤立地、片面地来看待其发展的，而应以系统的观点和动态的观点并在复杂性的意义上来分析和研究各因素对人的身心发展的作用。

本章知识结构图：

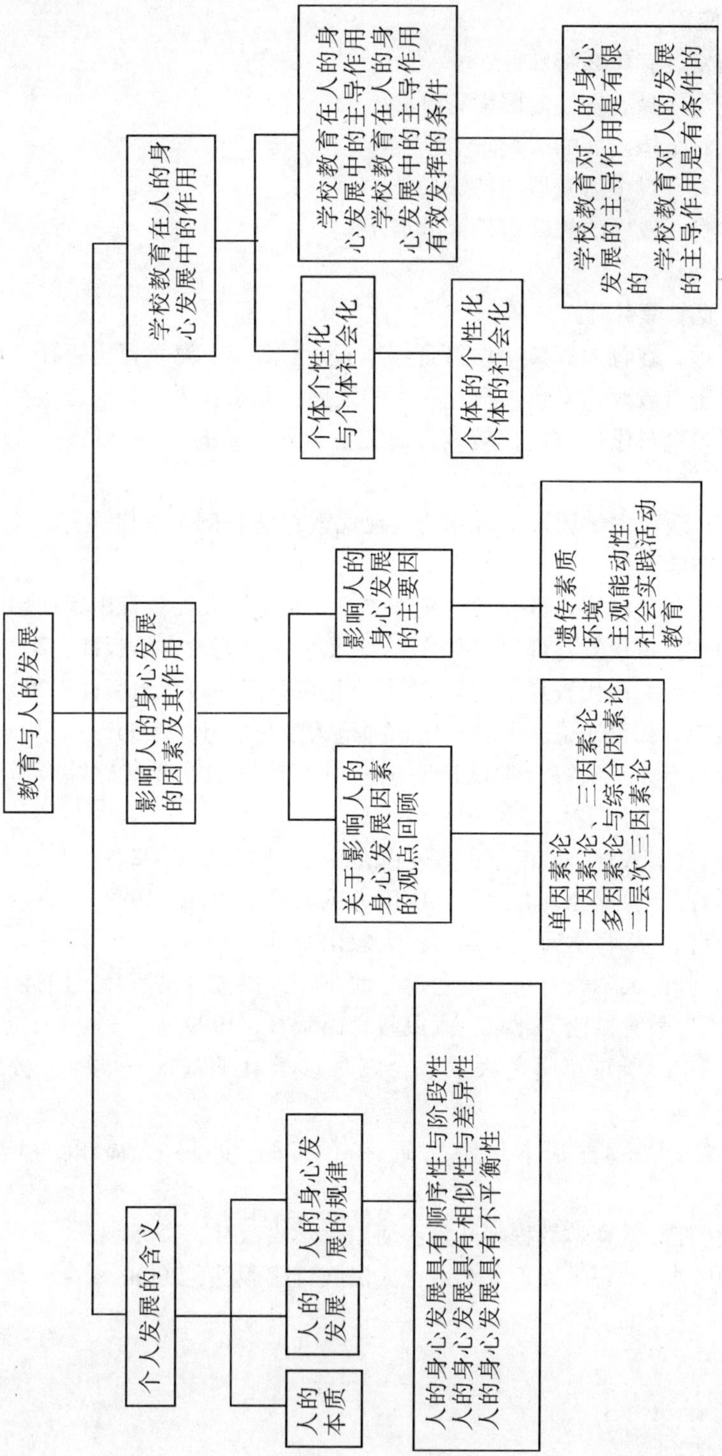
教育与人的发展
学校教育在人的身心发展中的作用
学校教育在人的身心发展中的主导作用
学校教育在人的身心发展中的主导作用有效发挥的条件
学校教育对人的身心发展的主导作用是有限的
学校教育对人的发展的主导作用是有条件的
个体个性化与个体社会化
个体的个性化
个体的社会化
影响人的身心发展的因素及其作用
影响人的身心发展的主要因素
遗传素质
环境
主观能动性
社会实践活动
教育
关于影响人的身心发展因素的观点回顾
单因素论
二因素论、三因素论
多因素论与综合因素论
三层次三因素论
个人发展的含义
人的本质
人的发展
人的身心发展的规律
人的身心发展具有顺序性与阶段性
人的身心发展具有相似性与差异性
人的身心发展具有不平衡性

讨论与应用：

1. 人的发展有什么特殊性？
2. 影响个体身心发展的因素有哪些？
3. 环境对个体发展的影响。
4. 学校教育对个体发展的特殊功能。
5. 个体身心发展的规律对教育的启示。

本章主要参考书目：

1. 顾明远．教育大辞典（增订合编本）．上海：上海教育出版社，1998

2. 瞿葆奎．教育学文集·教育与人的发展．北京：人民教育出版社，1989

3. 中央教育科学研究所比较教育研究室编译．人的发展．北京：教育科学出版社，1989

4. ［日］筑波大学教育学研究会．现代教育学基础．钟启泉译．上海：上海教育出版社，2003

5. 王道俊，王汉澜．教育学（新编本）．北京：人民教育出版社，1999

6. 扈中平．现代教育理论（第 2 版）．北京：高等教育出版社，2005

7. 扈中平等．现代教育学（第 2 版）．北京：高等教育出版社，2005

8. 郑金洲．教育通论．上海：华东师范大学出版社，2000

9. 教育学专业基础综合考试指南编写组．教育学专业基础综合考试指南．上海：华东师范大学出版社，2006

10. 丁锦宏．教育学．南京：南京师范大学出版社，2002

11. 柳海民．教育原理．北京：中国人民大学出版社，1998

12. 成有信．教育学原理．郑州：大象出版社，2001

13. 南京师范大学教育系．教育学．北京：人民教育出版社，1984

14. 叶澜．教育概论．北京：人民教育出版社，1999

15. 全国十二所重点师范大学联合编写．教育学基础．北京：教育科学出版社，2002

16. 瞿葆奎．教育基本理论之研究（1978—1995）．福州：福建教育出版社，1998

17. 赵传江．教育学教程．开封：河南大学出版社，2005

18. 扈中平．教育学原理．北京：人民教育出版社，2008

第三章　教育与社会发展关系

学习目标

1. 理解社会发展对教育的影响和教育的相对独立性
2. 掌握教育的社会功能

马克思、恩格斯认为，人类社会存在和发展的基础是社会物质生活资料的生产和再生产。这种生产既为人类自身的生产提供了物质条件，又要求人类自身通过教育得到不断的发展和完善。由于人类的生产活动只有在一定的关系中才能进行，这就使人们在生产过程中结成了一定的生产关系。而“生产关系总合起来就构成为所谓社会关系，构成为所谓社会，并且是构成为一个处于一定历史发展阶段上的社会，具有独特的特征的社会”[①]。因此，教育与社会的关系，也就必然表现为教育与一定社会关系的关系。而这种社会关系主要是包括同一定生产力相适应的生产关系，以及在生产关系总和基础上的政治等社会上层建筑领域的关系。所谓社会或社会关系决定教育，也就是说一定社会的这些关系制约着教育的发展，教育的社会性质，以及教育的社会职能的实现；但同时又要求教育为这些关系服务，特别是为维护和发展一定社会的经济、政治服务，发挥教育的社会功能。

第一节　教育与政治

一、政治制度对教育的制约

政治制度指的是在特定社会中，统治阶级通过组织政权以实现其政治统治的原则和方式的总和。它包括一个国家的阶级本质，国家政权的组织形式和管理形式，国家结构形式和公民在国家生活中的地位。狭义上主要指政体，即政权的组织形式。

① 马克思恩格斯选集（1）. 北京：人民出版社，1964. 363

（一）社会政治制度制约着教育目的

政治制度决定着教育目的的性质和思想品德教育的内容。教育要培养什么人，使受教育者具有什么样的思想品德和政治方向，直接受到一定社会的政治经济制度的影响。社会政治经济制度不同，教育目的也就不同。例如，原始社会的教育目的就是培养人人从事生产劳动及平等相处的社会成员。奴隶社会的教育目的，主要是培养镇压奴隶的新一代奴隶主和统治者。封建社会的教育目的，主要是把地主阶级的子弟培养成为国家政权服务的士大夫。在社会主义社会，教育的目的则主要是培养全面发展的社会主义事业的建设者和接班人。

（二）社会政治制约着教育内容

有什么样的教育目的就有什么样的教育内容与之相适应。教育内容是教育目的的具体体现。不同社会关系条件下的教育有着不同的教育内容，尤其是社会科学方面的内容。在古希腊，斯巴达教育服从于对奴隶的残酷镇压和对外战争的需要，因而教育内容以军事训练为主；雅典教育服从于政治家和商人的培养，因而学校教育以读、写、算、音乐为主要内容。中国古代封建社会鄙视劳动者生产劳动，主张“劳心者治人、劳力者治于人”，因而学校的教育内容重在四书、五经，轻视生产知识经验的传递。总之，教育内容直接受制于社会关系的需要。即使传递自然科学方面的内容也不会自然而然地进入教育领域，而要得到社会关系的承认和接纳。

（三）政治制度决定着教育的领导权和受教育权

首先，教育者的任免权受社会政治制度制约。教育者在政治方面扮演的角色是政府或一定阶级、一定党派的利益、方针、政策在教育领域内的具体贯彻者，对受教育者能产生直接的、潜移默化的影响。因此，在培训、选择师资方面，各国政府、各阶级历来都重视政治态度问题，任命的都是符合本阶级利益的教育者。统治阶级对教育的领导权一般是通过以下手段实现的：一是利用手中的国家机器控制教育的领导权；二是利用经济力量掌握教育的领导权；三是以对思想文化的控制来影响教育，包括大众传播媒介的舆论导向，各种读物的发行，各种活动的举办等。

其次，教育发展的历史表明，在阶级社会里，谁有受教育的权利，受什么样的学校教育的权利，都是由社会的政治经济制度决定的。在原始社会，以生产资料原始公有制为基础，没有阶级，社会成员人人平等，因而受教育权也是平等的，除因性别不同而接受不同教育之外，人人都享有平等的受教育机会。在阶级社会，统治阶级在政治上、经济上占有统治地位，从而在受教育权上占统治地位，此时，一般只有统治阶级的子弟能享受受教育的权利。到了资本主义社会，虽然在法律上废除了受教育者在阶级、社会等级地位的限制，受教育权利在形式上似乎是平等的，但实际上，由于经济上和其他条件上的不平等性，受教育权仍是不平等的。社会主义社会教育则是要让全体公民都能受到应有的教育。

二、教育的政治功能

（一）教育为政治培养所需的人才

教育对政治的作用主要是通过为政治培养其所需人才而实现的。从古到今，任何一种政治制度，要想得到维持、巩固和发展，都需要不断有新的接班人，而这些人才的培养，主要是通过学校教育来实现的。正如颜元所言：“人才为政事之本，而学校尤为人才之本也。”[1] 特别是现代社会，社会生活日益复杂，科学技术高度发达，势必要求国家的政治经济人才具有较高的文化素养和科学文化水平，这就必然依靠专门化的学校教育，通过学校教育，为政治培养所需的政治人才、科技人才和高素质的公民，从而影响政治的发展。

（二）教育通过宣传思想形成舆论，作用于一定的政治

教育通过宣传思想使人们形成新的见解，进而形成舆论，作用于一定的政治。教育宣传思想对政治的作用主要表现在影响面最广和作用力度最大两个方面。

学校是知识分子和青少年集中的地方，他们有知识、有见解、思维敏锐、勇于发表意见，有强烈的爱国主义精神和政治责任感是其特有的优势。利用这种优势来为政治经济的需要制造舆论，是教育给予政治经济制度以极大的影响和作用的一个方面。从历史上看，许多政治事件都是从学校发端的，如我国东汉时的太学生风潮、中国近现代的“五四”运动、当代的“文化大革命”，1968 年法国爆发的“五月风暴”等。教育影响政治制度，如 1960 年日本学生团体积极参与反对《日美安全条约》运动，导致美国总统取消访问和日本首相岸信介被迫下台。

另外，通过教育，宣传一定的政治主张。通过知识的解释、说明，论证其政治主张的正确性，让人们有所了解，达成共识，形成正确的观念，从而维护、巩固一定的政治制度。

（三）教育可以促进民主化

一个国家民主化的程度，一方面取决于该国的政体，另一方面也与这个国家人民的文化水平、教育事业发展的程度有密切的联系。一个国家普及教育的程度越高，人们的知识越丰富，就越能增强公民的权利意识，认识民主的价值，推崇民主的措施，在政治生活和社会生活中推行民主的权利，推动政治的改革和进步。因此，重视教育事业的发展，提高全民的文化素养，对整个社会实行民主甚为关键。

---

① 顾树森．中国古代教育家语录类编．北京：人民教育出版社，1989. 301

第二节　教育与经济

一、经济对教育的制约

经济是指社会物质资料的生产和再生产过程，包括物质资料的直接生产过程以及由它决定的交换、分配和消费过程。其内容包括生产力和生产关系两个方面，但主要是指生产力。

（一）经济发展水平对教育目的的制约作用

教育为社会培养什么样的人，既受制于一定的政治经济制度，也与经济的发展水平有密切的关系。因为经济发展水平的不同，对人的知识质量、数量和人的发展水准提出不同的要求。所以，在确定人才培养的规格时，总要考虑到当时经济发展的状况。从工业发展的历史可以看出，文盲只可以从事简单的手工业劳动；利用蒸汽机生产的时代，要求劳动者是有初等教育的文化水平；电气化生产的时代，要求劳动者有中等教育的文化水平；利用核技术、信息技术等的自动化进行生产的时代，要求生产者必须具有高中或高等专科以上的文化水平。这说明经济发展的不同水平，对教育所培养的人才质量规格提出了相应的要求。

（二）社会经济对教育制度的制约作用

教育制度受社会经济的制约，主要有如下表现：第一，经济发展水平制约教育发展的规模与速度。从世界历史范围来看，一国普及义务教育制度或职业技术教育制度或高等教育制度的形成和发展，总是根据本国经济发展水平而确定。第二，经济结构制约着教育结构，国民经济中的产业结构制约着教育的专业结构，教育的社会功能就是要满足社会经济发展的需要，所以教育的专业结构调整总是以产业结构的现状作为依据。衡量一国教育结构及其专业结构是否科学、合理，就是看教育培养出来的人才是否适应社会产业结构和就业结构的需要。因此教育结构及其专业结构的调整必须准确地预测社会产业结构和就业结构未来发展变化的趋势，依此调整教育的结构。第三，国民经济的技术结构制约着教育的层次结构。不同的技术结构部门对劳动者文化技术要求不同。这就给教育带来了结构调整的动力和压力，教育必须对初等教育、中等教育、高等教育的比例作相应的调整，或者对普通教育和职业技术教育的比例作相应的调整，以形成与技术等级合理匹配的人才结构。第四，国民经济的所有制结构和管理体制结构决定了教育的办学体制、管理体制结构。我国目前正在进行的经济体制改革，其重心就是所有制和管理体制的改革。我国教育体制改革的目标是要建立起与社会主义市场经济相适应的教育新体制，包括多元化的办学体制、多渠道的投资体制和集权与分权相结合的管理体制。[①]

（三）经济发展水平对教育内容的制约作用

经济的发展必然引起科学知识的不断更新和发展，这就为学校教学内容的丰富和更新，为课程设置的调整提供了可能的客观条件。同时，经济的发展又要求教育培养出来的人能够适应当时经济发展的水平，即能够具有经济上所需的知识和技术，这又为教学内容的选择和设置提供了一定的主观要求。在不同的历史时代，由于经济发展水平不同，学校设置的课程门类、课程内容也有所差别。

在古代，由于经济发展迟缓，水平极其低下，科学技术也极为落后，因而学校课程门类极为贫乏，以哲学、政治、伦理、宗教以及语言、文字方面的课程为主，自然科学和技术学科方面的课程甚少。在近现代，随着经济和科学技术的迅猛发展，学校设置的课程门类逐渐增加，各种自然科学和技术学科在学校课程中占了很大的比重，普遍重视加强数学、物理、自然、地理、语文和现代外国语等基础课程。特别是“二战”后科学技术的新发展，要求把生物工程、光电纤维、电子计算机等先进知识充实到教材中去，并强调各学科特别是文理科之间的互相渗透，使教育课程和内容综合化。21 世纪发达国家课程的共同改革趋势是：①课程的多样化（或微型化）；②课程的乡土化（或实用化）；③课程的个别化（或个性化）；④课程的综合化（或学际化）。

学校课程门类的发展史表明，学校的课程，特别是自然科学方面的课程是受经济发展制约的。课程门类的设置及内容的选择与经济发展水平和科学技术的进步息息相关。

（四）经济发展水平对教学方法、教学手段和教学形式的制约作用

学校的教学方法、教学手段和教学形式也是随着生产力和科学技术的发展而更新的。在古代社会，落后的小农经济、低下的手工业生产，决定了当时的学校只能采用个别教学的形式，如师生间口耳相传，单向接受的教学方法，粉笔加黑板的教学手段，学生用死记硬背的方法学习等。工业革命后，由于生产力和科学技术的发展，社会要求普及义务教育，教育规模必须扩大，个别教学已经无法满足这种需要，于是大面积的班级授课制应运而生，取代了师傅带徒弟式的个别教学形式，出现了直观教学、实验教学、演示教学、参观教学等教育方法，逐步提高了教学效率。随着工业革命的进一步发展，电影电视、录音录像、幻灯机、计算机和语音室等先进的教学手段相继出现，从而改善了以往粉笔加黑板的简单的、枯燥的教学手段，大大增强了教学效果，提高了学生的学习积极性。当代，多媒体教育技术的整合和远

---

① 孙俊三．教育原理．长沙：中南大学出版社，2001. 185

程教育在教学中的运用，开展了讨论式、互动式、参与式教学方法和手段的改革，把教学活动推到了一个新的阶段。

二、教育的经济功能

教育对经济的功能并不是在教育过程中直接实现的，而是由教育所造就的合格劳动者通过服务形式进入经济活动过程后才得以实现的。教育的经济功能主要表现在以下几方面：

（一）教育是实现劳动力再生产的重要手段

劳动者是生产力诸因素中最活跃、最主要的因素。这里所说的劳动者，是指掌握一定生产知识和劳动技能，具有一定劳动能力的人。但当人们未受过任何教育，不具备任何科学知识、生产经验和劳动技能时，只是一个生物的人，仅是一个潜在的劳动力，要把这种潜在的、可能的劳动力转化为现实的劳动力，在现代社会主要是靠学校教育来实现的。通过教育，人掌握一定的科学知识、生产经验和劳动技术，成为现实的劳动力，从而形成新的生产能力，促进社会生产的发展。即使是人的体质的增强与体能的发展，也要靠良好教育的培养和训练。通过教育，不仅可以使可能的劳动力转化为现实的劳动力，而且还可以提高劳动者的教育水平和素质，使他们获得一定劳动部门的技能和技巧，成为发达的、专门的劳动力，从而提高生产效率。教育还可以改善劳动力的形态，把一个简单劳动力训练成一个复杂劳动力，把体力劳动者培养成脑力劳动者，从而更有效地促进生产力的发展。

（二）教育是科学知识再生产的重要手段

科学知识的继承和发展，必须凭借教育把前人积累的科学知识传递给年青一代，所以，教育是科学知识再生产的重要手段。如果没有教育所实现的科学知识的再生产，每一代新人都从零开始，在自己的实践活动中认识世界，那就很难想象世界上的科学知识会达到今天这样的高度。教育也是科学知识扩大再生产的手段。通过教育，原来为少数人所掌握的科学知识，在较短的时间内为更多的人所掌握，并不断扩大传播的范围。这种科学知识的扩大再生产，提高了全社会的科学文化水平，为新产品的推广使用，为先进科学技术知识的普及和提高准备了条件。同时，也为今后技术力量的成长提供广阔的基础，为源源不断地供给高质量的科研人员、工程技术人员、管理人员和熟练工人提供了保证。

（三）教育是生产新的科学技术知识的重要手段

教育的主要职能是传递已有的科学文化知识，培养不同类型的人才，实现科学知识的再生产。但同时也担负着发展科学、生产新的科学技术知识的任务。这在高校表现得比较明显。高校由于学科门类比较齐全，许多学者专家集中在一起，许多学会、研究室也设在学校，科研力量比较集中，学术思想活跃，信息来源丰富，同时学术梯队生生不息，有利于发展综合性课题和边沿科学的研究，已经成为科学研究中一个重要的力量。在一些高等学校，由于教学—科研—生产联合体的逐渐形成，许多新产品、新工艺在实验室被创造出来。因此，学校通过科研也直接参与物质生产过程。

由于教育能把可能的劳动力转化为现实的劳动力，是科学知识再生产和科学知识创新的手段，对提高生产效率和增加社会财富起着重要的作用，因而教育具有生产性。于是，世界各国都把发展教育，增加对教育的投入放在优先的地位。

第三节　教育与文化

文化是一种社会现象。文化是一个很宽泛的概念，从广义上讲，文化是指人类在社会历史发展进程中创造出来的一切物质和精神财富的总和；从狭义上讲，文化仅指精神的或观念的文化，即以社会意识形态为主要内容的观念体系，包括哲学、科学、艺术、宗教、道德、法律、信仰和习俗等。我们这里阐释的文化和教育的关系使用的是狭义的文化概念。

一、文化对教育的制约

（一）文化影响教育目的的确定

社会文化类型不同，教育目的也不同。教育目的的确立受文化类型所影响。中国古代社会的主流文化是以儒学为核心的伦理文化，反映在人才培养上则强调教育的目的是“在明明德，在亲民，在止于至善”，通过修己正人，达到“明人伦”的目的。正是这种“伦理型”的文化观，才使我国教育历来就有重视德育的传统。西方文化则是一种知识型文化，他们主张“知识就是力量”，反映在教育目的上，则注重通过知识的学习达到对真理的认识。

（二）文化影响教育制度的制定

文化传统是一个国家或民族在长期的历史发展过程中形成的相对稳定的精神气质、价值观念、思维方式、风俗习惯等的总和。文化传统对一个国家的学制具有重要影响。例如在我国，小学生汉字学习需要较长时间，在确定学制时对此就需要加以考虑。社会生产力水平相近，政治经济制度相同的国家的学制之所以会出现差别，主要是因为它们的文化传统不同造成的。如美国是一个移民国家，在殖民地时代就缺乏贵族文化和等级制度，于是在短期内发展起了群众性小学和群众性中学，逐渐形成了美国的单轨制。欧洲大陆在相当长时期内等级森严，其双轨制的形成与此密切相关。

（三）文化影响教育的内容

社会文化影响教育内容的构成。教育离开了文化，就没有了传授的内容，也就失去了赖以存在的基础。

教育内容源于社会文化，但又不等同于社会文化。并非所有的文化都能成为教育内容，因为文化中精华与糟粕并存，科学与非科学混杂，有美的也有丑的。即使有一部分文化可以构成教育内容，也还必须根据教育目的的要求和受教育者身心发展特点及教育规律进行教育学加工，完成文化内容向教育内容的转换。比如，无论是古代西方的“七艺”①，还是古代中国的“六艺”②等方面的内容，都是从那个时代及相应地域的文化中提炼出来的。17 世纪以后，自然科学迅速发展，在社会生产和社会生活中的应用日益广泛。随着自然科学知识应用价值的提高，教育内容中的自然科学也逐渐增多，并占据越来越重要的地位。从历史上看，中国普通教育课程总结构经历了以军体、音乐为主，着重于行为训练的原始结构，转化到以文字教育、伦理道德为主的古典结构，再转化为以科学知识为主干的近现代结构的转变；③ 西方则经历了从古希腊的包容了以哲学或逻辑学科为中心的种种人文科学的知识性、人文性课程和古罗马的在古希腊的课程基础上，强调了文法、修辞、法律学等对社会有用的技术性知识课程，到中世纪以宣扬教义进行戒律训练为中心的宗教性、道德性课程，再到文艺复兴后，否定中世纪褊狭课程，致力于发展旨在恢复人类教育的均衡与协调的课程的转变。④ 现在学校课程结构的变化主要呈现为：自然科学的内容逐渐增加，必修课和选修课在课程结构中的比例明显，文理渗透加强，学科之间的整体化、综合化趋势突出。

（四）文化影响教育手段和组织形式的变革

教育手段的选择和组织形式的采用与人类认识世界的手段，尤其是传递文化的手段密切相关。古代社会科学技术和文化极为落后，从而导致当时的教学方法和教学组织形式大都为口耳相传、个别教学。现代社会科学技术的发展使人类认识世界的能力有了新的飞跃，不断积累和拓展了文化的体系，这就使得文化的传递、传播能力方面必须采用新技术使之得到提高。传播文化的途径不断拓展，人们学习的模式也日渐增多。如远程学习、在线学习、网络学习等基于现代信息技术的学习方式

---

① “七艺”指文法、修辞、辩证法、几何、算术、天文、音乐。

② “六艺”指礼、乐、射、御、书、数。

③ 叶澜．教育概论．北京：人民教育出版社，1999. 168

④ 钟启泉，可雁冰．课程设计基础．济南：山东教育出版社，2000. 2

在教学中的运用，拓展了学生获取知识的途径。而基于文化传播途径的多样化，为教学方法的改革、教学手段和组织形式的创新、教学效率的提高创造了必然的前提。

二、教育的文化功能

（一）教育具有保存、传递文化的功能

文化保存是指将创造出的文化积累起来以利于后人继承和延续的过程。众所周知，人类文化是后天习得的，不可能通过遗传的方式获得，而只能通过传递的方式发展下去。文化保存是文化积累和延续的条件。一个民族或一个国家所创造的文化，之所以能够延续下来并不断丰富扩大，一个很重要的原因，是凭借教育。教育既是文化得以保存的工具，也是文化传递的工具。教育总是用最重要、最基本的内容去武装年青一代，通过设置课程、编写教材、讲评内容、指导运用来筛选、整理、评价文化，以便把人类文化的精粹用最容易被人们理解和接受的方式组织起来，指导和帮助年青一代获取更多更有效的知识，从而实现文化的保存和延续，即教育通过传递文化，使得新生一代能够经济而高效地占有社会文化，通过上一代将社会文化传递给下一代，使社会文化得以保存、积累和发展。

（二）教育具有文化交流和选择、整理的功能

文化是一定时期，特定地域内人们的共同创造物，具有时代性和地域性，各个民族、各个国家或地区都有自己的文化特征。随着社会的发展，特别是日新月异的科学技术的影响，文化的时代性、地域性已被打破，文化的开放性成为大势所趋，文化交流成为必然。促进各个民族、各个国家文化交流的手段和途径是多种多样的，如教育、战争、移民、旅游等，但教育在诸手段和途径中起着重要的作用。教育的文化交流通常采取国际间的书籍、著作、教材、课本交流，互派教师讲学、考察和学术研究，互派留学生等方式进行。教育在本民族文化与其他文化的交流中，既继承和发扬本民族文化的优秀遗产，保持本土文化的独特性，同时又从世界文化中汲取营养，融合其他文化中合理的内容，传递人类文化的共同要素，实现民族文化的革新与发展。① 教育的文化交流是将文化从一个区域向另一个区域扩散，是文化空间上的流动。

（三）教育具有文化创新、更新的功能

教育在进行文化传递和交流的过程中，一方面，必然要根据社会的要求和受教者的身心发展特点，对所传播的文化进行选择、整理、诠释、重组和整合，绝不会

---

① 孙俊三．教育原理．长沙：中南大学出版社，2001. 86

使传播过程成为文化的简单复制过程；另一方面，教育的这种积极的传播活动，还要受到教育者所持的价值观、信仰和学习者自身的意义建构的影响。[①] 因此，教育在其文化传播过程中，往往会衍生出一些新的文化要素，促进文化的增值，进而使文化传统的结构和功能发生某些变易或赋予文化传统以新的意义。而这一变化过程的结果在一定程度上则是新文化的产生。

第四节 教育与人口

人口是指生活在一定社会、一定地区，具有一定数量、质量和结构的人的主体。人口是人类社会存在和发展的基础。人口既有量的特征，又有质的差异，人口增长速度的快慢、数量的多寡、质量的优劣都同教育有密切的关系。

一、人口对教育的制约

（一）人口制约着教育目的

这里主要谈人口的就业结构对教育目的的影响。人口的就业结构是指劳动力在国民经济各部门中就业人员的比例，它将直接对教育目的起导向作用。近年来，由于科学技术在生产中的迅速应用而导致劳动力从体力劳动向脑力劳动转移，从低技术含量向高技术含量转移，这将直接导致学校教育培养人才的质量规定的调整。

（二）人口制约着教育制度

人口的高增长必须要求扩大教育的规模，调整学校教育制度中的教育结构。我国有十几亿人口，劳动力资源丰富，当前我国就业人口总数比美、俄、日、英、法、意等国的总和还要多，但生产效率又比其中任何一个国家都低，其中的一个重要原因是我国在业人员的文化素质低。要充分发挥我国劳动力资源丰富的巨大优势，就必须把教育搞上去，提高人口的素质。根据我国的人口特点，不仅应普及义务教育，还要形成普通中等、高等教育与相应职业技术教育协调发展的格局。学制不能单一化，必须采取多种形式。在我国目前的经济条件下，要想很快地发展教育事业，仅仅依靠全日制的学校教育是不行的，必须充分利用书刊、面授、函授、广播电视等多种手段，发动各方面的力量，发展多种形式的教育。此外，人口的分布、人口在产业部门和地域间流动的趋向、人口的增长率以及人口的年龄结构，都对学校教育制度的建立、改革有着直接和间接的影响。

---

① 陈平．教育学基础．贵阳：贵州人民出版社，2006. 52

（三）人口制约着学校内部结构和教育质量

由于人口增长方式不是直线而是波浪式推进的，所以人口增长波峰与波谷的反复出现对学制和学校内部结构也产生很大影响。每个学校都将根据可能入学的人数决定学校的一系列编制，如教师数、学生数、班级人数等。在不得已的情况下还可能要开设两部制甚至改变学校的年级数，而在人口增长跌入波谷期时出现的将是另一番景象。

人口增长率过高造成人口数量激增使教育经费和师资质量的平均水平降低，致使教育质量降低。同时，学龄人数的增加使班级人数过多也会影响教育质量的提高。一般地说，每个班级学生数以 30 人左右为宜。这个数量既构成一定的集体（包括分组教学）活动的条件，又使教师有可能了解、顾及到每个学生。而班级人数超过 40 人以上，则不利于发挥上述优势。我国学校尤其是城市学校，班级人数大部分在 40 人以上。超员的现象在条件较好的学校更为突出。同时，入学人数的增加又会加剧升学的竞争，这种竞争显然不利于人的全面发展。

二、教育的人口功能

（一）教育是控制人口增长的重要手段

教育事业的发展，必然与对劳动力的文化要求的提高相关，因此它就刺激了家庭对教育的需要。而家庭教育需求的提高增加了抚养儿童的费用，这就能起到控制生育率的作用。同时，教育程度的提高，能改变人们传统的“多子多福”、“人丁兴旺”的生育观和家庭观。此外，教育程度的提高增加了妇女就业的机会，提高了妇女养育儿童的能力。这些都使人们愿意控制人口的增长。一些人口学家研究后得出的结论是：全体国民受教育程度的高低与人口出生率成反比。即人口的平均文化程度越高，人口出生率就越低，反之亦然。[①]

（二）教育是提高人口素质的基本手段

人口素质指的是人口总体的科学文化素质和身体素质。教育除具有控制人口数量的功能，还具有提高人口素质的功能。教育在提高人口素质上的作用更为直接和突出。首先，表现在对青少年时期儿童的培养上。因为儿童、青少年是人口素质的奠基时期，教育不仅能提高当代人口的质量水平，而且会连续影响以后各代人口质量水平，即教育对提高人口质量的重要性，它不仅会产生眼前效应，而且还会产生深远的影响。其次，还表现在对成年人的教育上。对成人教育既要使其自身的文化、

---

① 魏青．教育学．成都：西南交通大学出版社，2006. 34

业务、身体素质得到提高，还要使其优生优育等方面的知识和能力得到提高。

（三）教育可使人口结构趋向合理化

人口结构包括人口的自然结构和社会结构。自然结构指人口的年龄、性别等结构；社会结构指人口的阶级、文化、职业、地域、民族等结构。所谓人口结构的合理化是指人口结构有利于社会生产和各方面的发展。表现在以下两个方面：

第一，教育影响性别年龄结构。由于受过一定教育的妇女生育观的改变，使他们摆脱了“重男轻女”的传统观念，从而降低了女胎流产率，进而调整着新生儿的性别结构。教育对人口年龄结构的影响主要体现在教育对生育率和死亡率的影响上。由于教育对人口数量的控制使得生育率大大降低，人口增长缓慢。另外，一系列调查数据表明，教育水平与死亡率成反比。

第二，教育影响人口的行业和职业结构。教育对人口的行业和职业结构的影响，主要表现为由教育所带来的科技进步使得社会分工日益复杂细密，影响到行业的衰退、淘汰与兴起。一般来说，逐步提高脑力劳动者和体力劳动者的比例，逐步减少体力劳动者的比重，将是现在和未来社会发展不可避免的趋势。

（四）教育有利于人口迁移

人口迁移是指人口从一个地方向另一个地方迁徙的活动。国内外学者做了许多研究，结果表明：教育程度与迁移正相关。就是说，教育程度高，人口迁移倾向就较高；教育程度低，人口迁移程度就低。

第五节　教育与自然环境

教育与自然环境的关系是当代乃至未来必须关注的问题。

一、自然环境对教育的制约

（一）自然环境制约着教育目的

人类是在对自然的适应中发展出自身文化的。在千变万化的自然环境中，人类之所以能够延绵不绝并且不断发展壮大，关键是他有对自然的适应性，即从实际出发，因地制宜。可以说，适应是人类应对自然挑战的一大法宝，是千百年来积累起来并屡经验证的生活经验。因此，使人们学会适应自然而不是违背自然，成为人类教育的主要目的。而人类之所以有此目的，主要原因还在于对自然威力的敬畏。[①]

（二）自然环境制约着教育机构

在许多交通闭塞、人烟稀少的高山大川或海岛，学校的设立和发展有较大困难。这一方面会影响受教育者的人数和入学年龄，如离学校较远或寒冷地区人的成熟期推迟，都会影响受教育者的入学年龄；另一方面会影响教育者的人数，交通越闭塞、人烟稀少或寒冷的地方，则愿意从教的人就越少。很多地方即使开办了学校，其机构也是不健全的。

（三）自然环境制约着教育内容

由于适应自然是教育的主要目的之一，因此处于不同自然条件制约之下的人们在教育内容上所作出的选择也就有一定的差别。学校教育中，乡土地理课程的设置最能体现自然环境的制约作用。当然，随着交通工具的发达和社会流动性的增大，人们所受到的地域限制越来越少，源于自然条件限定的教育内容的地域性总体上已不是很明显。但无论怎样，教育内容受自然环境的制约这一点是不会改变的。

（四）自然环境制约着教育途径

自然环境能够影响人们的思维方式和思想观念，而这些思维方式和思想观念又会决定人们看待和处理教育问题的方式方法。一般来说，处于内陆地区或山国的民族，对外交通受阻隔，很容易形成思想文化上的闭塞，而思想文化上的闭塞又会造成思想观念、思维方式的僵化，这就可能使其在教育问题上缺乏灵活多变的态度。相反，地处大河流域、沿海一带以及平原地区的国家和民族，则易于彼此间进行交往和沟通，思维方式和思想观念会更为开放、灵活，在教育问题上更有可能开放、灵活。

二、教育的自然环境功能

（一）提高环保意识，促进可持续发展

我们只有一个地球，人类对大自然的无限索取已使她伤痕累累。20 世纪后半叶，人类提出了重回大自然、将当代人的发展与后代人的发展融为一体的可持续发展观，追求人与自然的和谐发展。保护地球母亲，是现代人艰巨的任务，教育便是完成这一任务的重要手段。学校设置的物理、化学、地理、生物等科学类课程，使学生掌握了自然环境的发展原理和基本规律，加上人文类课程，学生已对整个生态

---

① 柳海民．教育原理．北京：中国人民大学出版社，1998. 110

环境有了基本的认识。自2003年教育部颁发《中小学生环境教育专题教育大纲》以后，多数中小学都开设了环境教育课程，更加强化了学生的环境意识，有助于科学生态观的形成。教育从意识深处促进了可持续发展的实现。

（二）开展环境行动，优化生态环境

环境保护是实现可持续发展的前提。环境意识只是对问题的认识，行动才能证明这项活动的存在。教育可以根据人的生活需要和社会发展的需要有目的、有计划、有组织地开展相关活动，以使人的思想行为符合社会的要求。因此，只要学校有目的地开展环保教育活动，它就不仅是有环保素质的公民的摇篮，环保宣传的阵地，而且是环境保护的示范窗口。学校可以有计划地组织学生美化校园，使学生在优美的校园自然环境中陶冶情操，体验安逸感、活力感和舒适感，并逐步养成对优美环境的喜爱和依赖，自发地去改善居家环境和自然环境。也可以由学校组织美化居家和社区环境的活动，给社区作环保示范。不仅以行动宣传环保，感动他人，也实实在在地优化了生态环境。①

第六节　教育的相对独立性

一、教育的相对独立性的含义

教育的相对独立性是指教育具有自身的规律，对社会的经济、政治、文化等各方面具有能动作用。教育作为一种社会现象，与其他社会子系统存在着十分紧密的联系，但作为一种独立的社会活动，教育又具有自身的特点，表现出相对独立性。首先，教育与社会其他子系统都属于各自不同的范畴，与其他各子系统的联系也不在同一层面上，这些联系是多层次、多方面、多渠道和多性质的。正是在这种多样性的联系中，教育显示出自己的独特性，与其他子系统相互作用的程度也随时代变化而变化。其次，社会各子系统对教育的要求只有在被人们认识到，并恰当地内化为教育本身的要求时，才能得以实现。再次，教育系统内部是一个相对稳定的系统，有自己特殊的运行方式和规律，如果无视教育的相对独立性，对社会和教育的发展都会产生负面影响。②

① 罗明东等．教育学．昆明：云南大学出版社，2006. 112
② 孙俊三．教育原理．长沙：中南大学出版社，2001. 88

二、教育的相对独立性的表现

教育的相对独立性表现在以下几个方面：

（一）教育是一种转化活动的过程

教育是培养人的一种社会活动。它要解决的问题是把人类积累的生产斗争经验和社会生活经验转化为受教育者个体的精神财富，形成受教育者的个性，这是教育所独有的特点。① 教育过程是一种转化活动的过程。在这个转化过程中，教育有许多自身的规律。它们不同于政治经济制度和生产力发展规律，也不因政治经济制度和生产力的变化而被否定，它具有相对的独立性。如学生掌握知识的过程，它是遵循着人类认识从感性认识到理性认识再回到实践这一规律的，因此它的基本过程是感知教材、理解教材、巩固知识、运用知识等。教学中的一些原则，如启发性原则、因材施教原则、循序渐进原则、理论联系实际原则等，都是人类在长期的教育实践活动中总结出来的，并遵循着教学过程中的规律和人的认识规律的。如果不了解教育自身的特点，就不能全面地把握教育的规律，有效地进行教育活动。

（二）教育具有历史继承性

一种社会形态下的教育，就其思想、制度、内容、方法等方面来说，都与以往各个时代的教育有着继承的关系，任何一种教育都不是天生的，都是在整个教育历史发展过程中产生的。它都必然要从多方面吸收和利用以往历史阶段教育的成果，这就是教育的历史继承性。正因为如此，在同样的政治经济制度和生产力发展水平的国度里，有着不同特色的教育；不同民族的教育具有不同的传统和特点。如同样是奴隶社会下的教育，古希腊、古罗马较为重视知识教育，我国则较为重视道德教育，他们培养哲人，我们培养贤人。同样是封建社会下的教育，在我国主要是以孔孟之道教育人，灌输儒家的伦理哲学观念；在西方则是以宗教教育影响人的思想。因此，仅仅根据一个时代的政治经济关系、生产力发展情况去说明具有特定形态的教育是远远不够的，这样做必然会导致对教育规律简单化的理解。

（三）教育具有与政治、经济制度和生产力发展的不平衡性

从社会历史发展的总过程看，教育是随着政治、经济制度和生产力的发展、变化而发展、变化的。但在具体的发展进程中，教育与政治、经济制度和生产力的发展并非完全同步，这有两种情况：一种情况是教育往往落后于政治、经济制度和生产力的发展。当新的政治、经济制度和生产力已经产生，而反映旧的政治、经济制

① 王道俊，汪汉澜．教育学．北京：人民教育出版社，1999. 70

度和生产力的旧教育的某些教育思想和内容、方法并没有消失，在新的条件下，还能存在一个相当长的时间，对新教育的发展和社会的进步起一定的阻碍作用。如在社会主义初级阶段的社会里，还残存有剥削阶级的教育思想，一些教育者有时用旧的教育内容和方法来教育儿童。另一种情况是，在旧的政治、经济制度和生产力的条件下，也可能产生某些新的思想，如在资本主义社会里产生了马克思主义教育思想。此外，一定的教育必然要服从于一定社会的现实需要，但是由于培养人的长期性，教育效果总是面向未来的，具有预期性的方面，也就是说教育不仅要服从于现实的社会需要，更应该从发展着的社会需要出发。现在人们越来越认识到“经济要发展，教育需先行”，这一客观规律可以说是教育与政治、经济制度和生产力发展不平衡规律的新的表现形式。我们只有认识了教育与政治、经济制度和生产力发展的不平衡性，才能自觉地根据社会发展的趋势，去改革教育中那些不适宜的东西，促进政治、经济和生产力的发展。

总之，教育对政治、经济制度和生产力具有相对的独立性，不能把政治、经济制度和生产力发展水平作为考察教育的全部依据。但是我们还应该看到，教育的这种独立性只能是相对的，教育最后还是要由政治、经济制度和生产力所决定。如教育具有历史继承性，但一个时代的教育从以往时代的教育中继承什么、舍弃什么，归根到底还要由当代的政治、经济制度和生产力的发展来决定；教育与政治、经济制度和生产力发展存在不平衡性，但是在新的政治、经济制度条件下，反映旧的政治、经济制度的教育思想和内容绝不会长期存在下去，迟早需要改变；同样，新的教育思想也只能在新的政治经济制度下才能真正得到普遍的实施和发展。如果把教育的相对独立性看作是绝对的独立性，就会背离马克思主义的基本原理。

本章知识结构图：

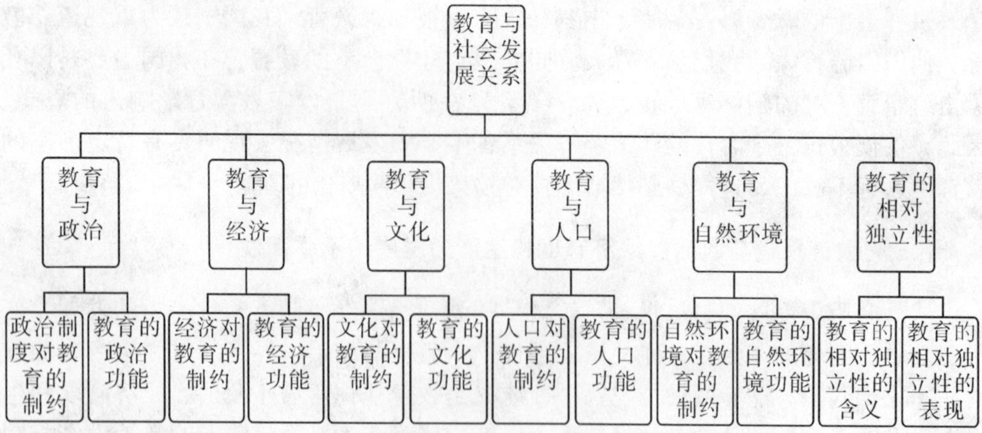

讨论与应用：

1. 为什么说教育具有相对独立性？
2. 根据教育与社会发展的关系思考未来基础教育的特征。
3. 根据所学理论分析“教育必须优先发展”。

本章主要参考书目：

1. 孙俊三．教育原理．长沙：中南大学出版社，2001
2. 叶澜．教育概论．北京：人民教育出版社，1999
3. 钟启泉，可雁冰．课程设计基础．济南：山东教育出版社，2000
4. 陈平．教育学基础．贵阳：贵州人民出版社，2006
5. 魏青．教育学．成都：西南交通大学出版社，2006
6. 柳海民．教育原理．北京：中国人民大学出版社，1998
7. 罗明东等．教育学．昆明：云南大学出版社，2006
8. 王道俊，汪汉澜．教育学．北京：人民教育出版社，1999

第四章　教育目的

学习目标

1. 准确理解教育目的的内涵，并对教育目的的类型、特点、意义有正确的把握
2. 理解确立教育目的的依据，把握个人本位论和社会本位论中各重要问题
3. 明确我国教育目的确立的理论依据，正确理解马克思主义全面发展学说
4. 清楚新中国成立以来我国教育目的的变化，明确我国当代教育目标体系及其精神
5. 了解美国、日本、俄罗斯、英国的教育目的，探索其中的共同特点及其发展趋势

第一节　教育目的概述

一、什么是教育目的

（一）含义

什么是教育目的？一般认为教育目的是社会对教育所要造就的社会个体的质量规格的总的设想或规定。它有广义和狭义之分，广义的教育目的是指人们对受教育者的期望，即人们希望受教育者通过教育在身心诸方面发生什么样的变化，或者产生怎样的结果。国家和社会的教育机构、学生的家长和亲友、学校的教师、教育研究者等，都对新一代寄予这样那样的期望，这些期望都可以理解为广义的教育目的。狭义的教育目的是，国家对把受教育者培养成什么样的人才总的要求。各级各类学校无论具体培养什么领域和什么层次的人才，都必须努力使得所有学生都符合国家提出的总要求。

（二）分类

1. 按照教育性质，可以分为传统的教育目的和现代的教育目的

传统的教育目的指的是体现“制度化教育”理念的教育目的。现代的教育目的则是体现“终身教育”理念的教育目的。

2. 按照文字表述方式，可以分为纲要式的教育目的和详列式的教育目的

纲要式的教育目的的特点是方向单一，静态统一，以理想的人的构建为教育的追求。详列式的教育目的主要是美国自1918年以来形成的教育目的格局，它以美国式的民主制度为教育目的，又把这种过于笼统的教育目的分解为若干教育目标，进而又把每项教育目标分解为若干更为详细的目标。

3. 按照约束力，可以分为强制性的教育目的和建议性的教育目的

强制性的教育目的是指由国家教育主管部门制定、颁布，并以法律等强制手段保证执行，属于指令性的。而建议性的教育目的则是由社会团体或个人拟定，是非强制性的，属于指导性的。

（三）特点

1. 理想性和现实性的统一

教育目的是确定培养人才的一种理想的规格，是教育工作所追求的最终统一目标，但教育工作实际的结果由于受到各种因素影响，不可能每个学生都能达到理想的水平。所以在制定教育目的时，既要考虑到未来的发展方向，又要考虑到现实的需要。

2. 共性和个性的统一

分析古今中外的教育目的，可以得出这样的结论：教育目的里既包含培养人的共性，也包含培养人的个性两个层面。或侧重于培养人的共性，或侧重于培养人的个性，或兼而有之，这与确定教育目的的指导思想有关。

（四）意义

教育目的是教育活动的出发点和归宿。对于明确教育方向、建立教育制度、确定教育内容、选择教育方法、组织教育活动、进行教育管理、评估教育质量等，教育目的起着决定性的指导作用。由于教育是一种培养人的复杂的社会活动，其周期很长，需要对受教育者进行有计划的系统工作，所以只有制定一个明确的教育目的，给各方面的教育力量指出共同遵循的方向，并激发受教育者自我教育的能动性，才能使大家步调一致，保证人才培养的质量。

二、确定教育目的的依据

按马克思历史唯物主义的观点，人的本性包括人的自然属性、社会属性和思维意识属性，而思维意识属性是人区别于动物的根本标志。正是由于人是思维、意识的存在物，所以人在做任何事情时都清楚地知道自己行为的目的，并按照这个目的确定行为的方式方法，并使自己的意志服从这个目的，从而力求在对象身上实现这个目的。教育作为人类社会所特有的一种活动，人们在开展这项活动之前，必定要确立其目的。而确立教育目的的依据是什么？对于这个问题，许多教育家提出了自己的观点，归结起来主要有两种观点，一种认为教育目的的确立应根据个人发展的需要，即个人本位论；另一种认为教育目的的确立应根据社会发展的需要，即社会本位论。

（一）个人本位论

教育目的是根据人的本性需要而确定的，教育在于使人的本性得到自然的发展。持这种理论的教育家和哲学家为数不少，最早可追溯到古希腊的智者派，而18世纪和19世纪上半叶是其全盛时期，卢梭、裴斯泰洛齐、福禄贝尔、爱伦·凯等都属于这一理论流派。个人本位论一直到今天，在资本主义国家的教育理论中还占有十分重要的地位。

该理论流派的观点主要有以下几点：

1. 教育目的应根据个人自身完善和发展的天然需要来确定

卢梭曾在他的著作中提出，教育目的“不是别的，它就是自然的目标”[①]，如果要在造人和造公民之间作出选择的话，他选择造人的目标。这也就是说，教育目的不是根据社会需要来制定的。在持个人本位论的人看来，如果按照一定的社会要求来培养人，来规定教育目的的话，就会使教育成为一个强迫的、外在的过程，就会抹杀人的本性。因此，教育目的确定依据应是个人自身完善和发展的天然需要。

2. 个人的价值高于社会的价值

社会的价值只在于它有助于个人的发展，因此应当由个人来决定社会，而不是由社会来决定个人。在评价教育的价值时，也应从其对个人发展所起的作用上来衡量。

许多教育家认为，如果按照社会的要求去要求人就会阻碍人的本能的健康发展。如卢梭认为：“出自创造主之手的东西，都是好的，而一到了人的手里，就全变坏了。”[②]人是被腐败的社会弄堕落的，因此教育儿童要让他们脱离社会影响，在自然

① ［法］卢梭．爱弥儿（上卷）．李平沤译．北京：商务印书馆，1978.8

② ［法］卢梭．爱弥儿（上卷）．李平沤译．北京：商务印书馆，1978.5

中成长的。爱伦·凯等人则认为在教育过程中不能对儿童进行压制，而应促进他们自由自主地发展。

在这种理论看来，教育目的应该根据个人自身完善和发展的天然需要来制定，从而使人的本性得到完善和最理想的发展。因为个人的价值高于社会的价值，教育首先必须反对和拒斥现实社会对人的发展的干扰，因为有利于个人的发展就一定有利于社会的发展，但有利于社会的发展却不一定有利于个人的发展，人生来就有健全的本能，教育的目的就是使这种本能不受到社会现实的影响而得到自由的发展。把人的自身的需要作为制定教育目的的依据，在一定历史条件下是具有进步意义的，甚至于现在，在资本主义国家的教育理论中还占据着十分重要的地位。

（二）社会本位论

教育目的应当根据社会的要求来确定，教育的根本目的在于使人掌握社会的知识和规范。这种理论的渊源可上溯到古希腊时期的柏拉图和中国春秋战国时期的荀子。到19世纪下半叶，该理论进入鼎盛时期，代表人物有孔德、涂尔干、凯兴斯泰纳等人。

该理论流派的观点主要有以下几点：

1. 教育的目的就是把人培养成符合社会准则的公民

诺笃尔普认为："在教育目的的决定方面，个人不具有任何价值，个人不过是教育的原料，个人不可能成为教育的目的。"[①] 白尔格门也认为："教育除了造就每个人使其乐于为社会而生活，并乐于贡献其最优力量于人类生活的保存和改善以外，不能有别的目的。"[②]凯兴斯泰纳则认为，国家的教育制度只有一个目标，就是造就公民。涂尔干说："教育在于使青年社会化——在我们每个人之中，造成一个社会的我，这便是教育的目的。"[③]

2. 个人的发展依赖于社会，受制于社会

孔德就表明："真正的个人是不存在的，只有人类才存在，因为不管从哪方面看，我们个人的一切发展，都有赖于社会。"[④] 而涂尔干也指出："正如我们的身体凭借外来的食物而营养，我们的心理，也凭借从社会来的观念、情感和动作而营养，我们本身最重要的部分，都是从社会得来的。"[⑤] 在他们看来，人的身心各方面所需的营养都来自于社会，其发展都依赖于社会，都受到社会的制约。

3. 教育的价值只能以其社会的功能来加以衡量

他们认为，教育是否有价值，只能以它能否维持人类的生存和社会的繁荣来加

---

① 吴俊升．教育哲学大纲．北京：商务印书馆，1943. 149

② 张人杰．国外教育社会学基本文选．上海：华东师范大学出版社，1989

③ 张人杰．国外教育社会学基本文选．上海：华东师范大学出版社，1989

④ ［美］阿德勒．怎样读一本书．纽约：西蒙－舒斯特出版社，1940

⑤ 吴俊升．教育哲学大纲．北京：商务印书馆，1943. 146

以衡量。离开了社会就无从对教育的价值作出衡量，为达到某种结果而提出的教育目的也必然成为一种没有意义的东西。如通常所说的“个人一切能力的和谐发展”是教育目的，但如果离开他对社会所发生的作用，也就不知道能力是什么，和谐又是指什么。能力之所以为能力，就是它对社会发生作用，和谐之所以为和谐，就是它达到社会各方面的需要。

在这种理论看来，教育目的应该根据社会需要来制定，从而使人社会化，成为符合社会准则的公民，保障社会的稳定与延续。因为社会的价值高于个人的价值，个人的存在与发展依赖并从属于社会，评价教育的价值只能以其对社会的效益来衡量。

个人本位论和社会本位论各执一端，强调了教育价值功能中的一个侧面，应当说都有一定的真理性。但是二者的共同弊病在于，它们都把自己的出发点强调到了极端的程度，完全排斥和否定了另一面的合理性。个人本位论把个人看成是同社会相对立的因素，认为社会历史的发展就是个人自我表现、自我确定、自我发展的历史。他们强调了个人与社会关系中的主体性和自我价值方面，而忽视了个人的社会本质，即客观性和社会制约方面。社会本位论把社会及其发展置于至高无上的地位，认为社会历史的发展是一个按照客观规律发展的自然历史过程，个人的行为完全是受社会决定的。他们把个人的社会存在绝对化，而忽视了个人的社会存在。

第二节　我国的教育目的和现阶段的培养目标

一、马克思主义关于人的全面发展学说——我国教育目的的理论基础

在确定教育目的时，人们总是希望教育既能促进个体身心的发展，培养出符合社会需要的、可持续发展的人才，又能促进政治、经济、文化等的发展，创建一个文明进步、可持续发展的社会。教育促进个体与社会可持续发展的完美融合，是我们孜孜以求的教育理想，也是现代教育的根本目的所在。马克思主义全面发展学说所揭示的人的发展观，为我国制定教育目的提供了重要的理论依据。

按照马克思主义的观点分析，社会需要与人的自身发展是辩证统一的，教育目的应当反映这种辩证统一的关系。马克思主义认为，人的本质在其现实性上是一切社会关系的总和。人的全面发展是指，“人以一种全面的方式，也就是说，作为一个完整的人，占有自己的全面的本质”，[①] 它包括人的智力、体力、个性和交往能力的发展，它是个人与社会的辩证和谐统一。作为社会的存在物，它体现为自由自觉

① 马克思恩格斯全集（第42卷）. 北京：人民出版社，1979. 123

的活动；作为个人，则表现为人的自然因素、社会因素和精神因素的统一。

马克思关于人的全面发展学说的基本观点有以下几点：

1. 人的发展与人的活动相一致

根据马克思主义的观点，人的发展状况与人的活动的性质、内容、范围、方式是大体相一致的。即人从事什么样的活动，人的发展大致就是什么样的。人是在各种活动中改变外部世界和改造人自身的。

2. 旧式分工是造成人的片面发展的根源

旧式分工即强制性和凝固性地长期乃至终身把个人固定在一个孤立的活动范围内。分工是生产力发展的有力杠杆，但分工在个人身上的强制性和凝固化又造成人的片面、畸形发展。

3. 社会化大生产为人的发展提出了客观要求和可能性

大工业生产与技术基础几乎不变的工厂手工业生产是根本对立的，它的技术基础是革命的。“大工业的本性决定了劳动的变换、职能的更动和工人的全面流动性”，① “从而承认工人尽可能多方面的发展是社会生产的普遍规律”。②技术基础的不断更新、社会流动的不断加速，必然造成个人职业的变换和职能的更动，使个人终身被迫从事一种职业或一种操作的现象逐渐减少。现代生产必然要求“用那种把社会职能当作相互交替的活动方式的全面发展的个人，来代替只是承担一种社会局部职能的局部个人。”③ 在机器大生产的条件下，如果劳动者不能成为“各种能力得到自由发展的个人”，就不能适应现代生产的“交替变换职能”和“极其不同的劳动需要”。所以，马克思把人的全面发展看成是关系到现代生产“生死攸关”的事情。

大工业生产也为人的全面发展提供了可能性。首先，现代生产是以科学技术为基础的，只要劳动者基本掌握了生产和工艺的一般原理，就能够比较顺利地从一个生产部门流动到另一个生产部门，而在手工技巧极其复杂且封闭和保密、直接经验是个人劳动能力的主要成分的手工业时代，劳动者的工作变换和职能更动是十分困难的事情。其次，以现代科学技术为基础的生产大大提高了劳动的智力含量，有助于缩小体力劳动和脑力劳动的差别。最后，现代生产为社会提供了大量的物质财富，而这是人全面发展的基础。

4. 自由时间和教育与生产劳动相结合是人的全面发展的重要条件

自由时间，即劳动时间外的可供个人自由支配的时间。现代生产大大提高了劳动生产率，不断缩短劳动时间，增加自由时间，这就为人的全面发展提供了客观条

---

① 马克思恩格斯全集（第23卷）．北京：人民出版社，1979. 534

② 马克思恩格斯全集（第23卷）．北京：人民出版社，1979. 534

③ 马克思恩格斯全集（第23卷）．北京：人民出版社，1979. 534

件。因为无论是个人还是社会，“其发展、需求和活动的全面性都是由节约时间来决定的”，只有拥有大量的自由时间，个人才能“获得应当具备的各方面的知识或者满足他的活动的各种要求”。①

教育与生产劳动相结合可以促进体力和智力的统一、体力劳动与脑力劳动的结合。但马克思的这一思想主要针对仅仅作为劳动力的人的发展而言，所以教育与生产劳动相结合只是造就人的全面发展的一个重要条件。

5. 共产主义社会使人的全面发展得以完全实现

到了共产主义社会，旧式分工被完全取消，劳动成为人的生活的第一需要。同时，社会财富充分，人们得以充分享受发展的闲暇时间和教育等条件，至此，人的全面发展得以完全实现。

二、新中国成立后各个时期有关教育目的的表述

新中国成立后，为保证我国教育与经济和社会发展协调一致，我国的教育目的是由中国共产党和国家制定的，其表述也经历了多次变化，分列如下：

在生产资料所有制的社会主义改造基本完成后，毛泽东于1957年在最高国务会议上提出：“我们的教育方针，应该使受教育者在德育、智育、体育几方面都得到发展，成为有社会主义觉悟的有文化的劳动者。”1958年，中共中央、国务院在《关于教育工作的指示》中，一方面正式肯定了这一教育目的，指出培养有社会主义觉悟的、有文化的劳动者正确地解释了全面发展的含义，是我国教育的目的。这是建国后对教育目的的第一次明确表述，另一方面还提出“党的教育方针是教育为无产阶级政治服务，教育与生产劳动相结合”。

1981年，党的十一届六中全会通过了《关于建国以来党的若干历史问题的决议》，该文件指出：“坚持德智体全面发展、又红又专、知识分子与工人农民相结合、脑力劳动与体力劳动相结合的教育方针。”同年11月，在五届人大的政府报告中又提出：“使受教育者在德育、智育、体育几方面都得到发展，成为有社会主义觉悟的有文化的劳动者和又红又专的人才，坚持脑力劳动和体力劳动相结合，知识分子与工人农民相结合。”

在1982年的新宪法中，关于我国教育目的是如此规定的：“中华人民共和国公民有受教育的权利和义务。国家培养青年、少年、儿童在品德、智力、体质等方面全面发展。”

1985年，《中共中央关于教育体制改革的决定》指出，教育必须“面向现代化、面向世界、面向未来，为90年代至下世纪初叶我国经济和社会的发展，大规模地准备新的能够坚持社会主义方向的各级各类合格人才”，“所有这些人才，都应该有理

① 人民出版社编. 马克思、恩格斯、列宁、斯大林论共产主义. 北京：人民出版社，1958. 67

想、有道德、有文化、有纪律、热爱社会主义祖国和社会主义事业，具有为国家富强和人民富裕而艰苦奋斗的献身精神，都应该不断追求新知，具有实事求是，独立思考、勇于创造的科学精神”。

1986年，第六届全国人大第四次会议通过的《中华人民共和国义务教育法》规定我国义务教育目的为：“义务教育必须贯彻国家的教育方针，努力提高教育质量，使儿童、少年在品德、智力、体质等方面全面发展，为提高全民族的素质，培养有理想、有道德、有文化、有纪律的社会主义建设人才奠定基础。”这一表述不仅指出了我国义务教育的性质和目的，也涉及我国整体教育目的的性质。

1993年2月13日，中共中央、国务院正式印发的《中国教育改革和发展纲要》指出，各级各类学校要认真贯彻“教育必须为社会主义现代化建设服务，必须与生产劳动相结合，培养德、智、体全面发展的建设者和接班人”的方针。

不难看出，我国建国以来的教育目的在不同历史时期的表述虽有所不同，但其基本精神是一致的，大体上包含了促进受教育者的身心发展和实现受教育者的社会价值等两个方面。

从新中国成立后各个时期有关教育目的的表述中我们不难发现，我国在对人才素质的要求上始终坚持全面发展观，坚持促进人的全面发展。结合现代社会的特征，我们发现当代中国的教育目的应包括德育、智育、体育、美育、劳动技术教育和心理素质教育等方面。

德育是教育者按照社会的要求，对受教育者施加影响以形成所期望的政治立场、世界观和道德品质的教育。德育的任务是引导学生树立无产阶级的思想政治观和世界观，组织和引导学生的道德实践，培养学生的社会主义道德品质。德育体现了整个教育的社会主义性质，对受教育者的全面发展起着定向的作用。

智育是传授系统科学文化知识，形成科学的世界观，培养基本的技能技巧和发展智力的教育。智育的任务是以系统的科学文化知识武装学生，给予基本技能、技巧的训练，使他们具有运用知识于实际的本领，发展他们的智力。智育在帮助学生认识自然规律和社会规律，提高分析和解决问题的能力，掌握从事社会主义现代化建设的实际本领和个性全面发展中起着重要作用。

体育是全面发展体力、增强体质、传授和学习健身知识和体育运动技能的教育。体育的任务是指导学生锻炼身体，全面发展学生的身体素质，教授学生逐步掌握体育运动的基本知识和技能以及卫生保健知识。体力和体质的发展是个性全面发展的生理基础，人们进行生产活动、社会活动、军事活动或幸福地生活都离不开强健的体魄。

美育是培养正确的审美观，发展鉴赏美和创造美的能力，培养高尚情操和文明素质的教育。美育的任务是培养学生对自然、社会和艺术的正确审美观点和感知、鉴赏美的能力，培养他们创造和追求美的能力，发展学生艺术创作的兴趣和爱好。美育能培养学生美好的心灵，陶冶他们的情操，提高他们的精神境界，同时能培养学生的观察力、想象力和创造力，促进智力的发展。

劳动技术教育是传授基本的生产技术知识和生产技能，培养劳动观点和劳动习惯的教育。劳动技术教育的任务是通过科学技术知识的教学和劳动实践，使学生了解物质生产的基本技术知识，掌握一定的职业技术知识和技能，提高动脑和动手能力，养成良好的劳动态度和劳动习惯。

心理素质教育，包括人们通常所说的心理教育与心理辅导。它是教育者运用多种途径及手段，从学生的心理实际出发，有计划、有目的地对其心理素质的各个层面进行积极的教育与所需的辅导，从而全面提高受教育者的心理素质，促使其健康成长和迅速发展。心理素质教育的任务是使学生学会自我心理保健，掌握有关避免和消除心理障碍的原则与方法。对自我心理健康状况有正确的认识，能够自我排忧除障，能应付生活中的各种刺激与挫折，保持健康、愉悦、积极向上的心态。同时要及时发现并科学地矫治学生心理上已经存在的各种不健康因素，排除心理障碍。

三、当代中国教育目的体系

当今世界，知识经济初见端倪，人才竞争日趋激烈。当人们迎接一个新世纪到来的时候，更多地把目光投向了未来人才的需求与培养上，对人才素质也提出了新的要求。因而各国纷纷开展教育改革，加紧付诸实施人才培养战略。

教育是培养人的事业，面对社会发展对人才提出的新的素质要求，也应对原有的教育目的体系进行相应的调整。因此，探讨新的教育目的体系已成为我国基础教育适应社会发展要求的必由之路。

（一）教育目的体系

所谓教育目的体系是指与经济和社会发展需要相适应，由互相联系、互相制约、统一协调的各级各类教育目标组成的有机整体。

教育目的体系由三部分组成：一是国家的或思想家理想中的教育目的；二是各级各类学校的培养目标；三是课程或教学的教学目标。教育目的是对所有受教育者提出的，而培养目标是针对特定的对象提出的，各级各类学校的教育对象有各自不同的特点。两者的关系是普遍与特殊的关系。在实际的教育教学中，要求学校和教师将教育目的具体化，明确在某一时段内，教一门学科或组织一项活动时，使学生身心各方面达到一定的要求，这就有了教学目标。教学目标就是教育者在教育教学过程中，在完成某一阶段工作时，希望受教育者达到的要求或产生的变化结果，它是教育目的的具体化。总之，教育目的、培养目标和教学目标是互相关联的有机整体。

（二）新时期的课程目标体系

在教育部的长期酝酿下，1999 年集全国教育专家与一线教育工作者之力推出的《基础教育课程改革纲要（试行）》获得国务院充分肯定，2001 年 10 月起开始在全国试点。《纲要》首先规定了未来国民素质的培养目标：即要使学生具有爱国主义、集体主义精神，热爱社会主义，继承和发扬中华民族的优良传统和革命传统；具有社会主义民主法制意识，遵守国家法律和社会公德；逐步形成正确的世界观、人生观、价值观；具有社会责任感，努力为人民服务；具有初步的创新精神、实践能力、科学和人文素养以及环境意识；具有适应终身学习的基础知识、基本技能和方法，具有强壮的体魄和良好的心理素质，养成健康的审美情趣和生活方式，成为有理想、有道德、有文化、有纪律的一代新人。这一培养目标体现了当代中国教育目的的性质，即实现每一位少年儿童生动、活泼、富有个性的健康发展，为社会主义建设培养全面发展的“四有”新人。

该培养目标明确提出，应促使学生在“知识与技能领域”、“过程与方法领域”、“情感态度与价值观领域”都能够得到全面和谐的发展。也就是说，应加强对学生进行基础知识、基本技能、基本能力和基本态度的培养，努力使学生在掌握系统、扎实的基础知识和基本技能的基础上，发展其基本能力，培养健全的人格和健康的个性，从而为他们的终身学习和可持续发展奠定良好的基础。

确立了知识与技能、过程与方法、情感态度与价值观三位一体的课程目标后，可将育人为本，促进学生知识、能力、态度及情感和谐发展的素质教育观念体现在课程标准之中。在此次课程改革中，各学科课程标准与教材的编写，都力争体现知识与技能、过程与方法、情感态度与价值观三方面的整合。各科的课程标准不仅在课程理念上增加了对课程整合的认识，而且在课程目标上也是按照整合的思路进行设计的。各科都分别按照知识与技能、过程与方法、情感态度与价值观三个维度进行描述。在具体的学科理念和目标描述中，也提出了具体的综合方向。

通过对上述三方面的整合，从而促进学校教育重心的转移。尤为重要的是在学习知识的过程中潜移默化地培养学生正确的世界观、人生观和价值观，引导学生在学习知识的过程中，学会做人，学会求知，学会劳动，学会生活，学会健体，学会审美，形成正确的价值选择，具有社会责任感，努力为人民服务，树立远大理想。这种过程将深刻地影响思想道德的形成，影响他们人生的抉择。

第三节　现代国外教育目的简介

由于所处的社会经济发展水平与社会文化背景不同，各国的教育目的存在着一定的差异。在此简要介绍美国、日本、俄罗斯、英国等主要发达国家的教育目的，探索其中的共同特点及发展趋势，旨在为我国当前基础教育课程改革提供新的教育理念。

一、美国的教育目的

美国是一个地方分权制国家，其教育归各个行政区分别管理，联邦政府对各地方的教育事务只有建议和参谋权。虽然美国不同于中国，中国的教育目的由中央政府制定，但是美国各州也有比较相对一致的教育目的，这些教育目的经过国家的认证最后散见于相关的教育法规与政策之中。

1990 年，美国各州州长一起制定了《国家教育目标》（*The National Education Goals*），确立了教育在全国的最优先发展地位。

1990 年 4 月 18 日，美国公布了它面向 21 世纪的《2000 年：美国教育战略》（*America* 2000：*An Education Strategy*）。其中，著名的“国家教育目标”主要内容是：第一，所有的美国儿童入学时乐意学习，并在进入小学以前都应受到必要的学前教育；第二，全国中学生的毕业率至少提高到 90%；第三，美国学生在 4、8、12 各年级毕业时应能证明他们在英语、数学、科学、历史和地理等学科领域具有相应的能力。美国的所有学校要保证所有儿童合理用脑，以使他们为做有责任心的公民、进一步学习以及在我们现在的经济中谋取建设性的职业做好准备；第四，美国学生在数学和科学方面的成绩应当处于“世界的最前列”；第五，每一个美国成人都应具有阅读和写作能力；第六，美国的每一所学校都要消除暴力和吸毒，并将提供一个秩序井然的、益于学习的环境。[①]

1994 年，美国国会把上述六项目标以法律形式——《2000 年目标：美国教育法》确定下来，另外拓展增加两项教育目标，即美国的教师必须有机会进修，以获取新的知识和技能，教育好 21 世纪的学生；学校将提倡伙伴关系，加强家长参与，以促进学生在社会交往、情感生活和知识等方面的提高。至此，美国 2000 年要实现的“八项全国性的教育目标”正式公布确立。《2000 年目标：美国教育法》的确立使联邦政府、州政府和各地方携手，共同把儿童培养成为有责任心的公民，帮助他们为继续学习做准备，以迎接 21 世纪技术的、科学的和经济的诸方面挑战。

《1999 年全体儿童教育优异法案》（*The Education Excellence for All Children Act* 1999）重申了国家教育目标的重要性，并把国家教育目标重新命名为美国教育目标（America’s Education Goals），以认可美国各教育层次的重要性。

美国政府的《1998—2000 年战略方案》的报告阐述了美国教育改革与发展的目的。第一，帮助所有学生达到富有一定挑战性的学业标准，以便使他们为成为有责任感的公民和进一步学习以及富有产出性的就业做好准备；第二，为所有儿童的学

---

① 国家教育发展研究中心．发达国家教育改革的动向和趋势（第四集）．北京：人民教育出版社，1992

习打下坚实的基础；第三，保证所有学生享有中学后教育和终身教育。[①]

针对大多数孩子因所在学校的低期望值、自我读写能力低下以及自我怀疑的心理问题而与现实社会的要求产生距离，美国总统乔治·沃克·布什在2001年1月23日发布了题为《不让一个孩子掉队》（*No Child Left Behind*）的教育改革计划。该计划包含以下十个方面的改革主张。第一，强调阅读领先，提高学生读写能力；第二，帮且英语语言运用熟练的学生达到英语流利水平；第三，改进数学和科学教学，加强学生科学素养；第四，提高教师素质，把好课堂教学的质量关；第五，提高家长选择权和促进学校革新计划、校际竞争与政府支持并举；第六，创建安全学校，保证学生的身心健康发展；第七，借助教育技术提高教育质量，将现代技术转化为教育生产力；第八，自由与责任并重，奖励与制裁并举，大力提高教育投资效益；第九，通过学业标准和办学责任的共同提高，缩小弱势群体儿童和主流社会儿童的学业差距；第十，为土著印第安人和服役军人家庭的孩子提供补偿性帮助。[②] 2002年，根据《不让一个孩子掉队》教育改革计划，联邦政府颁布了联邦教育法——《不让一个孩子掉队法》（也称《不让一个儿童落后法》）确立新世纪全国性教育目标，要求学校在2014年确保所有学生的数学、阅读和写作达到熟练水平。此外，《不让一个孩子掉队法》又提出六项全国性主要目标：第一，消除处境不利学生与其伙伴之间的成绩差距；第二，通过阅读第一来提高识字；第三，扩大灵活性，减少官僚主义；第四，促进获得信息的家长的选择；第五，提高教师质量；第六，为21世纪创设更安全的学校。[③]

依据《不让一个孩子掉队法》，美国联邦教育部于2002年颁布《美国教育部2002—2007年战略规划》，美国教育部部长佩奇宣布教育部五年战略规划为美国教育发展设置六项最新目标，主要内容包括：第一，创建一种实现目标的文化氛围，通过有效实施《不让一个孩子掉队法》以及联邦教育项目所依据的实施原则——责任心、灵活性、扩大家长择校机会等，来达到此目的；第二，提高学生成绩，通过阅读优先、促进数学和科学教学、改革中学、提高教师和校长素质等措施，来缩小学生之间的学业差距，并提高所有学生学业成绩；第三，改善学校环境，加强品德培养，建立遵守纪律、远离毒品的教育环境，培养学生良好的性格和公民责任感；第四，使教育成为以事实为依据的领域，提倡教育科研，加强教育科研的品质；第五，发展中学后教育和成人教育，提高其质量，增加学生入学机会，提高办学机构的效率；第六，建立优质管理系统，在教育部内建立一种负责任的文化氛围。[④]

在“为了全体美国人的利益而促进教育的高质量”理念指导下，美国不仅强调

---

① 陈平．教育学基础．贵阳：贵州人民出版社，2007

② 胡庆芳．美国教育360度．北京：教育科学出版社，2007. 32

③ 赵中建．从教育蓝图到教育立法：美国不让一个儿童落后法评述．教育发展研究，2002（2）：44～47

④ 冯大鸣．美国国家教育战略新走向：教育部2002—2007年战略规划评析．外国教育研究，2004（1）：28～31

基本知识、基本技能如提高阅读水平的掌握，而且把目光更多地投向了与教育有密切联系的家庭、周边环境、弱势儿童生存与发展状况上，其教育目的体现了关注每一个孩子的成长，不让一个孩子掉队的教育理念。

二、日本的教育目的

1947 年，日本颁布了沿用至 2006 年的《教育基本法》。该法以 1946 年颁布的《日本国宪法》为依据，阐明教育要为建设民主与文明的国家、促进世界和平与人类福利而作出贡献，教育要尊重个人的价值，培养热爱真理与和平的人，并以创造具有普遍价值且富有个性的文化为其宗旨。①

随着社会经济的发展，日本教育发展中暴露出来了整齐划一和缺乏个性等弊端，日本政府决定适时改革调整完善教育发展目标，持续推进教育改革。2000 年 3 月，日本成立的首相私人咨询机构教育改革国民会议提出发表了“教育改革十七项提案”的主张。根据该报告精神，文部省于 2001 年 1 月以文部科学大臣的名义发表了《21 世纪教育新生计划》，将 2001 年确立为教育新生元年，对新世纪的教育改革作了全面规划。该项计划指出了教育发展目标有四项：第一，培养富于人情味的日本人。该计划指出，教育的基本点在于家庭；强调要加强学校的道德教育；提出要明确文化活动和体育运动在学校教育中的重要地位；要从法律角度规定中小学生每年要有两周的社会服务时间，高中生每年要有一个月的社会服务时间，以增强青少年积极参与社会服务活动的意识；文部省将与其他政府机构共同协商，促进年满 18 岁以上的青年开展为社会服务的事业。第二，因材施教，培养创造性人才。引入适合开发学生个人能力特长的教育机制，文部省拟向国会提交《关于公立学校班级编制及教职员定额标准法》等相关法律的修正案，营造新型的学习空间以适应 IT 化教学和实施每班 20 人的小班教学制，加强对学生的个别学习指导，更好地落实教育改革国民会议关于“要提高基础学习能力，课堂教学要让学生听得懂”的提案。第三，创建新时代的新型学校，修改《关于地方教育行政组织及其运营的法律》，加强人事制度的改革，对不称职、指导能力较低的教师采取调离教学岗位、取消教师资格而作为职员使用的措施，同时对于优秀教师要实行表彰奖励制度，使教师成为教学专家；放宽对入学区域的限制，扩大校长的自主权限范围；公开各地教育委员会委员的选拔、任用条件以及委员会议内容，创建受社会信赖的学校；进一步加强研究开发型学校的建设，落实教育改革国民会议关于“建立提供多重教育机会的新型学校”的提案。第四，将制订教育振兴基本计划，确立 21 世纪的教育理念，修改并制定适合新时代需要的《教育基本法》，以推进教育改革政策的全面实施。②

---

① 兼子仁．教育基本法．东京：学阳书房，1986. 20

② 李春生，田辉．日本呼唤教育新生．中国教育报，2001 - 07 - 30

与此同时，日本政府推出了《彩虹计划》。《21 世纪教育新生计划》的发展与改革的七个重点战略目标，被称为彩虹计划。这七个重点战略目标是：第一，以通俗易懂的教学，促进学生基础学力的提高；第二，通过多样的服务、体育活动，培养心灵丰富的人；第三，创建使家长和社会信赖的学校；第四，培养作为教学专家的教师，改善教师资格制度，建立新的教师研修制度，加强教师社会体验实习；第五，营造令人愉快而安心的学习环境；第六，推进世界水准的大学的建设；第七，确立与新世纪相适应的教育理念，完善教育基础。①

2006 年 4 月，日本修订了《教育基本法》中的教育目的与教育目标。新《教育基本法》将教育目的和教育目标表述为："教育的目的是完善人格，培养作为和平、民主之国家和社会的一员而具备必要素质的身心健康的国民。""教育为实现其目的，要尊重学问的自由，努力达到以下目标：第一，拥有广博的知识和教养，养成追求真理的态度，具备丰富的情操和道德心，并培育健康的体魄；第二，尊重个人的价值，培养和发展其能力及创造性，注重自主自律精神的培育，并重视教育与职业和生活的联系，养成崇尚勤劳的态度；第三，培养正义感，责任感以及男女平等的意识，养成尊重自己、尊重他人、友爱互助、基于公共精神而自主参与社会的形成和发展的态度；第四，培育珍视生命、崇尚自然、保护环境的态度；第五，培养尊重传统和文化、热爱养育自己的祖国和乡土、并致力于国际社会的和平与发展的态度"。②

日本一直以来都比较重视培养学生的自主、自律精神，培养在国际事务中能干的日本人。近几年来，日本开始关注学生的个性和创造力的发展，重视"公共精神"，"尊重传统和文化、热爱养育自己的祖国和乡土"的态度以及"丰富的情操和道德心"，这些体现了日本教育的民族性、时代性和公平性。

三、俄罗斯的教育目的

在俄罗斯现代教育史上，《联邦教育发展纲要》和《俄联邦国民教育要义》是两个最为重要的教育纲领性文件。这两个文件都从不同的角度阐释了俄罗斯的教育目的。

《联邦教育发展纲要》是普京与叶利钦交接班（1999 年 12 月 31 日）之后，由普京于2000 年 4 月 10 日签发的首份重要教育改革文件。该《纲要》指出，"《纲要》于 2000—2005 年实施，预见能保证教育系统正常运转和平稳发展"；期间分两个阶段："2000—2001 年实行成套措施来保存和支持教育系统，并为随后的发展准

① 国家教育发展中心．日本 21 世纪教育新生计划（彩虹计划）战略重点［EB/OL］. http：//www. pep. com. cn/ 2009012/ca439674. htm

② 李协京．《教育基本法》的修订与日本的教育改革．外国教育研究，2007（8）

备好条件”；而“2002—2005 年则过渡到教育系统的平稳而渐进的发展”。[①]

该《纲要》分为六大部分：教育系统发展的现状与问题；纲要实施的目的、任务及期限；纲要的实施与预期结果；教育系统的资源保障；纲要的财政保障；纲要得以实现的措施体系。本文只介绍其中最引人注目的若干要点。

1. 主要目的

《联邦教育发展纲要》提出：“纲要的主要目的，是在俄联邦所宣布的教育优先的基础上，使教育系统的发展有利于造就和谐发展的、有社会积极性的、有创造性的个人，并使教育系统成为经济和社会进步的因素之一获得发展。”[②]

在这个主要目的中有三点值得注意：一是强调“教育优先”；二是把“造就和谐发展的、有社会积极性的、有创造性的个人”置于突出位置；三是视教育系统为“经济和社会进步的因素之一”。这个三位一体的表述对俄罗斯来说无疑具有战略意义：“教育优先”是手段，造就“个人”是根本目的，“经济和社会进步”是位居个人发展之后的从属目的。

2. 分支目标

《联邦教育发展纲要》继而把以上“主要目的”分解成 12 条分支目标，其中有的属于目的性目标，即个人、社会、国家的发展目标，有的则属于手段性目标，即达到目的的保障性手段。属于目的性目标者有三条，按原文表述就是：

第一，基于形成个人终身教育和终身自我教育的动机，来实现个人及其创造才能的发展。

第二，考虑多民族国家的特点，来保持并发展俄联邦统一的教育空间。

第三，支持并发展独联体各参与国教育系统一体化的机制，包括提供国家保障来满足同胞们的教育要求。

在这三条目标中第一条无疑是对上述“主要目的”中的“造就创造性的个人”的补充和具体化。而第二、第三条道出了当前俄罗斯人对教育的统合功能寄予了厚望，表达了他们的相关理念。

属于手段性目标者有九条：

第一，给公民们提供人人都可接受的、免费的初等普通教育（小学）、基础普通教育（初中）、中等（完全）普通教育（高中）、初等职业教育，以及在竞争（竞试）的基础上接受免费的中等职业教育、高等职业教育、大学后职业教育，其条件限于：在国立和市立教育机构里，在国家教育标准范围内，是首次接受上述各级教育。

第二，为公民接受教育这种宪法权利的实现而创设社会经济条件。

第三，为落实国家在教育领域的政策而进一步建立规范化法律基础及社会、经

① ［俄］教育部．联邦教育发展纲要．俄罗斯教育部公报，2000

② ［俄］教育部．联邦教育发展纲要．俄罗斯教育部公报，2000

济、组织、内容诸方面的基础。

第四，为了个人、社会、国家的利益，而提供对教育系统正常运转和平稳发展的法律、社会、经济保障。

第五，形成对教育的民主管理、国家社会管理体制。

第六，完善国家政权机关、地方自治机关、各种社会组织在教育系统的发展方面的相互作用。

第七，依照有关教育的法律及其他规范化文件，划清国家政权机关与地方自治机关之间在教育领域的权限，并签订涉及具体协作问题的合同。

第八，达到教育机构在教学、科研、科技活动上的高效率和高质量。

第九，发展俄联邦教育系统与外国教育系统、与国际组织之间的平等、互利、合乎社会经济目的的合作。[①]

在这九条目标中，有一条最突出，这就是承诺确保从小学到大学后教育的免费性。可以说，这种免费性在当今世界各国中是独一无二的。

《俄联邦国民教育要义》是普京上台之后，于2000年10月推出的又一教育纲领性文件。该文件规定了教育在国家政策中的优先地位，规定了教育发展的战略和基本发展方针，确定了教育和教学的目的及其实现途径，确定了在2025年以前教育系统发展的预期结果。该《要义》赋予教育的基本目的共计17项，具体内容如下：[②]

（1）保证各代人的历史继承性，保全、传播和发展民族文化，培养对俄罗斯各族人民的历史文化遗产的珍惜态度。

（2）培养俄罗斯爱国主义者，培养法制、民主国家的公民，使他们具有在公民社会条件下自觉社会化的能力。尊重个人的权利与自由，具有高尚道德，表现出民族和宗教宽容性，尊重其他民族的语言、传统和文化。

（3）形成和睦相处的文明与人际关系。

（4）使儿童和青少年以及他们的创造才能得到全面而及时的发展，形成他们自我教育的素养，确保其个性的自我实现。

（5）使儿童和青少年能完整地理解周围世界，形成他们的现代科学世界观，发展他们的族际关系文明。

（6）形成儿童和青少年及其他类型公民的劳动内驱力、积极的生活立场和职业态度，教给他们基本的从业原则以及在劳动市场中的处事技能。

（7）运用现代科学成就来组织教学过程，系统而全面地更新教育，使之反映文化、经济、科学、技术和工艺领域中的变化。

（8）确保人一生中受教育的连续不断性。

---

① ［俄］教育部. 联邦教育发展纲要. 俄罗斯教育部公报，2000

② 王义高. 俄联邦国民教育要义概述. 比较教育研究，2002（7）

(9) 做到教育机构的类型和品种的多样化、教育大纲的多样性，以保证教育的个别化，保证针对个性的教学和教育。

(10) 确保各级各段教育的衔接性。

(11) 制定实施教育信息化工艺的大纲，发展开放式教育。

(12) 确保学生学习的流动性。

(13) 发扬做天才青少年工作的祖国传统，使教学人员也参加科研活动。

(14) 培养有高度教养的人和有高度技能的专家，使之有能力在社会信息化、新型科学集约化工艺发展的条件下适应岗位和职业流动性。

(15) 培养健康的生活方式，发展青少年的体育活动。

(16) 抵制负面的社会发展进程。

(17) 进行生态教育以形成居民珍惜大自然的态度。

苏联教育只注重统一的教学模式、统一的教学大纲、统一的修业期限，缺乏个别化和区别化。而现代的俄罗斯教育则是融多元化、民主化、个性化为一体，这将更适应俄罗斯经济和人的发展需要，有助于俄罗斯教育走上国际化的道路。

四、英国的教育目的

英国作为一个中央和地方合作制国家，其教育由中央和地方政府合作管理。英国的教育目的也由中央和地方合作制定、实施与管理。

20 世纪 60 年代后，英国教育质量呈现下降趋势的情况，曾引起了众多英国社会人士和教育界人士的关注。于是，一场轰轰烈烈的教育改革在英国应运而生，而《1988 年教育改革法》则是这场教育改革中的一项重大举措，也是英国教育改革中最为重要的一项内容。《1988 年教育改革法》要求学校与家庭包括志愿者团体、政府以及企业在内的当地社区一起努力，共同通过课程来实现以下两个目标：①为所有学生提供学习的机会和取得成就的机会；②促进学生精神、道德、心理和文化方面的发展并为他们成人生活中的机遇、责任感和经验做准备。[①]

1992 年，英国教育白皮书强调，要使学生“成为一个合格的和充分平衡发展的人”。

英国新的教育与技能部成立后于 2001 年制定了从 2002—2006 年英国教育发展的三个目标：①给儿童以良好的教育开端，为他们将来的学习打下更好的基础；②使所有年轻人都能获得并发展生活和工作所需要的技能、知识与个人品质；③鼓励成人学习，并且使他们能够学习，提高他们的技能，丰富他们的生活。

综上所述，虽然各国教育目的侧重点各不相同，但仍存在一些共性和趋势：教育目的具有与时俱进的特点，各国根据本国的经济政治发展水平，不断地改进本国的教育目的；教育目的逐渐趋向以人为本，培养学生多方面才能和素质的同时强调

---

① 陈平．教育学基础．贵阳：贵州人民出版社，2007. 137

个性发展；教育目的开始转向民族性与世界性的融合；强调道德观与价值观教育；强调教育的终身性。

本章知识结构图：

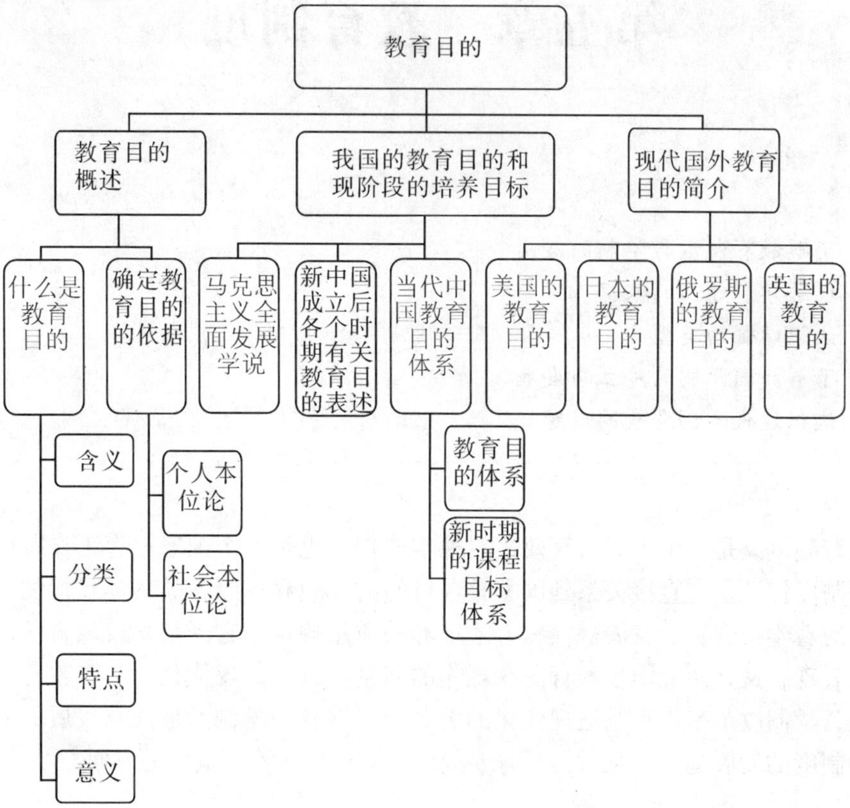

讨论与应用：

1. 在教育过程中，有时会出现“有意栽花花不发，无心插柳柳成荫”的现象，这与我们强调教育过程的目的性与计划性相矛盾吗？应当如何认识呢？

2. 学生应该以掌握间接经验为主还是直接经验为主？

本章主要参考书目：

1. 孙喜亭. 教育原理. 北京：北京师范大学出版社，1993
2. 郑金洲. 教育通论. 上海：华东师范大学出版社，2000
3. 南京师范大学教育系. 教育学. 北京：人民教育出版社，1984
4. 扈中平. 现代教育理论. 北京：高等教育出版社，2000
5. 王道俊，王汉澜. 教育学. 北京：人民教育出版社，1989

第五章　教育制度

学习目标

1. 了解教育制度与学制的概念
2. 理解学制建立的依据
3. 认识学制的类型
4. 了解我国学制的建立与发展
5. 认识现代学制发展的趋势

教育制度既是一个国家教育政策的根本体现，也是一个国家教育工作得以顺利开展的制度保证。它直接关系到国家教育目的的实现和各级各类培养目标的具体落实，制约着学校教育的发展规模和人才培养的质量规格。它既是学校教育活动外显的宏观表现，又是研究学校教育内在规律的基础。教育的现代化离不开教育制度的现代化，学制改革是教育制度现代化的关键。了解我国学制的形成与发展，把握世界教育制度的发展趋势，是教师教育专业化、知识化所不可缺少的方面。

第一节　学校教育制度概述

一、教育制度与学制

教育制度通常是指一个国家各级各类教育机构与组织的系统及其管理规则。它包括相互联系的两个方面：一是各级各类教育机构与组织的体系；二是教育机构与组织体系赖以存在和运行的一整套规则，如各种各样的教育法律、法规、条例等。但是，在教育学里，人们通常把教育机构与组织的管理规则当作教育管理问题来专门加以论述。所以，在教育制度中论述的重点就是各级各类教育机构与组织的体系。

如《教育大辞典》把教育制度解释成“一个国家各种教育机构的体系”。[①] 此外，《中国大百科全书·教育》也把教育制度解释为“各种教育机构系统”。[②]

从各级各类教育机构与组织体系来看，教育制度不仅包括教育的各种施教机构与组织，而且包括教育的各种管理机构与组织；教育的各种施教机构与组织不仅包括学校教育机构与组织，也包括学前教育机构与组织、少年儿童校外教育机构与组织和成人文化教育机构与组织等系统，而且还包括办学体制、领导与管理体制、学校内部的各种具体规章制度，如教学管理制度、考试制度、评价制度等。在教育学中，教育制度这个题目通常只论述教育的各种施教机构与组织所构成的系统。

学制是教育制度的核心部分。学制是学校教育制度的简称，是指一个国家各级各类学校的系统及其管理规则，它规定了各级各类学校的性质、任务、入学条件、修业年限以及它们之间的纵横衔接关系。

学制是社会发展到一定阶段的产物，并随着社会的发展而不断完善。不同历史时期和不同国家有着不同的学校教育制度。现代社会的学校已经形成了一个复杂的系统，按教育程度划分，有幼儿教育、初等教育、中等教育、高等教育机构；按教育类型划分，有普通教育、专业教育等教育机构；按接受教育的时间划分，有全日制、半日制、业余教育等机构；按主要教育手段和场所划分，有面授、函授、巡回、广播、电视等教育机构；按教育对象的年龄划分，有学龄期教育、成人教育等机构；按主办单位划分，有国家办、地方办、企事业办和私人办的教育机构，从而形成了一个纵横交错的学校教育网。如果没有这些学校教育机构和相应的规章制度，教育就不能完成培养人才的任务。因此，学校教育制度是整个教育制度的主体。

二、学制建立的依据

学制是由国家政权机关制定和颁布的，但学制的制定不是随意而行的，它要受到一定政治、经济、社会等因素和人的身心发展规律的制约。

（1）社会生产力的发展水平和科学技术的发展状况制约着学制的建立。学制的内容不可能超越当时的生产力发展水平，因为它们直接影响学校教育的物质条件、发展速度、规模大小、普及程度、课程结构和专业设置等。

（2）社会政治和经济制度制约着学制的制立。任何社会的统治者都要利用学制作为工具，保证造就本阶级所需要的人才，为巩固其政治经济制度服务。在学制系统中，入学条件、受教育资格与权利都要受政治经济制度的制约，受统治阶级利益需要的影响。

（3）青少年身心发展规律制约着学制的确定。青少年在身心发展过程中经历了

① 顾明远．教育大辞典（第1卷）．上海：上海教育出版社，1990. 68

② 中国大百科全书．教育．北京：中国大百科全书出版社，1985. 187

幼儿期、童年期、少年期和青年期的发展阶段，在这些相互连接的不同发展阶段中，他们的身心发展各有其明显的特点。因此，在制定学制时，如确定入学年龄、修业年限、各级各类学校的分段与衔接等，都必须考虑儿童身心发展的特点，以适合他们的智力和体力的发展水平。

上述几方面是建立学制的主要依据，但是除此之外，学制的制定还要注意本国学制的历史沿革和借鉴国外学制的经验。历史是连续发展的，教育具有历史性，学制的建立也不可能割断本国学制的演变历史。一个国家教育制度发展的历史，就是教育实践不断深化的历史，是教育经验不断积累的历史。所以，制定学制绝不能脱离本国学制发展的历史，而要继承和发扬本国学制的长处，同时还要借鉴国外学制的优点和改革的经验。

三、学制构成的基本要素

学制构成的基本要素，即学制构成内容的向度，即学制构成的价值标准。要素与组成部分或构成单位不一样，要素具有基础性、抽象性与概括性，而组成部分与构成单位则是要素的组合，具有综合性与具体性。一般来说，一个完整的学制系统是由三个基本要素构成的，即学校的类型、学校的级别和学校的结构。也有人将其归为两大类，即学校的类别与学校的结构。但是，无论是二要素还是三要素，二者之间的内容向度是统一的。学校的类型是指哪一种形式，哪一种性质的学校。“类型”即学校实施哪种性质的教育，属于普通教育，还是专门教育，在专门教育中是专业型、技术型还是技能型。

由于划分的标准不同，学校的类型也就不一样。根据教育举办主体的不同，可以分为公立学校与私立学校两类；根据教育性质的不同，可以分为实施普通教育学校与实施职业教育学校等。学校的级别是指学校的层次水平，即学校在学制系统中所处的阶段以及在同类性质的学校中所处的地位。例如，高等师范专科学校在学制系统中处于高等教育阶段，在师范教育类别中与其他的学校相比，则属于专科性质水平的学校。学制的结构决定了学校的类别，反映了学校之间的交叉、衔接、比例等关系。事实上，由于学制中所规定的阶段比较复杂，学校的种类繁多，这就必然存在着学校的交叉、衔接与比例问题。如果我们以各级作为学制分析的标准，必然要涉及类的交叉问题。如果以各类作为分析学制的标准，又必然涉及阶段的衔接问题，因此，各级各类教育在发展的过程中应该保持合理的比例。归根结底，这都是由生产力的发展水平与社会的需求所决定的。

四、学制的类型

学制的类型是由学制的结构决定的，由于划分的标准与方向的不同而表现出来的不同形式。这里的划分标准指的是纵向的划分标准或横向的划分标准。划分的方向指的是自上而下的划分，或是自下而上的划分。现代的学制主要由两种结构构成：一是纵向划分的学校系统，一是横向划分的学校阶段。不同的学制只不过是这个系统性与阶段性的不同组合。[①] 由纵向学校系统占绝对优势的学制结构就是双轨制，如原来的西欧学制等；由横向划分的学校阶段占绝对优势的学制结构就是单轨制，如美国的学制等；介于以纵向学校系统占绝对优势与以横向学校阶段占绝对优势的学制结构两极之间的学制是中间型，叫分支型学制，[②] 如苏联的学制等。世界上的学制基本上属于这三种类型。

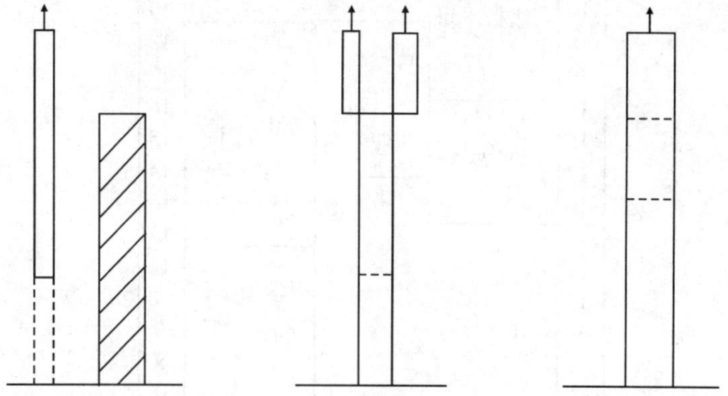

图 5－1　三种类型学制示意图[③]

（一）双轨学制

双轨学制是在西欧 18—19 世纪特定历史文化条件下所产生的以学校系统为基础而形成的学制。该学制系统分为两支，即由中世纪学校演变而来的，带有等级特权痕迹的学术性现代学校；还有就是新产生的，供劳动人民子女受教育的群众性现代学校。双轨学制的两轨，一轨自上而下的结构是大学（后来也包括其他高等学校）→中学（包括中学预备班）；另一轨自下而上的结构是小学（后来是小学和初中）→职业学校（先是与小学相连的初等职业教育，后来发展为与初中相连接的中等职业教育）。这两轨既不相通也不相接，最初甚至也不对应。这样就剥夺了在国民教育学校上学的劳动人民子女升入中学和大学的权利。后来，国民教育学校一轨从小学发展到了中学时，才有了初中这个相对应的部分。一轨是文法中学（英国）、国立中学（法国）和文科中学（德国）的第一阶段，另一轨相应的是现代中学（英国）、市立中等学校（法国）和初级中学（德国）。欧洲国家的学制都曾采用双轨

① ［日］筑波大学教育学研究会编．现代教育学基础．钟启泉编译．上海：上海教育出版社，1986

② 黄济，王策三．现代教育论．北京：人民教育出版社，1996. 272

③ 黄济，王策三．现代教育论．北京：人民教育出版社，1996. 269

学制。

19世纪末20世纪初在欧洲形成的这种双轨学制，由于和第二次工业技术革命，特别是和第三次工业技术革命时代大生产性质的矛盾越来越尖锐，且与这些工业技术革命所推动的普及教育由初等教育向初中教育甚至高中教育的发展相矛盾，因而引起了双轨学制的变革。这种变革从英国20世纪初的学制图和现行学制图的对比中可以看得出来。

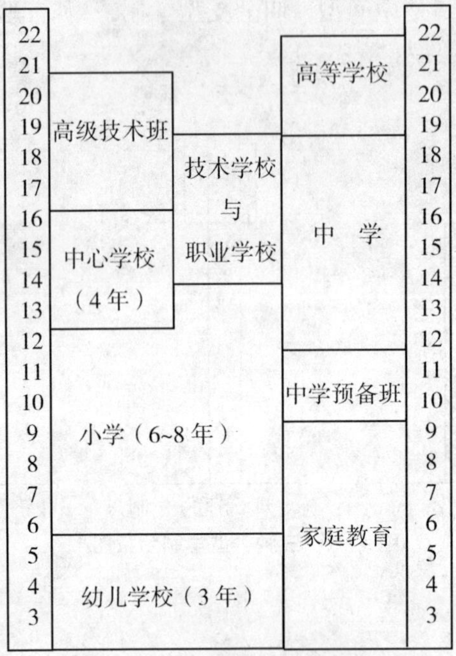

图5－2　20世纪初的英国学制图[①]

① 黄济，王策三. 现代教育论. 北京：人民教育出版社，1996. 271

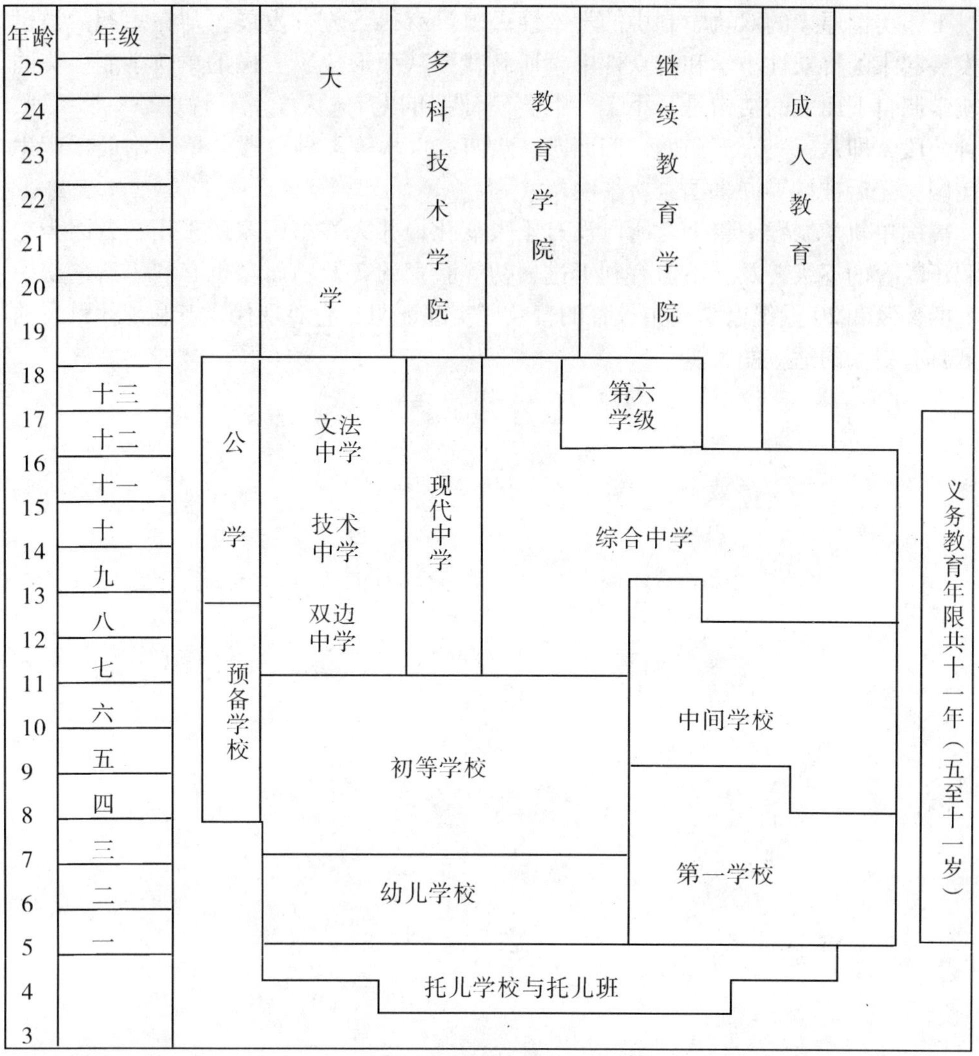

图 5-3 英国现行学制图①

（二）单轨学制

北美多数地区最初都曾沿用欧洲的双轨学制。哈佛、耶鲁等大学只不过是牛津、剑桥大学的缩影，拉丁语学校则是文法学校的翻版。后来，拉丁语学校又演变为兼重文、实的文实学校。18 世纪末，美国北部各州都有了在城镇设立初等学校的法令。1830 年以后，小学得到了蓬勃发展。由于产业革命和电气化的推动，美国由农业社会向工业社会急剧发展，于是继小学大发展之后，即从 1870 年起，中学也得到了大发展。在上述这种急剧发展的经济条件和在美国这种没有特权传统的文化历史

① 黄济，王策三．现代教育论．北京：人民教育出版社，1996. 272

背景下，美国原来的双轨学制中的学术性一轨没有得到充分发展，却在短期内被迅速发展起来的群众性小学和群众性中学所替代，从而形成了美国的单轨学制。美国单轨学制自下而上的结构是：小学、中学，而后可以升入大学。其特点是一个系列、多种分段，即六三三、五三四、四四四、八四、六六等多种分段。单轨制最早产生于美国，先后被世界许多国家所采纳。

美国单轨学制数十年来之所以没有重大变化，并为许多国家所采用，是因为它有利于教育的逐级普及。不但有利于过去初等教育的普及，而且也有利于后来初中教育的普及和20世纪以来高中教育的普及。实践证明，它对现代生产和现代科技的发展具有更大的适应能力。

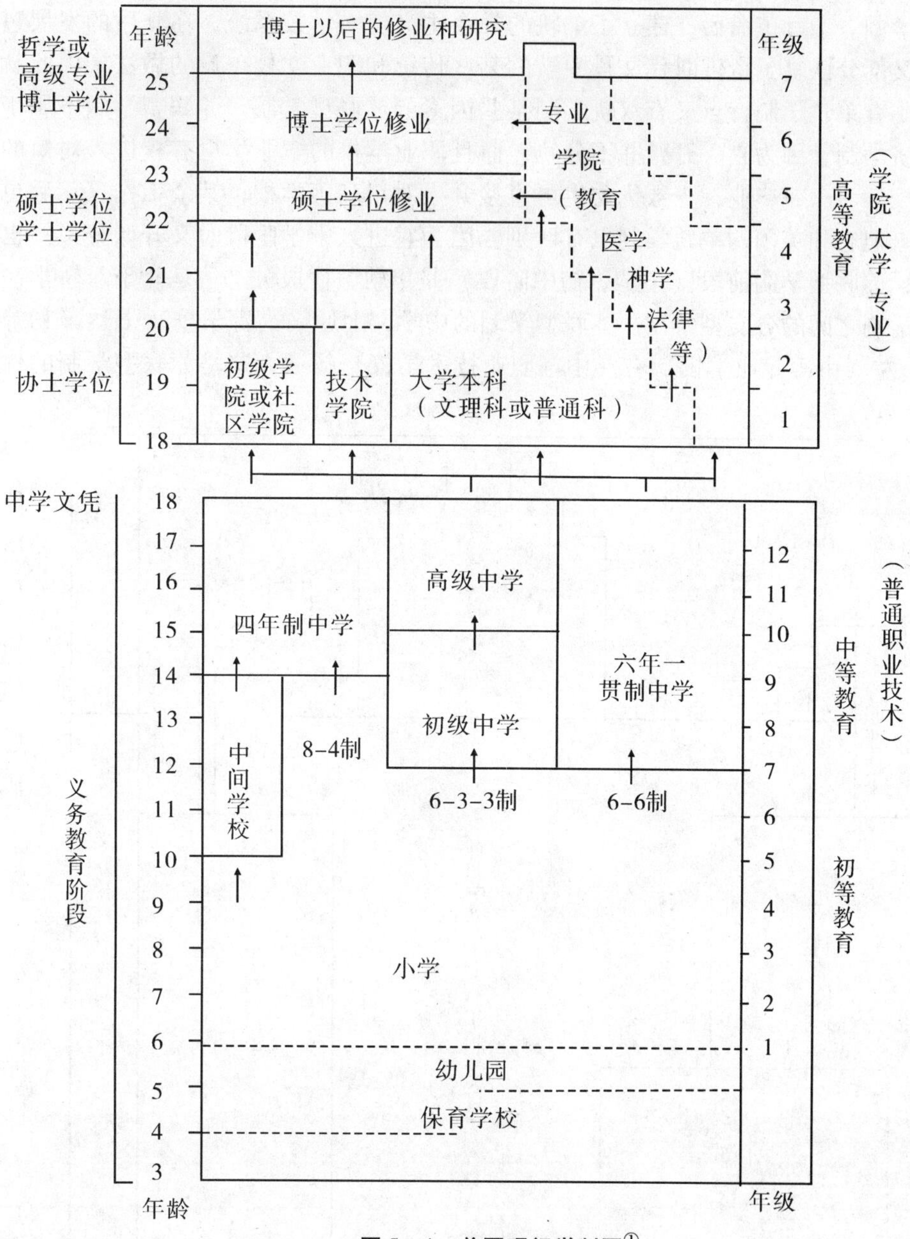

图 5－4　美国现行学制图[①]

（三）分支型学制

分支型学制是苏联形成的一种学制形式。十月革命前的我国实施的是传统的欧

---

① 黄济，王策三．现代教育论．北京：人民教育出版社，1996. 278

洲双轨学制。十月革命后，建立了单轨的社会主义统一学校系统，在其后的发展过程中，又部分恢复了帝俄时代文科中学的某些传统和职业学校单设的做法，由此就形成了既有单轨学制特点又有双轨学制某些因素的苏联型学制。苏联型学制不属于欧洲双轨学制。因为它一开始并不分轨，而且职业学校的毕业生也有权进入对口的高等学校学习。一毕业，少数优秀生可直接升入对口高等学校，其余工作三年后也可升学。但它和美国的单轨学制也有区别。因为它进入中学阶段时又开始分叉。也就是说，苏联型学制前段（小学、初中阶段）是单轨，后段分叉，是介于双轨学制和单轨学制之间的分支型学制。苏联型学制的中学，上通（高等学校）下达（初等学校），左（中等专业学校）右（中等职业技术学校）畅通，这是苏联型学制的优点和特点。

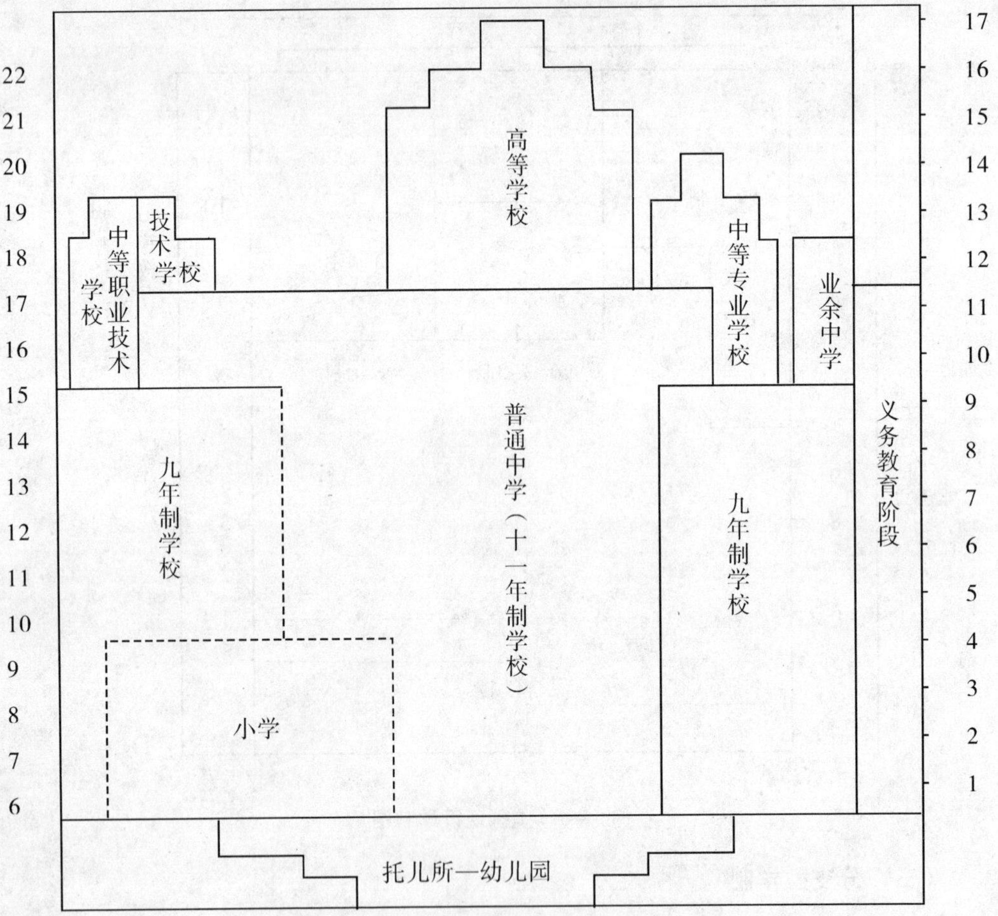

图 5-5　苏联 20 世纪 80 — 90 年代学制图①

---

① 黄济，王策三. 现代教育论. 北京：人民教育出版社，1996. 281

以上三种类型的学制在不同时间、地点的条件下形成并发展起来，各有其深刻的原因。但同时，三类学制的产生和发展又是有一定的历史顺序的，即从系统占优势向阶段占优势发展，由双轨学制所向分支型学制、再通过高中综合化向单轨学制的方向发展。美国最初曾采用过双轨制，但还没定型就被单轨学制所取代，从而超越了分支型学制阶段。苏联原来的学制是双轨学制，十月革命后形成了分支型学制，由于高中的普及和职业教育的后移趋势，分支型学制有向单轨学制发展的趋向。西欧的双轨学制则正在由低年级向高年级逐步并轨，小学和初中已基本并轨。这就使原先的双轨学制演变成了分支型学制，即下段单轨，上段多轨。

第二节　我国的教育制度

学制的产生是伴随着学校的产生而产生的。毋需赘言，没有学校就不可能有学制的产生。可是，有了学校是不是就一定会有学制的产生？事实上又未必。其原因在于，一个完整学制的产生应具备三个条件：其一是社会经济的发展。社会经济发展客观上刺激了社会对教育所培养人才的需求，从而使学校呈潜在的发展势头。其二是国家教育权的出现。国家必须掌握对教育的控制权与管理权，这样才有可能从宏观的角度将教育以法规的形式确定下来。其三是学校的发展必须有一定的规模。这样才会出现一定交叉、衔接与比例的问题，才会使学校在类型与级别上加以区分。因此，在我国古代社会的初期，虽然有学校的产生，但是从严格的意义上来说，还没有构成学制系统或者说还没有形成现代意义上的学制系统。

据史料记载，我国最早的学校产生于夏朝，不过那时的学校与现代意义上的学校不同，是养老、习武兼教育的场所。“夏后氏之学在上庠”，“序，夏后氏之序也”，“夏日校”[①] 孟子解释道：“庠者，养也；校者，教也；序者，射也。”到了西周时期初步具有了学制系统，分为国学与乡学两大系统。国学为中央官学，乡学为地方官学。我国古代（从西周到清末）基本上一直沿用此学制。[②] 到了清朝同治元年，京师同文馆的建立标志着我国近代教育的开始，从而也产生了我国历史上的第一个近代学制。

一、我国近代学制的建立

1840 年鸦片战争以后，中国沦为半殖民地半封建社会，帝国主义的侵略和国内

① 毛礼锐．中国教育史简编．北京：教育科学出版社，1984. 19

② 毛礼锐．中国教育史简编．北京：教育科学出版社，1984. 23

资本主义的崛起，迫使清政府不得不对延续了两千年的封建社会的学校教育制度进行某些改良。在“中学为体，西学为用”宗旨的指导下，学习西方的科学技术，兴办实业，加强武备，废科举，兴学校，以实现培养专门人才，达到“师夷之长技以制夷”的目的，开始实行近代学制。

1. 壬寅学制与癸卯学制

1902 年 8 月 15 日（光绪二十八年），即壬寅年七月十二日，清政府颁布了第一个学校系统文件《钦定学堂章程》，史称“壬寅学制”。由管学大臣张百熙（1847—1907）参照日本的学制拟定而成。它规定了各级各类学堂的目标、修业年限、入学条件、课程设置及相衔接关系。“壬寅学制”将整个学校教育系统在纵向方面分成三段七级，教育年限共 20 年。即初等教育，分三级，修业 10 年；中等教育，设一级，修业 4 年；高等教育，分三级，修业 6 年。学制的横向方面，设有实业学堂和师范学堂。“壬寅学制”未及实施，即被废止。

1904 年 1 月 13 日（光绪二十九年），即癸卯年十一月二十六日，清政府批准颁布第二次学校系统文件《奏定学堂章程》，史称“癸卯学制”。该学制规定：“无论何种学堂，均以忠孝为本，以中国经史之学为基，俾学生心术壹归于纯正，而后以西学瀹其知识，练其艺能，务期他日成材，各适实用”为宗旨。“癸卯学制”仍将整个学校教育系统，在纵向（直系）方面分为三段七级，整个学制长达 29 ~ 30 年。第一阶段为初等教育，分蒙养院、初等小学堂、高等小学堂三级，年限共 13 年；第二阶段为中等教育，设中等学堂一级，修业 5 年；第三阶段为高等教育，分设高等学堂（设于省城）或大学预科（设于京师）、大学堂、通儒院三级，修业年限共 11 ~ 12年。学制系统的横向方面，也设有实业学堂和师范学堂。“癸卯学制”是中国近代第一个实行了的学制，是中国教育近代学制的开始。

壬寅学制与癸卯学制的制定，都是取法于日本明治维新时期的学制。当时清政府为了制定学制曾采取了一系列措施：派官员到日本去考察；派学生赴日留学；聘请日本教师；翻译日本的教科书籍等。壬寅学制的制定被张百熙称之为“上溯古制，参考列邦”。癸卯学制不拘泥于中国古代的学制，而把日本学校的种类及年限划分全面引进，形成了与日本学制基本相同的学制系统。但也有不同之处，如学制年限的拉长，注重师范教育与实业教育，增加其等级，提高其程度等，这是引进日本学制时所做的创新。①

壬寅学制、癸卯学制的建立是清朝末年，甲午战争失败后，清政府处于内忧外患之中，被迫实行的最有影响的一项改革措施。它的颁布与实施加速了科举制度的灭亡与我国教育法制化的进程，对于中国教育的近代化具有里程碑的意义。

① 钱曼倩，金祥林．中国近代学制比较研究．广州：广东教育出版社，1996. 101

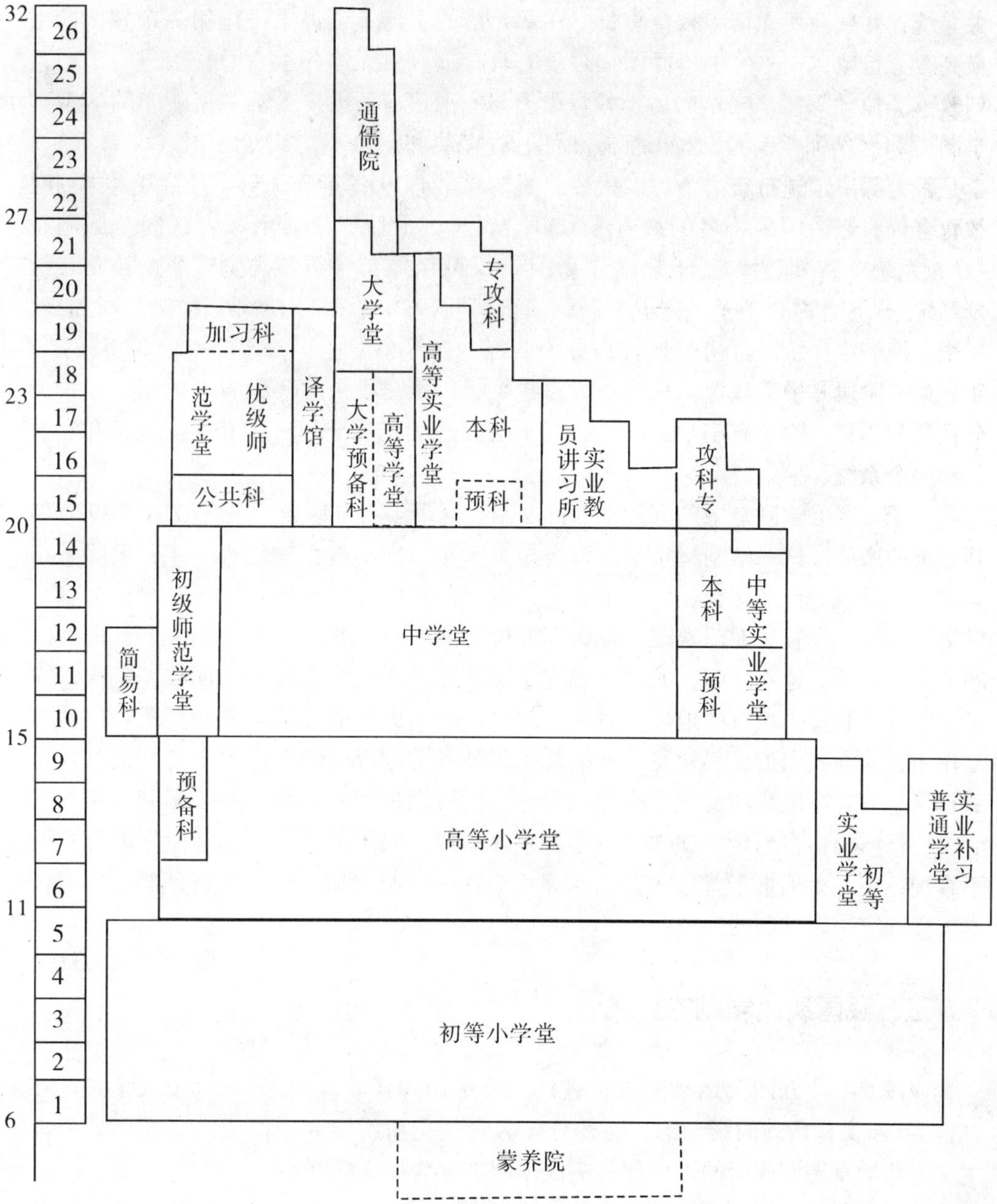

图 5-6 癸卯学制系统图[①]

2. 壬子·癸丑学制

壬子·癸丑学制是辛亥革命胜利后的产物。辛亥革命的胜利推翻了清王朝的统治，结束了中国两千年来的封建制度。1912 年，“中华民国”成立，孙中山任临时大总统，并任命蔡元培为教育总长。在蔡元培的主持下创办了中国第一个资产阶级最高教育行政机构——中华民国临时政府教育部。蔡元培任教育总长后进行了一系列改革。他“深感辛亥革命后，教育思想与方法俱有所改变，清末所颁布的《壬寅学制》和《癸卯学制》，合乎帝制，而不适宜共和，自不能满足于国人的要求。”[①]于是教育部决定颁布新法令，以代替旧的规章。于1912年7月至8月召开全国临时教育会议，邀请国内著名的教育专家开会讨论，最后于9月由教育部向全国颁布《学校系统令》，即为“壬子学制”。次年，又陆续颁布各级各类学校令，补充《学校系统令》，合称“壬子·癸丑学制”。这个学制整个学程为18年，分为三段四级，三个系统。第一阶段是初等教育，分为两级：初等小学4年，高等小学3年，共7年。第二阶段是中等教育，只设一级，共4年。第三段是高等教育，也是一级，但分预科和本科。除了有小学、中学、大学组成的学校系统外，还有师范教育和实业教育两个系统。

壬子·癸丑学制是中国近代第二部学制，这个学制自颁布起一直沿用到1922年新学制的产生。这一学制将小学教育缩短为7年，中学教育缩短为4年，废除了小学与师范学校的读经课程，规定了义务教育年限，实行男女教育平等，允许初等小学男女同校，设置了专门学校，提倡和发展职业教育，并将它视为解决国计民生问题的重大措施。这些措施，尤其是规定了义务教育年限，主张男女同校，首次确立了义务教育和女子教育的地位，对普及教育，提高民族的文化素质起到了一定的推动作用，这在我国近代教育发展史以及我国公民受教育权的发展史上有着极其重要的意义，对提高民族的文化素质起到了一定的推动作用。但是，这一学制实施的同时，也暴露出许多不足。如“过分强调整体划一，缺乏灵活性；各学段年限划分的不合理，……太偏重于普通教育，等等。”[②] 这一学制增加了资产阶级色彩，带有资本主义国家单轨学制的性质。

二、我国现代学制的形成

1919年，“五四”运动爆发，被认为是中国现代教育的起点。[③] 壬戌学制是在“五四”新文化运动的影响下，随着外国教育理论纷纷传入中国以及中国民族资本主义工业的发展而产生的。因此，壬戌学制被称为现代学制。

壬戌学制是中国现代教育史上第一个学制。原名“学校系统改革方案”，因颁布之年是1922年，即旧历壬戌年，故称为壬戌学制或1922年学制。由于壬戌学制一反清末民初仿照日本学制的模式，而采用了美国的“六三三四”的单轨形式，故

---

① 钱曼倩，金祥林．中国近代学制比较研究．广州：广东教育出版社，1996. 137

② 钱曼倩，金祥林．中国近代学制比较研究．广州：广东教育出版社，1996. 12

③ 杜成宪．中国教育史学九十年．上海：华东师范大学出版社，1998. 221

又称“六三三学制”。该学制是实施时间最长、影响最大，也是最为成熟的学制。它的制定与实施过程大致可以分为三个阶段：第一阶段是酝酿准备阶段（1915 年—1921 年）。1915 年在天津召开了第一届教育大会，会上湖南省教育会提出了改革学制系统的方案，对入会的各省代表在思想上产生了很大的触动。在后几届的年会上，不少省的教育会都提出了“革新学制”的要求，并向大会提交了议案。第二阶段是形成时期（1921 年—1922 年）。1921 年，全国教育联合会在广州召开第七届年会，讨论通过了“学制系统方案”，后来又经过了教育部召开的学制会议与全国的教育联合会第八届年会的讨论修改，最后形成了壬戌学制系统方案。第三阶段是颁布实施阶段（1922 年—1932 年）。壬戌学制一直沿用到 1932 年。

壬戌学制将整个学制系统分为三段：初等教育、中等教育和高等教育。缩短了小学年限，设三年制初中，取消了大学预科，设三年制高中，提高了师范教育的水平，职业教育单成系统，课程的设置无男女校之别。

壬戌学制与近代颁布的两个学制相比具有以下特点：①打破了以往学习日本的传统，从我国社会经济与教育发展的实际情况出发，向美国学习。②学制的制定不再仅仅是政府的行为，它的制定充分吸收了教育工作者与教育专家的意见。③学制的制定酝酿时期长，长达七年之久，实施时间长，影响也最大。当然，壬戌学制也存在一定的局限，对实用主义的教育影响缺乏辩证分析的态度，学制中某些方面的设置过于理想化，等等。但是不可否认，壬戌学制在我国教育制度化的发展历程中，占据着重要的位置。可以说，自“六三三学制”开始，我国教育才从封建社会中摆脱出来，走上了现代化的发展轨道。

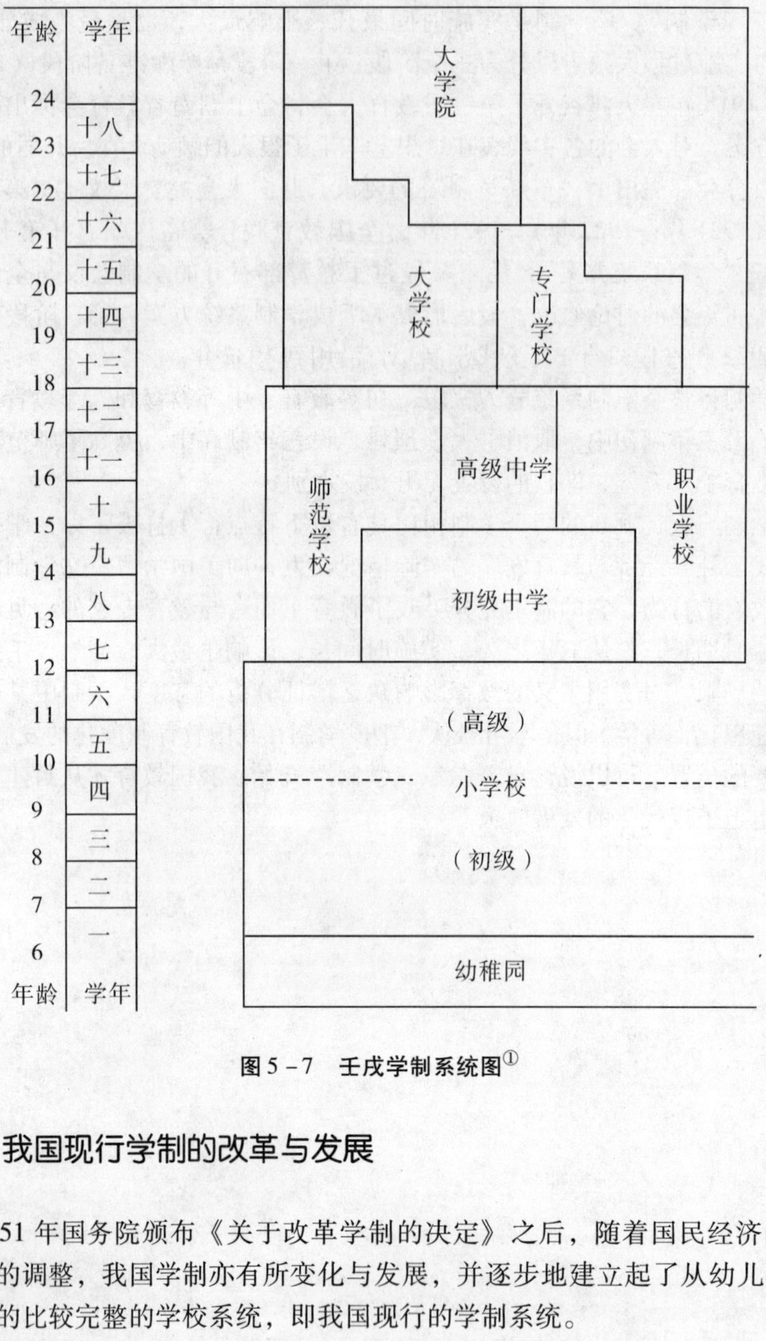

图 5－7　壬戌学制系统图[①]

三、我国现行学制的改革与发展

自 1951 年国务院颁布《关于改革学制的决定》之后，随着国民经济的发展与教育结构的调整，我国学制亦有所变化与发展，并逐步地建立起了从幼儿教育到研究生教育的比较完整的学校系统，即我国现行的学制系统。

① 王道俊，王汉澜．教育学（新编本）．北京：人民教育出版社，1989. 151

（一）1951 年的学制改革

新中国成立初期，我国实际上存在着两个学校系统。一个是老解放区的学校系统，另一个是在新中国成立后接管过来并经过初步整顿了的旧学校系统。老解放区的学校系统是依据教育为工农服务、为革命战争服务的原则，在解放区建立起来的，其主要特点是：干部教育（指高小以上包括中学和各种大学教育）与群众教育（包括初小与一般群众教育）并举，干部教育重于群众教育，在职干部提高重于未来干部提高；各级各类学校政治方向的一致性与办学形式的灵活多样相结合，既有正规的学校教育，也有因时因地制的非正规的教育；贯彻群众路线，推行民办公助，发挥群众办学的积极性。

毫无疑问，老解放区的教育传统需要发扬，但这类学校较少，需要调整、充实和提高；旧学校系统则带有旧学制的许多严重问题，不能适应社会主义建设的需要，而这个学校系统遍及全国，影响较大。面临两个学校系统的问题，急需进行学制改革。

1951 年 10 月 1 日，政务院颁布了《关于改革学制的决定》。它指出“我国原有学制（即各级各类学校的系统）有许多缺点：其中最主要的是工人、农民的干部学校和各种补习学校和训练班，在学校系统中没有应有的地位；初等学校修业六年并分为初高两级的办法，使广大的劳动人民子女难于受到完全的初等教育；技术学校没有一定的制度，不能适应培养国家建设人才的要求。这些缺点亟须改正。”①

以此为根据，我国 1951 年建立了新学制。新学制的学校系统，分为幼儿教育（幼儿园），初等教育（包括小学、青年和成人初等教育），中等教育（包括中学、工农速成中学、业余中学和中等专业学校），高等教育（包括大学、专门学院、研究部以及为便利工农干部、少数民族和华侨子女入学附设的先修班、辩习班等），各级政治学校、政治训练班等。此外还设有各级补习学校、函授学校及聋哑人、盲人等特殊学校。

1951 年学制继承了老解放区学制的优良传统，贯彻了教育为工农服务，为生产建设服务的方针，它的优点是：第一，保障了全国人民，特别是工农干部受教育的权利和机会；第二，规定了各类技术学校和专门学院在学制中的地位，保证各种中级和高级专门人才的培养；第三，使一切青年和知识分子都有受革命政治教育的机会，使各种干部有学文化、提高业务的机会；第四，体现了方针统一性与方法的灵活性相结合，以满足各方面对教育的要求。新学制的颁布，标志着我国的教育制度进入了一个新阶段。1952 年，我国对高等院校进行了院系调整，并对课程、教材作了初步改革，以利于专门人才的培养。但是，1951 年的新学制关于小学改为五年一贯制的决定，缺乏充分的实验和准备，故未能实施。

---

① 《中国教育年鉴》编辑部．中国教育年鉴（1949—1981）．北京：中国大百科全书出版社，1984. 686

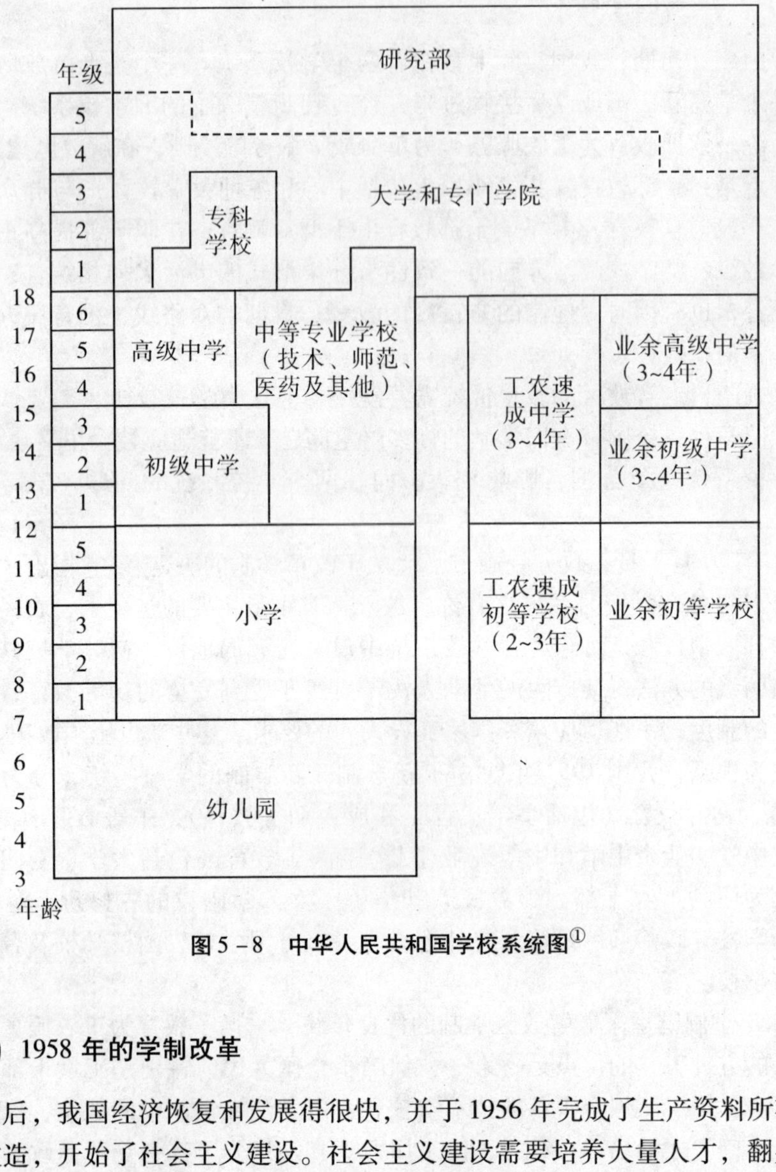

图 5－8　中华人民共和国学校系统图[①]

（二）1958 年的学制改革

建国后，我国经济恢复和发展得很快，并于 1956 年完成了生产资料所有制的社会主义改造，开始了社会主义建设。社会主义建设需要培养大量人才，翻身后的工人、农民及其子女要求受到更多的教育；而我国人口众多，原来教育基础薄弱，故特别需要迅速发展教育事业。但是，当时我国的教育制度只重视国家办学，办一种全日制学校；对办学形式和学校类型的多样化未作出明确规定。这种制度不可能充分调动各方面的办学积极性，多快好省地发展我国的教育事业。所以，中共中央、国务院于 1958 年 9 月发布的《关于教育工作的指示》中指出："现行的学制是需要

① 王道俊，王汉澜．教育学（新编本）．北京：人民教育出版社，1989. 152

积极地和妥当地加以改革的。”[①] 以此为根据，我国于 1958 年进行了学制改革，改革要点是：

（1）制定了发展教育事业“三个原则”、“六个并举”的政策。为了多快好省地发展教育事业，必须动员一切积极因素，既要有中央的积极性，又要有地方的积极性和厂矿、企业、农业合作社、学校以及广大群众的积极性，必须采取统一性与多样性相结合，普及与提高相结合，全面规划与地方分权相结合的原则。并在统一的目标下，办学形式应该是多样性的，即国家办学与厂矿、企业、农业合作社办学并举，普通教育与职业（技术）教育并举，成人教育与儿童教育并举，全日制学校与半工半读、业余学校并举，学校教育与自学（包括函授学校、广播学校）并举，免费的教育与不免费的教育并举，这就是“两条腿走路”的办学方针。

（2）发展三类学校，即全日制学校、半工半读学校和业余学校。全日制学校包括全日制大、中、小学和中等专业学校。这部分学校在三类学校中占主要地位，担负着较多的提高任务。它应有较完备的课程，以教学为主，学生按教学计划规定的时间参加一定的生产劳动。半工半读学校的教学与生产并重，学生一面读书，一面劳动，不仅可以学到科学文化知识，理论联系实际，提高动手能力，而且能获得一定的经济效益，节约国家开支，减轻家庭负担。这种学校的教学与劳动的安排，可以根据具体情况，如生产需要、地方特点等，采取不同方式进行。业余学校坚持结合生产、统一安排、因材施教、灵活多样的原则。这种学校主要担负普及的任务，并在普及的基础上有所提高。

（3）逐级下放学校的管理。为了在教育工作中既发挥中央的积极性，又调动地方的积极性，把全部小学、中学和大部分的高等学校、中等专业学校、技工学校下放给省、市、自治区管理；中央各部的中等专业学校和技工学校也交各所属的厂矿企业、农场管理。各省则将大部分中学、小学下放给地县管理。要求每个大区、省、地、县都要建立起一个相对完整的教育体系。

为了积极稳妥地改革学制，1958 年后进行了学制改革试验。要求各省、市、自治区对设计的新学制或单项改革进行典型试验，取得充分的经验之后，由国家批准推广实施。这些改革主要有下述几个方面：为提早儿童入学的年龄，进行了儿童六岁入学的试验；为缩短学制的教育年限，进行了中小学九年一贯制和十年一贯制的试验；为提高普通教育的程度，编写和试用了新教材，进行了教学方法的改革；为贯彻两条腿走路的办学方针，进行了创办农业中学、半工半读学校的试验。

1958 年学制改革的许多政策是符合我国的国情的，确实调动了各方面的办学积极性，促进了我国教育事业的发展。但是，也存在着不少严重问题，主要是在“左”的思想路线影响下，只讲数量、只重形式，而不讲质量、不重实效，甚至不惜用行政手段来推行，以致学校教育事业发展过快，学生参加劳动过多，教学质量

① 《中国教育年鉴》编辑部．中国教育年鉴（1949—1981）．北京：中国大百科全书出版社，1984. 686

严重下降。虽然后来总结了宝贵的经验教训，对教育事业的发展和改革试验作了必要的调整。但在今天看来，1958 年后的学制改革试验仍有规模过大、步子不稳、急于求成的缺陷。

“文化大革命”期间，林彪、江青反革命集团推行极“左”路线，借“学制要缩短”、“教育要革命”之名，企图摧毁我国已建立的初见成效的学制，迫使许多高等院校、尤其是文科专业停办，并将大学学制改为两年，取消招生考试；取消了农业中学、半工半读中学，停办了中等专业学校和技工学校。这些做法使中等教育结构单一化，几乎清一色的普通中学；批判课堂教学，竭力否定以教学为主，提倡以干代学，以劳动、社会活动和大批判代替教学活动，从而造成教育事业的大倒退，教育质量的大下降。

（三）1985 年的教育体制改革

1977 年，粉碎林彪、江青反革命集团后，在党的正确路线的指引下，经过拨乱反正，我国进入了社会主义现代化建设新时期。党的十一届三中全会关于经济体制改革的决定，为我国社会生产力的大发展和社会主义物质文明和精神文明建设的大发展，开辟了广阔的道路。国家兴衰成败的关键在于人才，而要解决人才问题，就必须使教育事业在经济发展的基础上有一个大的发展。

在此期间，我国的教育事业在党的一系列新决策的指引下，虽然得到了一定的恢复，并开始走上了蓬勃发展之路。但是，教育工作不适应社会主义现代化建设需要的局面还没有得到根本扭转。尤其是面对国内经济体制改革全面展开和世界范围内的新技术革命迅猛兴起的形势，我国教育体制的弊端就显得更为突出了。主要的问题是：对高等教育统得过死，使学校缺乏活力；基础教育薄弱，学校数量不足、质量不高；经济建设大量急需的职业教育和技术教育未得到应有的发展，高等教育内部的科系之间、层次之间的比例失调。因此，1985 年，中共中央作出了《关于教育体制改革的决定》（以下简称为《决定》），认为：“要从根本上改变这种状况，必须从教育体制入手，有系统地进行改革”。

根据《决定》的基本精神，主要改革措施有下述几个方面：

（1）加强基础教育，有步骤地实施九年制义务教育。为了解决我国落后的基础教育与建设富强、民主、文明的现代化社会主义国家之间的尖锐矛盾，必须实施关系民族素质提高和国家兴旺的九年制义务教育。根据情况，在城市、沿海和内地经济发达地区按质按量普及初级中学，在中等发展程度的城镇和农村，首先按质按量普及小学教育，同时，准备条件普及初中阶段的普通教育或职业技术教育；在经济落后地区进行不同程度的普及基础教育的工作。

（2）调整中等教育结构，大力发展职业技术教育。职业技术教育是当前我国教育事业最薄弱的环节，也是调整中等教育结构的关键。为此，我们需要大力发展职业技术教育，以中等职业技术教育为重点，发挥中等专业学校的骨干作用；同时积极发展高等职业技术院校，逐步建立起一个从初级到高级，行业配套，结构合理，又能与普通教育相互沟通的职业技术教育体系。

(3) 改革高等教育招生与分配制度，扩大高等学校的办学自主权。改革高等学校统一招生、毕业生由国家包分配的一贯做法。在招生和分配上实行三种办法：一是国家计划招生，其分配实行在国家计划指导下，本人选报志愿、学校推荐、用人单位择优录用的制度。为了保证边远地区和工作艰苦的行业能分配到毕业生，应当安排一定比例的定向招生。二是用人单位委托招生。三是学校可以在国家计划外招少数自费生。

在扩大高等学校自主权方面，主要的改进办法有：在执行国家的政策、法令、计划的前提下，高等学校有权在计划外接受委托培养学生和招收自费生；有权调整专业的服务方向，制订教学计划和教学大纲，编写和选用教材；有权接受委托或与外单位合作，进行科学研究和技术开发，建立教学、科研、生产联合体；有权提名任免副校长和其他各级干部；有权具体安排国家拨发的基建投资和经费，有权利用自筹资金，开展国际教育和学术交流等。

在高等教育结构方面，要依据经济建设、社会发展和科技进步的需要进行相应调整，改革专科与本科比例不合理的状况，加快专科教育的发展。

(4) 对学校教育实行分级管理。基础教育管理权属地方，省、市（地）县、乡分级管理的职责划分，由省、自治区、直辖市决定；中等职业技术教育主要由地方负责，中央各部门办的这类学校，地方也要予以协调和配合；高等教育实行中央、省（自治区、直辖市）、中心城市三级办学的体制，中央部门和地方办的高等学校，要优先满足主办部门和地方培养人才的需要，同时要发挥潜力，接受委托，为其他部门和单位培养学生，积极倡导部门、地方之间的联合办学。

为了指导20世纪末21世纪初我国教育的改革和发展，使教育更好地为社会主义现代化建设服务，中共中央、国务院于1993年2月13日印发了《中国教育改革和发展纲要》，其中有关教育制度的内容主要有：

(1) 确定了20世纪末教育发展的总目标：基本普及九年义务教育，基本扫除青壮年文盲；要全面贯彻党的教育方针，全面提高教育质量；要建设好一批重点学校和一批重点学科，简称为“两基”、“两全”、“两重”。

(2) 调整教育结构。基础教育是提高民族素质的奠基工程，必须大力加强；职业技术教育是现代化教育的重要组成部分，是工业化和生产社会化、现代化的重要支柱，要积极发展；高等教育担负着培养高级专门人才、发展科学技术文化和促进现代化建设的重大任务；成人教育是传统学校教育向终身教育发展的一种新型教育制度。此外，还要重视和扶持少数民族教育事业，重视和支持残疾人教育事业，积极发展广播电视教育。

(3) 改革办学体制。改变政府包揽办学的传统格局，逐步建立以政府办学为主体、社会各界共同办学的体制。基础教育应以地方政府办学为主；高等教育要逐步形成以中央、省（自治区、直辖市）两级政府办学为主，社会各界参与办学的新格局；职业教育和民办教育主要依靠行业、企业、事业单位和社会各方面联合办学。

（4）改革高校的招生和毕业生就业制度。实行国家任务计划与调节性计划相结合，并逐步实行收费制度；改变“统招统分”和“包当干部”的就业制度，实行少数毕业生由国家安排就业，多数毕业生“自主择业”的制度。

（5）改革和完善投资体制。增加教育经费，逐步建立以国家财政拨款为主，以征收教育税费、收取学费、校办产业收入、社会捐资集资、设立教育基金等为辅的多渠道筹措教育经费的制度。要努力实现“三个增长”，即“中央和地方政府教育拨款的增长要高于财政经常性收入的增长，并按在校学生人数平均的教育费用逐步增长，切实保证教师工资和生均公用经费逐年有所增长”。

四、我国现行学校教育系统

经过一个世纪的发展与变革，我国已经建立了比较完整的学制，这个学制在1995年的《中华人民共和国教育法》里得到了确认，把学前教育、初等教育、中等教育和高等教育为主体的学制系统规定为我国教育的基本制度，同时还把义务教育、职业教育和成人教育确定为我国教育的基本制度。此外，把社会文化生活教育、未成年人的校外教育等也纳入了法律调整的范围。

我国现行学制从纵向来看划分为四个阶段：学前教育、初等教育、中等教育和高等教育，其中初等教育阶段与初级中等教育阶段合称为义务教育阶段。

（1）学前教育。即3~6岁幼儿的教育。任务是实行保育与教育相结合的原则，对幼儿实施体、智、德、美全面发展的教育，促进其身心和谐发展。

（2）初等教育。主要指全日制小学，招收六七岁儿童入学，学制5~6年。小学教育是使儿童德智体美等全面发展的基础教育。相当于小学教育程度的有成人业余初等教育。

（3）中等教育。包括全日制普通中学、中等专业学校、职业学校、技工学校、农业中学及其他半工（农）半读中学、业余中学等。全日制普通中学学制一般为初中3年，高中3年，具有双重任务：一方面要为高一级学校输送合格新生，另一方面又要为国家建设培养劳动后备军。中等专业学校、技工学校、职业技术学校一般招收初中毕业生，学制3~4年，培养中级技术人才和熟练技术工人。

（4）高等教育。包括全日制高等学校（大学、专门学院）、专科学校、研究生院和各种形式的广播电视大学、函授刊授大学、业余大学等。全日制大学的学制为4~5年，专科学校的学制为2~3年。硕士研究生学制为2~3年，博士生学制一般为3年。高等教育的任务是为国家建设事业培养不同层次的高级专门人才。此外，我国还通过多种形式发展高等教育，对半工半读的职业大学、函授刊授大学、业余大学的毕业生，经考试合格者，国家承认其正式学历。国家实行高等教育自学考试制度，凡经过自学参加国家举办的考试，考试合格，取得毕业证书者，同样承认其高等学校毕业学历，在待遇和使用上同等对待。

从横向来看，我国学制到了中等教育阶段后，开始出现了类的区分。根据性质与目标的不同，可以把我国的教育分为普通教育系统与职业教育系统。职业教育系统需要以普通教育系统为基础。初等教育阶段实施的是普通教育，中等教育阶段以上实施的既有普通教育也有职业教育；根据教育对象可以划分为学龄期教育系统与成人教育系统；根据教育的普及程度以及强制性可以划分为义务教育系统与非义务教育系统。其中，义务教育系统、高等教育系统以及职业教育系统，国家先后颁布了《义务教育法》、《高等教育法》、《职业教育法》，对其进行法律上的规定。

我国现行学制充分吸收了以往学制的优点，立足于我国教育实际，把幼儿教育与研究生教育纳入学制系统是我国教育发展的重要标志。现行学制中虽然有严格的学制年限的规定，但是由于我国教育实践的变化，这种年龄的限制日趋淡化，从而体现了学制的严格性与灵活性的统一。同时也应看到，任何学制都具有过渡性，我国现行学制也必定是一种过渡性的学制，随着现代教育发展节奏的加快，尤其是成人教育与终身教育的出现，在未来的学制结构中，在教育阶段与教育结构等方面也将做出调整。这也说明，任何一种学制，都是在不断地适应实践变化的需要并随之发展的。

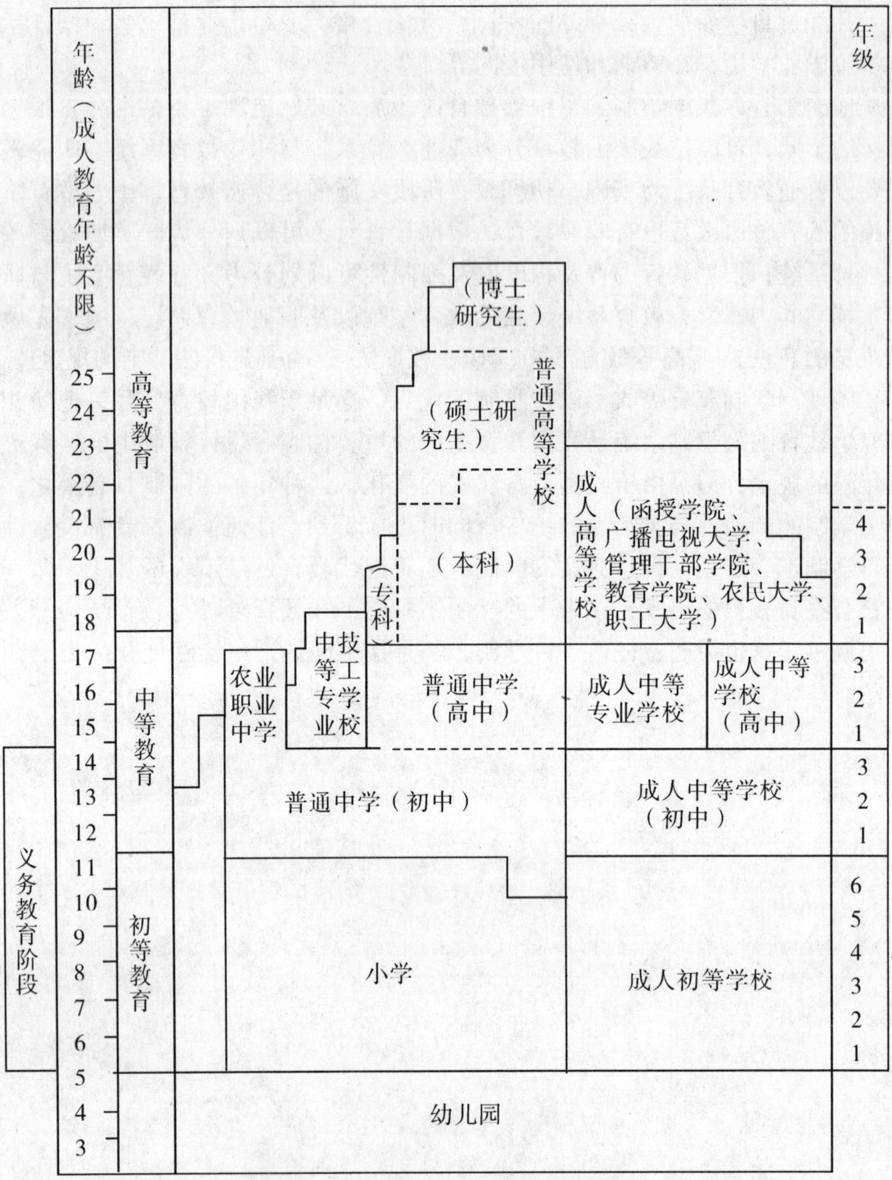

图 5-9　我国现行学校系统图[①]

① 吴文侃，杨汉清．比较教育学（修订本）．北京：人民教育出版社，1999. 70

第三节 现代学制发展的趋势

现代学制在形成后近百年来，经过不断的发展和完善，呈现出新的发展趋势。尤其是进入21世纪，各国为了发展教育事业培养人才，都对本国的学校教育制度进行了调整和改革，就世界各国来看，现代学制的改革与发展有如下共同趋势。

一、学校系统从双轨学制向分支型学制和单轨学制方向发展

西欧的双轨学制直到20世纪初，其中一轨只有小学，另一轨则只有中学和大学。后来随着义务教育年限的向上延伸，教育机会均等原则的实施，双轨学制从小学开始向上与中等教育相衔接。

20世纪以前，初等教育是专为劳动人民子女设立的。在那个时代，社会中上层人士的子女是在家庭中或在中学预备班里接受初等教育。经历了两次世界大战之后，通过劳动人民及其政党、进步人士的努力和争取，德国、法国和英国等国终于先后实行了统一的初等教育，初等教育得以并轨。

第二次世界大战后，西欧各国普及教育，年限逐步延长到十年左右，已达到中学的第一阶段。过去，欧洲的中学原本是不分段的。现在，同是接受义务教育，有的完全在高学术水平的中学的第一阶段进行，有的则在新发展起来的低学术水平的初级中学里进行，机会很不均等。于是，英国、法国和德国等国采用了综合中学的形式把初中的两轨合并在一起。其中以英国发展最快，其20世纪80年代初综合中学的学生数已超过学生总数的90%以上。这样，西欧双轨学制事实上已变成分支型学制了，即小学、初中单轨，其后多轨。现在，英国的高中也正在通过综合中学实行并轨。

从双轨学制的并轨情况中可以看出，双轨制的并轨与义务教育普及与年限的延伸有着直接相关性，义务教育年限延长到哪里，双轨学制就要并轨到哪里。单轨学制是机会均等地普及教育的好形式；此外，综合中学是双轨学制并轨的一种理想形式。近年来，欧洲高中有向综合高中发展的明显趋势，说明这种单轨化的趋势还在继续发展。可以说，欧洲学制的发展变化展示了现代学制发展的完整轨迹。

二、义务教育范围的不断扩展与年限的逐渐延长

20世纪以来，各国实施义务教育的年限长短不一，大多数国家的义务教育年限在9年左右，其中包括了小学和初中教育阶段。随着知识社会的到来，为提高国民素质，培养人才，各国实施义务教育的范围有进一步扩大的趋势，主要表现在义务

教育的一端逐渐向学前教育方向下延，而另一端则向初中教育阶段之上延伸。

学前教育作为终身教育的第一阶段，在国民教育体系中的地位日益提高，世界各国对学前教育问题纷纷投注了关注的目光。及早开发儿童智力，培养儿童的创造力，发展儿童的个性已成为大多数国家关注的热点。积极为儿童接受小学教育及以后的全面发展做好准备是许多国家努力实现的目标。为此，许多国家采取了措施，把学前教育列为义务教育的范围，以提前实施义务教育，把学前教育的后期和义务教育的前期有机地衔接起来，改变过去那种学前教育与义务教育相互脱节的情况。如英国规定，幼儿学校是义务教育的第一阶段，招收5~7岁的儿童。在法国，学前教育是初等教育的组成部分，学前教育虽然不是强迫的，但免费实施，所有2~5岁的儿童均可就近上幼儿园。荷兰的幼儿园招收3~6岁的儿童，5岁起即属于义务教育阶段。朝鲜也在宪法中规定国家对全体儿童实行一年学前义务教育。中国现阶段虽然还没有将学前教育列为义务教育范围，但是1995年的《中华人民共和国教育法》，已把幼儿教育纳入我国的学制系统，这为我国义务教育向学前教育方向的下延创造了条件。

此外，许多国家，特别是发达国家的义务教育正继续向上延伸，不仅要普及高中，还要普及职业技术教育，甚至是高等教育。日本义务教育的年限为九年，即小学六年、初中三年，高中虽然不在义务教育之列，但已经达到普及程度。1996年，日本高中教育的入学率就已达到96.8%。法国的义务教育年限为十年，包括小学五年，初中四年和高中第一年。联邦德国早在1964年就规定青少年在接受完九年义务教育之后，如不继续升学，则必须接受三年的职业义务教育。法国从1983年起，对所有结束义务教育而不继续升学的16~18岁青年提供社会和职业资格的培训。英国从1986年开始，对年龄为16岁的中学毕业生提供两年的职业培训。荷兰也规定所有16岁的就业青年，每周都必须接受义务职业教育的时间。中国从1986年颁布《义务教育法》，从确立普及义务教育制度算起，用15年的时间走过了西方发达国家近百年的普及义务教育之路。其间大致经过了20世纪80年代的改善基本办学条件、20世纪90年代基本实现“两基”目标、21世纪初全面实现“两基”目标到实现免费义务教育四个阶段。目前我国实施的是小学六年，初中三年的九年制义务教育。

三、普通教育与职业教育朝着综合统一的方向发展

当前各国学制改革的一个重要发展趋势，是促进普通教育与职业技术教育的综合。职业教育与普通教育的综合，概括地讲，即“普通教育职业化、职业教育普通化”。这一趋势的出现的原因在于随着中等教育的普及，普通中学的任务已不限于为高等学校输送合格的新生，中学毕业生除一部分能升入大学外，大多数都将走向社会，这就要求普通中学也应传授一定的职业技术知识和技能，为就业做准备。同

时，随着科学技术的日新月异，要预测15～20年以后的职业已相当困难，这样就使以预测未来职业为基础的特定的职业预备教育遇到了很大的难题。因此，不少国家主张，职业技术教育不能仅使学生熟练地掌握某种狭窄职业的知识和技能，而且应使学生掌握从事某一类职业所需要的基础知识和技能，以便他们将来能根据科技发展的需要改变职业。这样就形成了普通教育与职业教育综合发展的趋势。

所谓普通教育的职业化，就是要求在进行普通教育的学校里加强职业教育，但这种职业教育并不是以往那种按工种进行的职业教育，而是在加强普通教育的同时加强职业基础教育。这些年来，一些国家越来越重视从小学起，就开始循序渐进地进行职业基础教育。1971年，美国联邦总署署长马兰就提出了“生计教育”理论，主张生计教育应当成为所有学生的，而不仅仅是职业学校学生的课程的一个组成部分；生计教育应贯穿于小学一年级到高级中学甚至大专院校的所有年级，应使中学毕业生，甚至中途退学者，都掌握某种技能，都能够维持生计。法国从小学就开始设置科学技术课，直到初中毕业，每周2～3小时。小学主要讲授初步的基础知识；初中设电子技术、工业技术和经济管理技术方面的课程；普通高中则加强综合技术方向的课程。德国也要求以往不设职业技术课的普通中学开设职业技术课程，实现在青少年中普及职业技术教育。美国、德国和瑞典等国家还开办了综合高中，即把普通高中和职业学校合在一起，担负就业和升学的任务。

所谓职业教育的普通化，就是要求职业技术教育从狭窄的过于专业化的职业预备教育，转变为广泛的、基础性的、能够灵活运用的职业教育。因此，它不是在以往的职业教育中增加普通教育内容，而是要加强现代科学文化教育，使职业教育建立在宽广的普通教育基础之上。现在，世界各主要发达国家纷纷采取多种举措，使职业教育与普通教育相互沟通、互相渗透、取长补短。在日本，20世纪80年代以后，政府对中等职业教育和中等教育进行改革，设立了职业高中。在这种新型高中里，除必修课外，学生可根据自己的兴趣、特长及对未来发展的打算，选择相应的选修科目进行学习。在专业设置上打破传统的专业划分，开设诸如人文学科群、自然学科群、国际合作群及电子机械群等一系列适应时代发展的崭新的综合学科，供学生选修，消除普通教育和专业教育的严格界限，把普通教育的内容置于专业课程之中；此外，课程实行学分制管理，以利于学生选择并允许学生跨学校选修；积极开展职业高中和普通高中的合作教育等。在德国，职业教育与普通教育是两个完全不相通的系统。随着国际人才市场需求的变化，劳动力素质结构亦开始发生变化，且趋于复合型。据此，德国提出了教育改革方案，明确职业教育要向普通教育阶段渗透和延伸，要求实科中学和文理中学增加职教内容，开设职教课程，加强职业指导，全面地、多途径地在基础教育阶段培养学生的职业素质和职业能力。在英国，1983年，撒切尔首相宣布了一项“职业技术教育试点”计划。这项计划试图通过试点来尝试在14～18岁学生的全日制教育中兼施职业技术教育，其目标是要扩大和丰富课程内容，改革教学方式，发展学生的技能、兴趣和创造力，同时帮助他们学会学习；让青年人接受能使他们适应变化着的职业环境的教育，从而帮助他们为以后的劳动生活做准备。1986年，在中央政府的直接干预下，此项计划开始在全国范围内推行；1992年，英国政府又在义务教育阶段之后的学术性课程——“高级水平的普通教育证书”与职业性课程——“国家职业资格”课程之间，推出一种介于两者之间的新型课程——“普通国家职业资格”课程。采用单元课程与单元学分累积制的方式，使学术性课程与职业性课程通过这种中介性课程得以相互过渡。在法国，1999年法国教育部公布了一份关于高中改革的文件——《面向21世纪的高中》中规定：职业教育必须做到“普通教育、职业培训和经济环境中的平衡”，要使学生在接受职业教育的同时，获得所有高中学生都应具备的文化知识，获得从事职业工作的必要能力。

各国在进行普通教育职业化、职业教育普通化的实践中，尽管根据不同的社会历史背景，在普通教育与职业教育两方面分别有所侧重，但没有一个国家向颇某一方面，而是实行普通教育和职业教育的综合化。总的来说，“普通教育职业化、职业教育普通化”，两者是相辅相成、辩证统一的结合体。在方向上，它顺应了现代生产的发展规律；在具体内容上，它具有综合技术教育倾向；从根本趋势上看，中等教育结构改革的重点是调整结构的模式，由单一的中等教育结构过渡到普通教育与职业技术教育的结合体制，进而向综合中学的类型发展。

四、高等教育逐步实现大众化与普及化

在当前各国的学制改革中，高等教育大众化、普及化的趋势十分明显。按通行说法，一国高校入学率，即在校大学生人数占同龄人的比例在15%以下为精英教育，15% ~50%为大众化教育，50%以上可算是达到普及。目前，西方发达国家的高等教育已达到大众化水平，正在向普及化发展，有的国家如美国甚至已经进入了高等教育普及化阶段。而大多数发展中国家正在为高等教育的大众化而努力。我国从20世纪90年代后期开始，进入了高等教育大众化的“快车道”。1999年1月，由国务院批转的教育部《面向21世纪教育振兴行动计划》中明确提出了“到2010年高等教育入学率接近15%”的工作目标。同年6月，中共中央、国务院《关于深化教育改革全面推进素质教育的决定》进一步指出：“通过多种形式积极发展高等教育，到2010年，我国同龄人口的高等教育入学率要从现在的9%提高到15%左右。”此后，我国高校的毛入学率由1998年的9．8%上升到2002年的14%；到2007年底，我国高等教育毛入学率已达到23%，就高等教育的规模来说已经居世界第一。[①]

高等教育的大众化、普及化表现在高等教育机构日益多样化。针对传统高等学

① 教育部发展规划司．中国教育统计年鉴．北京：人民出版社，2008.9，13，14，19

校脱离社会、周期长、不能适应非正规学习学生的要求等弱点，越来越多的国家采取灵活多样的办学形式、授课制度和学籍管理制度。例如，大学设置夜间部、函授部、举办公开讲座等；建立注册视听生制度、校外生学位授予制度、跨校学习制度、非选拔升学制度等；开办开放大学、无墙大学、通讯大学等。像丹麦、瑞典等国的高等学校中，部分时间制学生越来越多，许多大学采用了灵活的半工半读制度、远距离等学习方式。随着计算机通讯网络的普及和远距离视像教育技术的日臻完善，没有校园，学生通过计算机互联网进行学习的所谓“虚拟大学”正在形成，通过信息技术成果的广泛运用，各种非正规高等教育机构还将不断增多。在我国，高等教育机构多样化的突出表现是高等职业技术学院、民办高等院校和现代远程教育机构等三类新型高等教育机构的强劲发展。

高等教育的大众化和普及化还表现在高等教育机构中学生的成分发生了变化，成人大学生所占的比重越来越大，与普通大学生的界限将变得更加模糊。据1985年统计，美国高等教育机构中25岁以上的学生占42%，英国为32%，法国为31%，联邦德国为47%。这种大学生成分的变化也导致了学生求学动机的多元化，谋职仍然是青年学生追求高等教育的主要动机，而对于成人大学生来说，为适应现有职业的新需求或转换职业而更新知识，为提高本人文化素质，为充实自己的闲暇生活等，才是他们走进大学课堂的主要目的。

五、学习型社会的逐步形成与终身学习体系的日臻完善

诞生于20世纪60年代中期，被誉为当代教育发展中的“哥白尼式革命”的终身教育思潮，是当今国际上最有影响力的教育思潮，它不仅主导了20世纪下半叶世界教育的改革方向，也代表了21世纪世界教育发展和进步的趋势。

终身教育的内涵非常丰富，它建立在民主化、普及化的教育理念上，具有整体性、综合性、开放性、多样性和生活化的特征。终身教育是持续的，它包括各种年龄阶段，贯穿于人一生的整个过程；终身教育包括各种形式的教育，它谋求正规教育与非正规教育、学校教育与社会教育等各种教育之间的联系和统一，把一切具有教育功能的机构都连接起来；终身教育面向全体人民，以全民为对象，向每个人提供学习和丰富知识的可能性；终身教育要授予人们多样性的教育，它包括专业性的教育，也包括社会的、文化的、生活的等各方面的教育。总之，终身教育是一种大教育观，是改革现有教育机构的原则，其目标是组织一个提供终身学习的完善体系，提高人的素质和生活质量，促进社会的发展。

1965年，法国教育理论家保罗·郎格朗在国际成人会议上首先提出终身教育的概念，认为“教育并非终止于儿童和青年期，它应当伴随人的一生而持续地进行。

教育应当借助这种方式，满足个人及社会的永恒要求。”①

此后，终身教育观念风行世界各国，并不断得到发展和完善。1972 年，法国人埃德加·富尔撰写了以《学会生存——教育世界的今天和明天》为题的联合国教科文组织的报告，该报告根据信息化社会的特征和由此而来的人继续不断学习的重要性，提出了“学型化社会”的概念，认为“当今社会教育功能不再局限于传统的教学，重点将转移到自学方面。在学习型社会，教育与社会、政治、经济组织，包括家庭单位与公民生活之间是紧密联系的。每个公民在任何情况下都可以享用学习、训练的各种教育设施”。②从而进一步拓宽了终身教育的概念，终身教育的基础由教育机构转向社会和社会成员自身。自 20 世纪 80 年代以来，学习型社会思想又得到了进一步发展。

1983 年 4 月，美国高质量教育委员会在其著名的报告《国家处在危险之中——教育改革势在必行》中又提出“终身学习”的概念，认为如果不进行终身学习，人的技能很快会过时。1985 年，日本在设计 80 年代教育改革的报告中把完善终身学习体制作为改革的主要任务之一。1992 年，日本文部省在《我国的文教政策》年度报告中重申了终身学习的思想。国际社会对终身学习思想日益关注。

终身学习是在终身教育和学习型社会理论基础上发展起来的，其理论构架是改造以学校教育为主的、终结的教育体系，实现教育的连续性和统一性；改造社会，实现整个社会的学习化；由重视人的“受教育权”转向重视人的“学习权”，确立学习者的主动性；改变教育管理，实现学习者受教育和学习的自律性。其基本特征在于：以人为本，突出学习者的主体价值和选择；以学习型社会为基础，突出学习的意义；教育改革的重点放在构建学习社会上。

终身学习是唯一能够适应现代化社会、适应人的需要和发展的教育。伴随着信息技术和知识经济的发展，终身学习将变得更加迫切和现实。可以预见，在 21 世纪，教育将不再是传统意义上的学历教育，学习将从一次性、阶段性走向终身性、全程性，成为一个人的终身需求。

随着现代社会政治、经济、科技、文化的发展变化，现代教育还在发生着深刻的变革，尤其是随着信息时代的到来，教育信息化的趋势可谓浩浩荡荡，势不可挡，它所带来的整个人类的学习和教育方式的变革，将会把整个世界推进到一个崭新的全民教育、个性化教育和终身教育的时代中，世界正处在这个时代的边缘，现代教育还会向纵深发展，现代学制还会更进一步地展现出新的发展趋势。

---

① ［日］筑波大学教育学研究会．现代教育基础．上海：上海教育出版社，1986. 367

② 毕淑芝，王义高．当今世界教育思潮．北京：人民教育出版社，1999. 188

本章知识结构图：

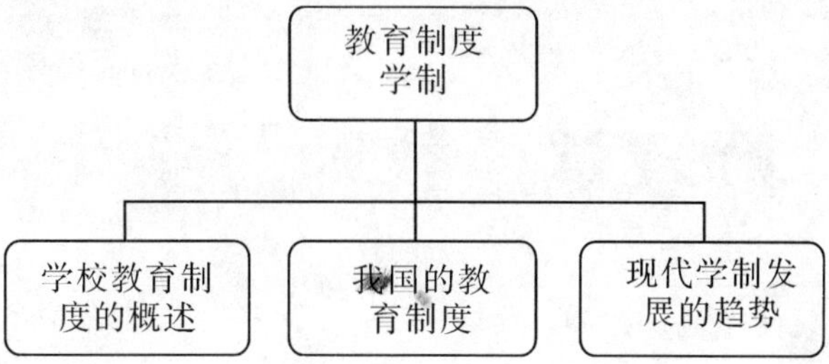

讨论与应用：

1. 什么是教育制度？什么是学制？二者的关系如何？
2. 学制的建立以什么为依据？
3. 说明学制构成的基本要素。
4. 学制有哪几种类型？双轨学制是怎样形成的？
5. 试述壬寅学制与癸卯学制的建立。
6. 壬戌学制有哪些特点？
7. 谈谈我国现行学制的改革与发展。
8. 绘制一张我国现行学校系统图。
9. 现代学制有哪些发展趋势？

本章主要参考书目：

1. ［日］筑波大学教育学研究会．现代教育学基础．钟启泉译．上海：上海教育出版社，1986
2. 黄济，王策三．现代教育论．北京：人民教育出版社，1996
3. 毛礼锐．中国教育史简编．北京：教育科学出版社，1984
4. 钱曼倩，金样林．中国近代学制比较研究．广东：广州教育出版社，1996
5. 杜成宪．中国教育史学九十年．上海：华东师范大学出版社，1998
6. 王道俊，王汉澜．教育学．北京：人民教育出版社，1989
7. 吴文侃，杨汉清．比较教育学．北京：人民教育出版社，1999

第六章　教师与学生

学习目标

1. 了解教师职业的性质、师生关系的含义
2. 理解教师专业发展的内容、学生的本质属性
3. 掌握师生关系的建立

第一节　教师职业与教师专业发展

一、教师职业

（一）教师的概念与教师职业的产生和发展

“教师”的概念是与教育的发展、教师职业的发展联系在一起的。

在原始社会，教育没有从社会生活、生产中独立分化出来，经验的传递没有专门的形式，当时主要由原始部落的首领以及生产、生活中经验丰富的长者在生产、生活中有意识地向新生一代传授各种经验和技艺，传授集体生活的准则和习俗，从而使新生一代能够较为迅捷地掌握生存技能，发展壮大部落自身的规模以应对恶劣的自然环境。这些经验丰富的长者及部落首领即是最早的教育者。可以说，有了人类社会，便有了教育现象，同时也有了最早的教育者。由于当时社会没有分工，施教者是非专职人员，也无职业称谓。

专职教育者，即“教师”，是在学校产生以后出现的。人类发展到奴隶社会，随着生产力的发展、剩余产品和脑力劳动者的出现，便具备了学校产生的条件，有了学校的雏形。夏有“庠”、“序”、“校”三种教育机构；商有“学”、“瞽宗”。学校成为统治阶级培养接班人的机构。有了学校，就有了教师。《史记·地官司》中有“师也者，教人以道者之称也”。这是中国历史文献中最早的对教师概念的界定。这一时期，官学的教师都是由统治阶级的官吏兼任的，也即官师合一。

在漫长的封建社会中，学校规模有了一定的发展，但其职能仍然是培养统治阶

级的接班人。从办学形式看，出现了私人办学，官学与私学的共同发展，使教师职业的发展呈多元化趋势。官学教师仍然是官师合一的状况，而私学，尤其是私塾等，它的教师大多为落第秀才，基本上属于以教授知识、招收学生为目的的求生之人，是教学的专门人员。而官学也随其规模的扩大，出现了大批专门从事学校教育的官师，充实发展了教师队伍，使各个层次的教师形成了阶梯状的配套结构，把教师职业又向前推进了一步。这一阶段是我国教育者职业化发展的初级阶段。唐朝学者韩愈在其文章《师说》中说到："师者，所以传道、授业、解惑也。"反映了那个时期人们对教师职业的基本职能的认识。也说明那一时期对教师的从业要求仅仅是在道德素养和知识素养方面，只要具备这些素养就能为人师。

近代，由于生产力的发展，对从事社会生产的劳动者素养有了较高的要求——要具有一定的智力和相应的知识水平，需要通过学校教育来培养。学校的职能也因此增加了，不仅要培养统治阶级的接班人，还要培养合格劳动者。学校教育开始普及化，社会对教师的需求急剧增加、要求提高，教师不仅需要具有道德素养和知识素养，还需要具有知识传授、道德培养的专业技能，于是培养教师的专门机构——师范学校开始建立。1794 年，法国第一个建立了培养教师的巴黎师范学校，开创了人类师范教育的先河。19 世纪初，德国师范教育也发展起来，西方国家专门的师资培训机构不断出现。在我国，1902 年，京师大学堂师范馆的创办，标志着中国高等师范教育的开始；1904 年，清王朝批准颁行"奏定学堂章程"，标志着我国师范教育制度的正式建立。师范教育的兴起，使教师职业的发展进入了一个新的阶段。随着人类社会的飞速发展，特别是到了现代，社会对其成员的知识和素质有了更高的要求，教师的职业化、专门化从而成为普遍的趋势。苏联学者加里宁（1875—1946）认为，"教师"这个词有两种解释："按狭义解释，这是一门学科的讲授者；按广义解释，是指有威望的、明智的、对人们有巨大影响的人而言"。

当代社会，科学技术对社会发展的影响越来越大，教育的重要性为人们所认识，教师的作用在增强，教师不仅是人类文化的传播者，还是现代社会合格劳动力的造就者，他要传授给学生知识，还要发展学生的智力能力，培养学生的健全人格。因此，教师必须是接受过专门培训的，具备专业技能的从业者。教师职业的专业性被普遍认可与自觉建设是在 20 世纪中叶以后。1966 年，联合国教科文组织在《关于教师地位的建议》中提出，应该把教师工作视为专门职业，认为它是一种要求教师经过严格训练和持续不断的研究，才能获得并维持专业知识及专门技能的公共业务。教师职业的专门化，即承认教师为专业人员。在国际劳动组织制定的《国际标准职业分类》中，教师被列为"专家、技术人员和有关工作者"的类别中。1994 年，我国开始实施的《教师法》中把"教师"概念界定为："教师是履行教育教学职责的专业人员，承担教书育人、培养社会主义事业的建设者和接班人、提高民族素质的使命。"从而，第一次从法律角度确认了教师的专业地位和含义，这也是现代教育理论普遍认可的教师概念。

（二）教师职业的性质

1. 教师职业是一种专门职业，教师是专业人员

职业是依据人们参加社会劳动的性质、内容、形式等标准划分的社会劳动群体。社会学者根据职业的本质、特征将其划分为专门职业和普通职业。作为专门职业具有三个特征：一是需要专门技术和特殊智力，在职前必须接受过专门的教育；二是提供专门的社会服务，具有较高的职业道德和社会责任感；三是拥有专业性自主权或控制权，如对从业人员的聘用、解雇的专业权利不受专业内外因素的控制，表现为专业工作者应获得本专业资格证书，专业内部应用不同职称来标志专业水平差异等。根据上述标准，教师职业是一种专门职业，它需要经过专门的职业培训。

1995 年 12 月颁布的《教师资格条例》和 2000 年 9 月颁布的《教师资格条例实施办法》规定，通过资格认定来体现教师职业的要求。这些规定总体来说对教师提出了四个要求：一是达到规定的学历（进入 21 世纪我国对教师职业的学历要求：小学教师达到大专，中学教师达到大学本科及以上学历）；二是具有相关的专业知识；三是与教师职业相关的专业能力，如语言表达能力、组织管理能力和研究能力等；四是具备教师职业道德。

2. 教师职业是以教书育人为职责的职业

有目的地培养人是教师劳动区别于其他社会劳动的根本特征。所谓教书育人，是指教师通过各学科的教学活动，向学生传授系统的科学知识，发展学生的智力和能力，引导学生树立正确的人生观和世界观，指导学生主动地学习，营造良好环境以促使学生健康地、快速地成长。教书育人反映了教师职业的本质，教书和育人是同一过程的两个方面，在实践中往往容易使两者分裂，通常是重“教书”而轻“育人”，这也恰好反映出教师职业活动的难度，体现了教师职业的专业化特征。

（三）教师职业的作用和社会地位

1. 教师职业的社会作用

教师职业的社会作用是指教师职业对社会发展所产生的实质性影响，它是教师社会地位的客观基础，通常职业的社会地位与其在社会发展中的作用呈正相关。教师职业对社会发展起巨大作用。首先，教师是人类文化的传播者，在人类发展中起着承上启下的作用；其次，教师是社会精神财富的创造者，通过理论建构、知识创新、品德示范和宣传咨询等直接参与社会精神文明建设；再次，教师是人才生产的主要承担者，担负着培养新生一代的重任，在社会个体的发展中起引导作用（这些论点在前面章节中有详细阐述）。因此，教师的社会作用是不可取代的，理应受到全社会的尊重。

2. 教师职业的社会地位

教师职业的社会地位与教育的地位紧密相关，它不仅与人们对教育地位的认识

有关，而且与社会对教育的需求与期望有关，还与它拥有的社会地位资源及对社会的实际贡献有关。古代社会，教育依附于政治、经济，地位不高，教师地位偏低；现代社会，教育独立性提高，在社会生活中所起作用日益突出，教师的地位随之也逐渐提高。

教师职业的社会地位是教师职业在社会发展中所发挥的作用以及所占据的地位资源来体现的，主要包括政治地位、经济地位、法律地位和专业地位。

（1）教师职业的政治地位。教师职业的政治地位是指教师职业在国家和民族的政治生活中所处的地位和所起的作用。教师职业的政治地位与教师的政治身份、教师的自治组织、教师的政治参与度、教师的政治影响力有关。在中国古代，在官师合一的官学体系中，教师同时是国家机关的官吏，因而政治地位是较高的；但广大的启蒙之师则一直因其政治上、经济上依附于统治阶级，其地位则比较低下，处于一种被利用、受歧视的地位。新中国建立以后，虽然一段时间教师和科技工作者不受重视，甚至被贬为“臭老九”，但教师的社会政治地位总体是较高的，尤其是改革开放以来，党和人民政府明确了知识分子是工人阶级的一部分，成立了中国教育工会（2002 年扩大为教科文卫体工会），有了自己的自治组织。随着政治民主化程度的提高，教师的政治参与度与政治影响力越来越大，教师的政治地位也逐步提高。教师政治地位的提高标志着其社会地位的提高。

（2）教师职业的经济地位。教师职业的经济地位是指教师所获得的物质报酬，包括工资、奖金及医疗、保险、退休金等福利待遇，它是教师劳动价值的表现形式之一，教师劳动属于复杂劳动、创造性劳动。因此，教师的经济待遇应相当于社会复杂劳动所享有的经济待遇水平。教师的经济待遇不仅影响教师个体的生存与发展，也影响教师队伍的稳定和教师职业的专业化程度，它是教师社会地位的最直观体现。自古以来，中国普遍存在教师待遇偏低的现象，“家有五斗粮，不做孩子王”即是其真实反映。现代社会，教师的价值与教育的价值、知识的价值紧密联系在一起，教师的经济待遇不断提高。联合国教科文组织在《关于教师地位的建议》中指出：“教师的工资反映教育对社会的重要性，从而反映出教师的重要性以及教师从就任教职之日起便肩负起来的一切任务；教师的工资应该比支付给需要类似的或同等资格的其他职业的工资更优厚。”

我国教师职业经济地位可概括为：不断得到提高，区域发展不平衡。据 1990 年国家统计局的统计分析，从 1990 年到 2000 年，全国教育系统的平均工资在国民经济 12 类行业中，一直在倒数第一至倒数第三之间徘徊。近几年，随着社会对教育的重视，教师经济地位开始有所提高。据《2003 年度劳动和社会保障事业发展统计公报》，我国全年城镇单位在岗职工平均工资 14 040 元。国有单位在岗职工平均工资 14 577 元，集体单位 8 678 元，其他单位 14 774 元。高校教师平均工资 23 300 元，中小学教师 13 300 元，略低于国有单位。

（3）教师职业的法律地位。教师职业的地位是指法律赋予教师在履行职责时所享有的权利。教师享有宪法所规定的一般公民权如政治权利、经济权利、人身权利等外，还享有职业本身所赋予的专业方面的权利。根据我国《教师法》规定，教师享有：①教育的权利，即依法享有对学生进行教育、指导、评价的权利。②专业发展权，即依法享有进修培训权。③参与管理权，即可以通过各种合法途径参与学校建设和管理等。教师合法权利的维护对教师职业的社会地位稳定具有特殊意义。

（4）教师职业的专业地位。教师职业的专业地位是指教师职业的从业标准。这是教师职业的社会地位的内在标准。教师职业的从业标准越高、越规范，其专业地位就越高。目前，我国教师从业要求方面，有学历要求、教师资格证要求，但资格证书取得较为容易，一定程度上影响了教师职业的专业地位的提升。

（四）教师在教育活动中的地位

教师的根本任务是教书育人，全面实现教育目标。教师通过组织实施教育活动，对教育活动的对象——学生进行启发、引导、传授、帮助，促进其健康快乐地成长。教师在教育活动中处于教育者、组织者和管理者的地位。

二、教师的专业发展

为培养高素质教师，世界各国对教师教育非常重视，1963 年和 1980 年世界教育年鉴的主题分别是“教育与教师培养”和“教师专业发展”，可见教师专业发展问题是国际组织一贯强调和重视的问题。20 世纪 80 年代以来，教师专业发展日益成为大众关注的焦点。从历史发展的总趋势看，教师专业发展及其研究经历了由被忽视到被关注；由关注教师群体的专业化到关注教师个体的专业发展；由关注专业发展的外部“环境和对社会专业的认可”到关注内部“专业素质提高”的过程。教师专业发展最终体现于个体的专业性发展，依赖于教师个体对专业性发展的追求，是教师在其专业生涯中内在专业结构方面不断丰富和完善的过程。

（一）教师个体专业性发展的内涵

教师个体的专业性发展是教师作为专业人员，从专业思想到专业知识、专业能力和专业心理品质等方面由不成熟到比较成熟的发展过程，即由一个专业新手发展成为专业型教师或教育家的过程。作为教师，取得教师资格证书不一定就意味着是一个成熟的教育工作专业人员，教了一辈子书也不一定其专业性就都得到了发展。教师的专业性发展虽与时间有关，但不仅是时间自然延续的结果，更是教师自身素质的提高和专业自我的形成。

1. 教师专业理想的建立

教师专业理想是教师在对教育工作感受和理解的基础上形成的，关于教育本质、目的、价值和生活等的理想和信念。如“把学生培养成合格社会成员”的理想，

“科教兴国”的理想等。它是教师在教育教学工作中的世界观和方法论，是教师专业行为的理想支点和专业自我的精神内核。

2. 教师专业知识的拓展

教师专业知识是教师职业区别于其他职业的理论体系与经验系统。教师要有合理的知识结构。教师要以广泛的文化知识为背景，以精深的专业知识为主干，以相关学科知识为必要补充，以丰富的心理科学知识、教育科学知识为基础知识边界的复合型的主体知识结构，是专业性教师追求的目标。应该说，知识结构的优化还包括教师个人的独到感悟、体验和经验总结。教师专业知识的拓展包括量和质上的扩展。首先是量的拓展，即教师要不断地更新知识，补充知识，扩大知识范围；其次是质的深化，即从知识的理解、掌握到知识的批判，再到知识的创新，教师知识的质的深化体现了教师职业的学术性。教师有自己的独到见解，在教育教学领域有发言权，这是衡量其专业化程度的标志之一。

3. 教师专业能力的发展

教师专业能力是指教师的教育教学能力，是教师在教育教学活动中所形成的顺利完成教育教学任务、处理教育教学问题的方法策略或能力和本领。教师专业能力是教师综合素质的最突出的外在表现，也是评价教师专业性的核心因素。教师的专业能力一般包括：表达能力，即语言表达能力、板书板画能力、运用多种教学手段演示等能力；设计教学的能力，即教师在综合考虑教材、学生、时间、教学手段等因素的基础上，对教学目的、内容、程度、方法等所进行的整体构思的能力；教育教学组织管理能力，包括班级管理能力、课堂管理能力、课外教学管理能力等；教育教学交往能力，包括理解他人的能力，沟通能力、协调能力等；教育教学机智，处理教育教学过程中发生的突发事件的能力；反思能力，是对自己的教育教学状况进行评判的能力；教育教学研究能力，即教师对学生、教育教学实践进行理论探索，发现问题并试图解决问题的能力；创新能力，对教育教学理论与实践进行变革、更新、做出有意义的尝试，如创新教育思想、教学内容、教学方法、教学模式等。

4. 教师专业自我的形成

教师专业自我是指教师在职业生涯中，创造并体现符合自己志趣、能力与个性的独特的教育教学活动方式，及个体在职业生涯中形成的知识、观念、价值体系与教学风格的总和。具体包括：自我形象的正确认知；积极的自我体验；正确的职业动机；对职业状况的满意；对理想的职业生涯的清晰认识；对未来工作情境有较高的期望；具有个性的教育哲学和教育模式等。

教师专业自我的形成是教师主体与外界环境相互作用的过程，是教师职业个性化的过程，也是良好教师形象的形成过程。一旦形成专业自我，不但影响教师的工作态度和教育教学行为方式，也直接影响教师的职业效果。

（二）教师个体专业化发展的过程

教师个体专业性发展是一个持续社会化和个性化的过程，是有多阶段性的特征。许多研究表明，虽然师范教育对专业化发展不可忽视，但许多中小学优秀教师的优秀品质主要是在实践中逐步积累和发展起来的，其成长是多阶段的连续过程。

表 7－1　中学优秀教师各种特殊能力形成时间的分布表①

各种特殊能力	大学前（%）	大学期间（%）	职后（%）
对教学内容的处理能力	18.95	12.63	68.42
运用教学方法和手段的能力	21.65	12.37	65.98
教学组织和管理能力	19.59	11.34	69.08
语言表达能力	34.69	20.41	44.90
教学科研能力	18.18	11.11	70.71
教育机智	19.19	11.11	69.70
与学生交往能力	21.43	10.21	68.37
平均	21.95	12.74	65.31

由表 7－1 可知，中学优秀教师的专业能力，除了语言表达能力与职前教育有关，其他能力更多的是通过职后教育和自我学习形成的。

国外学者富勒和鲍恩对教师专业化发展过程进行研究，将教师专业化发展分为四个阶段：②

1. 从教前关注阶段（preteaching concerns）

这一阶段的教师只是想象中的教师，只关注自己。

2. 早期求生阶段（early concerns about survival）

这一阶段的教师主要关注的是自我胜任能力以及作为一个教师如何幸存下来，关注对课堂的控制以及是否被学生喜欢和他人对自己教学的评价等。

3. 关注教学情境阶段（Teaching station concerns）

这一阶段教师主要关注的是在目前教学情境对教学方法和材料的限制下，如何正常地完成教学任务及如何掌握相应的教学技能。

4. 关注学生阶段（concerns about pupils）

这一阶段教师开始把学生作为关心核心，关注他们的学习、社会和情感需要，以及如何通过教学更好地影响他们的成绩和表现。

---

① 叶澜等．教师特色与教师发展新探．北京：教育科学出版社，2001

② 王邦德．中学优秀教师的成长与高师教改之探索．北京：人民教育出版社，1994. 46

国内学者叶澜从“自我更新”取向的角度对教师的专业发展阶段进行了深入研究，将其分为五个阶段：[1]

1. 非关注阶段

时限为在成为正式教师之前，主要特征是无意中以非教师职业定向的形式形成了较稳固的教育信念，具备了一些“直觉式”的“前科学”知识与教师专业能力密切相关的一般能力。

2. 虚拟关注阶段

时限为师范院校学习阶段，特点是开始对合格教师的要求进行思考，在虚拟的教学环境中获得某些经验，对教育理论及教师技能进行学习和训练，有了对自我专业发展反思的萌芽。

3. 生存关注阶段

时限为新任教师阶段，特点是在现实的冲击下，产生了强烈的自我专业发展的忧患意识，特别关注专业活动中的“生存”技能，专业发展集中在专业态度和动机方面。

4. 任务关注阶段

教学一线教师，专业发展特点是随着对教学基本“生存”知识和技能的掌握，自信心日益增强，由关注自我的生存到更多关注教学，由关注“我能行吗?”到关注“我怎样才能行”。

5. 自我更新关注阶段

此阶段教师不再受外部评价或职业升迁的牵制，自觉依照教师发展的一般线路和自己目前的发展条件，有意识地进行自我规划，以谋求最大限度的自我发展，关注学生的整体发展，积累了比较科学的个人实践知识。

教师个体专业性发展达到成熟的时间因人而异，有短有长，少则3～5年，多则10～20年。从教师的整个职业生涯来看，专业发展有成熟期，也有保守期和衰退期。

（三）教师个体专业性发展的途径

教师个体专业性发展涉及许多方面，诸如教师职业地位的改善、待遇的提高、教育权力的重新分配、教育资源的配置、教师社会关系的调整等，因此必然受到社会多层次组织机构的制约，也必须得到社会各界的认可。从教师专业性发展的途径来看，主要包括以下五种：

1. 师范教育

师范教育是教师个体专业性发展的起点和基础，它是建立在教师的专业特色基础之上，为培养教师专业人才服务的。因此，师范教育必须加强其培养教育专业人

---

① 叶澜等．教师特色与教师发展新探．北京：教育科学出版社，2001

才的职能，把学术性、师范性和服务性有机结合起来，注重师范专业信念体系的形成和敬业精神的培养，建构反映教师专业所需的知识和技能的课程体系；加强教育理论和实践的联系，建立有效的教育实习制度。

2. 新教师的入职辅导

新教师的入职辅导是20世纪70年代发展起来，并被广泛接受的一种促进教师专业发展的指导措施。主要是由有经验的教师进行现场指导，以师带徒的方式。在我国，各级师范院校还承担了短期的岗前培训工作，其目的是向新教师提供系统而持续的帮助，使之转变角色，适应环境。

3. 在职培训

教师的在职培训主要是为了适应教育改革和发展的需要。为在职教师提供的适应于教师专业发展不同阶段需要的继续教育，主要采取“理论学习、尝试实践、反省探究”的三结合方式，引导教师掌握不断涌现的新教育理论，培养提高教师的专业能力。教师在职培训方式很多，可以是个人业余进修，也可以由学校组织培训(如专家讲座、集体观摩评课研讨等)。近年来，校本培训受到高度重视并得到推广。所谓校本培训，是基于教师个体成长和学校整体发展的需要，由教师主动参与，以问题为导向，以反思为中介，把培训、教育教学实践与研究活动紧密结合，以学校和教师实际问题的解决来直接推动教师专业发展。这是一种高效率的，可操作性强的在职培训模式。

4. 自我教育

教师的自我教育即是专业化的自我构建，它是教师个体专业化发展的最普遍途径。教师自我教育的方式主要有经常性的自我反思、主动收集教改信息、研究教育教学中的各种关键条件、自学现代教育理论、积极感受教学的成功与失败等。

教师自我教育是教师专业理想确立、专业情感积淀、专业技能提高、专业风格形成的关键。

5. 合作交流

教师工作的一大特点是“专业个人主义”，即在日常的教育教学活动中，多数情况下都是由教师独自面对出现的问题，教师的教育教学活动往往是相互隔离的。通过同行的合作与交流，可以扩展知识和视野，学习借鉴教学过程和方法，促进教学反思，推动教师的专业发展。

三、教师职业角色与职业形象

教师的地位、作用和专业特点，最终通过其职业角色和职业形象来体现。一个专业化程度高的教师，必然是一个善于扮演自己的职业角色和具有良好职业形象的教师。

（一）教师的职业角色

教师的地位和作用，是通过教师在教育教学中充当的角色行为来表征和实现的。教师在教学中的角色是教师的多种社会属性和社会关系在教学活动中的反映，是教师在教育教学中的一套行为规范和学生对教师的角色期待。

美国杰克逊（Jackson P. W）在《教室中的生活》一书中，曾形象地把教师在教室中的角色比喻为交通警察、法官、供需官、计时员等。美国学者雷道（F. Red）和华顿保（W. Watenbery）研究认为，一个教师兼有以下十种不同角色：社会代表、知识源泉、裁判员或法官、辅导者、观察员、认同的对象、父母的替身、团体的领导者、朋友和感情的发泄对象。美国的教育心理学学者林格（Lindgren. H. C）在其《课堂教育心理学》中，把教师角色区分为三大类别和若干子类别：教学与行政角色——教学人员、社会榜样、课堂管理员、办事员、青年团体工作者、公关人员；心理定向角色——人际关系的艺术家、社会心理学家、催化剂、临床医师；自我实现的角色——帮助人的人、学习者和学者、父母形象、寻求权力者、寻求安全者。

在我国，人们对教师角色也存在不同认识。一种较有代表性的观点是将教师角色归纳为以下几个方面：①

1. 学者和学习者

教师被认为是智慧的化身，作为教师，首先是一个学者，要对所教学科的基础知识、逻辑结构、发展脉络、研究方法和意义价值等有深入的把握和研究，要以严肃的态度来研究教材、处理教材，把知识客体内化为自己的知识结构。其次，教师工作的对象是学生，是处于身心发展阶段的，生活在现实社会中的活生生的人。同时，教育又与人类社会的其他领域有着广泛密切的联系，因而教师的职业活动具有复杂性、多变性和创造性的特点，从根本上说没有任何万能的方法和模式。随着教学情境的变化、教材内容的变革、学生的成长等，教师要善于以一种变化发展的态度观察教育过程中的一切要素，及时发现问题、研究和解决问题，使自己的工作能够适应不断变化的教育情境并有所创新。此外，教师还应该是学习者，要随着学科的发展，不断学习更新自己的知识结构，使教学能做到左右逢源，适应学生不断发展的需要。还要向专家学、向同行学、在社会中学，甚至向学生学。

2. 知识的传授者

教学中的基本矛盾是知与不知、知之不多与知之较多、知之完善之间的矛盾。这一矛盾的正确解决是教学矛盾解决的关键。在这对矛盾的解决过程中，教师是主导者，学生是接受者。但也应该看到，相对于人类所积累的科学文化知识，教师所能掌握的知识毕竟是有限的，教师作为知识传授者的作用也随之减少，有人甚至断言，相对于人类巨大的知识总体，一个教授和一个小学生所掌握的知识量，实际上

---

① 全国十二所重点师范大学联合编写．教育学基础．北京：教育科学出版社，2002

没有多大差别。

3. 学生做人的引路人

“道之所存，师之所存也”。教师代表着社会属于主导地位的道德观和价值观，并在教育教学活动和与学生的交往中，通过传授、指导、管理、示范和暗示等方式，使学生不仅在知识技能方面得到发展，而且在道德观念、价值观念等方面得到培养和熏陶，使其心灵得到滋养，成为高尚的、成熟的、聪明的一代新人。

4. 教学活动的设计者、组织管理者

教学活动是面向学生集体的，要实现教学目标，必须精心设计、周密组织和科学管理。首先，教师是教学活动的设计者。好的教学设计是良好教学效果取得的前提和保障。精心的教学设计要求教师能全面把握教学和培养目标、研究社会的需要、学生的特点及学科知识。其次，教师是教学活动的组织管理者，教师要在实际的教育教学活动中，合理分配和利用教育教学资源，充分激发学生的主体性，组织好学生的学习活动，使学生在活动中获得发展。传统教学管理是通过约束控制来实现的，教师扮演的是“警察、保姆”的角色。现代教学中倡导教师扮演“管理者”的角色，良好管理者的角色行为是：①建立各种教学常规，特别是课堂教学常规；②倡导学生参与管理，树立民主管理和集体的管理的观念，充分发挥集体的凝聚力；③充分发挥情感管理的作用，教师应扮演“向导”和“建议者”等角色。

5. 榜样角色

教师不仅是教学主体，同时也是学生认识的客体。教师作为一个整体，代表着成人世界，代表着正统社会，其言行、举止、态度、个性等都会成为学生模仿的对象，都对学生的言行起着潜移默化的影响。教师的榜样作用是双重的，好的榜样能给予学生正确的示范和引导，提供良好的环境使学生健康发展；不良的榜样会给学生造成心理伤害，导致行为缺陷。教师自己的人格特征和行为举止，本身就是一种重要的教育资源。

6. 严父慈母角色

学生正处于身心发育时期，思想不成熟，具有依赖性。他们往往会把教师视同父母一般，在情感上依恋教师，行为上常常求助于教师，教师对学生的如父母般的关爱，有助于学生身心的健康成长。但是，教师对学生的这种父母角色绝对不是那种“家长式”的专制和绝对管理上的权威。

7. 学生的朋友

虽然教师与学生之间有一定的年龄、知识、经验、阅历和地位的差距，但并不妨碍师生间友谊的建立，尤其是中学生，通常会把教师当作是可以平等交流、倾吐心声的对象。师生间的友情，可以消除正式关系即教育教学活动中的紧张感，使得学生更容易接受教师的批评引导，从而最终提高教育教学的成效。

可见，教师的角色是多元的，且整合于整个教育活动的过程中。作为教师，只有熟练地运用角色技能，灵活并恰当地扮演好各种角色，避免出现角色不清、角色紧张、角色混乱和角色失败，才能确保教育教学工作的顺利开展。

（二）教师的职业形象

教师的职业形象是教师群体或个体在其职业活动中的形象，是其精神风貌和生存状态与行为方式的整体反映。它既是社会对教师及其日常行为的一种总体性评价与概括性认识，也是教师群体内部或个体自身对其职业所持有的价值认识与情感认同，教师的职业形象是通过其内在精神和外显事物显现出来的，内在精神包括职业的精神风貌、工作态度和创新精神等；外在事物表现为教师的节日、教师自己的组织、教师的着装等。教师个人的形象包括对学生的态度、工作态度、道德水平、教学水平和人际关系等。

1. 教师的道德形象

教师的道德形象主要是指教师的职业道德修养，是教师从事教育教学活动的基本行为规范。它是以从业精神为基础，以协调师生关系为主要内容的道德规范。自古以来，教师的道德形象被视为教师的最基本形象。“学高为师，身正为范”等强调的是教师的榜样示范作用。随着社会的发展，市场经济制度的完善，重建教师的道德形象显得十分重要。乐于奉献、坚持公正是时代对教师职业的基本伦理道德要求，“奉献”作为从教的基本要求，是教师职业责任感和使命感的具体体现。因为培养人是社会发展的基础性事业，培养人的劳动是一种非常复杂的劳动，无法用市场经济的等价交换原则来衡量其价值的大小；同时，由于培养人的劳动效果具有滞后性、间接性、长期性，有时教师的劳动得不到应有的尊重和承认，而且教师还要忍受不被理解的痛苦。没有奉献精神就会失去教师职业的高尚性和纯洁性。“公正”就是公平、正义、合理。“公正”既是教育的基本目标之一，也是教师职业基本的行为准则，失去公正的教育将会使学生的心灵受到伤害，行为丧失应有的约束，教育过程失去“善”的价值。

2. 教师的文化形象

教师是人类文化的传播者，是人类历史发展过程中不可或缺的中间环节，文化是教师与学生产生关联的中介，传递文化是教师社会职能的体现，教师的文化形象是教师职业形象的核心。马卡连柯说过：“学生对于教师的许多缺点都可以原谅，他们不能原谅的缺点之一，就是教师不学无术。”现代教师的文化形象，首先是教师应该具有广博的知识面及扎实精深的专业基础知识，这是教师职业活动的基础；其次，随着现代文化科学知识的不断增长与深化，教师也要不断提高和更新自身的知识结构，掌握更多的文化资源；再次，现代社会，教师已不再是唯一信息源，学生也可以从其他渠道掌握知识和信息，这就要求教师要为学生的文化展示和交流提供机会，以促进学生的主动发展；最后，新时代要求学生具有创新精神和实践能力，这就要求教师要改变教学方法和教学内容，注重经验总结和概括，成为新文化的创造者。

3. 教师的人格形象

人格是一个人的整体心理面貌。教师的人格形象是教师在教育活动中的心理特征的整体体现。教师对学生的态度，教师的性格、气质、兴趣爱好等都属于教师的人格形象。教师的工作对象是活生生的、复杂多样并处于不断成长中的人，其劳动的复杂性、艰巨性是其他劳动所无法与之相比的，教师必须具有良好的个性心理品质。俄罗斯教育家乌申斯基特别强调：在教学工作中，一切应以教师的人格为依据。因为，教育力量只能从人格的活的源泉中产生出来，任何规章制度，任何人为的机关，无论设想得如何巧妙，都不能代替教育事业中教师人格的形象。教师的人格形象是学生亲近或疏远教师的首要因素。理想教师的人格包括：善于理解学生、富有耐心、性格开朗、情绪乐观、意志坚强、富有幽默感等。国内外许多研究都证明了教师的人格与学生的发展有密切的关系。据调查，我国学生喜欢的教师的前五种品质是：热爱、同情、尊重学生；知识广博、肯教人；耐心温和、容易接近；对学生实事求是、严格要求；教学方法好。不喜欢的前五种品质是：经常骂人、讨厌学生；对学生没有同情心、把人看扁；上课拖延时间、下课不理学生；偏爱、不公正；教学方法枯燥无味。具体内容可参见教育部人事司、教育部考试中心制定的，教师资格制度实施工作指导用书，即《教育学考试大纲》（中学）①。总之，教师的职业形象应该是道德形象、文化形象和人格形象的统一，教师职业形象是一个不断设计和改造的过程，需要全社会对教师职业的地位、功能和条件进行科学研究，需要教师职业内部建立起自己的规范，需要教师个体自觉地建构。

第二节　对学生本质特点的教育认识

一、学生的本质特点

学生是指在学校机构中，参与教师有目、有计划的实施的教育活动，通过自己的主动学习，以促进其自身积极主动地发展为主要任务的社会个体。他们是教育活动的对象，教师对其持有的态度和看法，是影响教育活动成败的重要因素之一。学生就其本质而言，主要有以下特点。

（一）学生是人，具有主观能动性

学生首先是人。教师劳动与其他劳动相比一个很大的区别就是其劳动对象是人，而人与其他动物、物体的区分即是人的主观能动性。学生的主观能动性具体体现为：

（1）独立性。每个学生都是一个独立个体，是独立的物质与精神的统一体，承

① 教育部人事司．教育学考试大纲教育部考试中心制定．北京：北京师范大学出版社，2002. 83

认学生的独立性是教学过程中发挥学生主体性的前提，也是承认学生发展过程与方式的多样性和发展结果的差异性。

（2）选择性。它是指学生在教育过程中可以在多种目标、多种活动中进行抉择的特点，学生对教学的影响不是无条件地接受，也不是盲目地模仿，而是根据主体条件（愿望、兴趣、需要和能力等）来进行选择。不过，选择的结果如何，还依赖于学生已有的发展水平和环境所提供的支持度。

（3）调控性。学生可以对自己的学习活动进行调节和控制。如学习中遇到困难时，经常激励自己；学习目标不恰当时，及时调整修正等。

（4）创造性。学生在学习过程中，超越教师的认识，教材的局限，科学地提出新的观点和看法，掌握尚未知晓的知识的能力。它是学生主体性的最高表现。

（5）自我意识性。学生作为主体对自己的状态及在教育中的地位、作用、情感、行为和态度等的自我认识，主体认识自己越客观越全面，其主观能动性就越强。

（二）学生是处于身心发展阶段的人，需要学习知识、发展能力和健康成长

人是自然属性与社会属性的统一。人的自然性是指人是自然的一部分，具有生物属性和生理属性；人的社会性是指人是社会存在物，具有社会属性。生物属性、生理属性是通过遗传来获得的，是与生俱来的基本属性。社会属性是个体在学习掌握人类已知的经验和技能后获得的。刚出生的新生儿，只具备人的自然属性，要为社会所接受，成为合格成员，必须不断学习知识、形成技能、掌握规范、获得社会属性，达成自然属性与社会属性的统一。而学生的这一成长过程是在一定的遗传、环境条件下，个体在与环境的相互作用的活动过程中实现的。

学生正处于身心发展的过程中，这意味着他们无论是生理发展还是心理发展都是不成熟的，都需要获得成年人的帮助和关怀。

（三）学生是以系统学习掌握间接经验为主要任务的人，学生的学习过程即自身发展的过程

从学生的行为特征来分析，学生的主要时间和主要精力都是用来吸取人类已知的经验体系的，并在此基础上不断发展自己的各方面素质，获得生存能力和创造能力。这是使学生这一社会角色区别于其他社会角色的本质特点。

人的发展是个体从出生至死亡整个阶段身心积极变化的进程。人的发展是遗传、环境、教育即学校教育及主体的主观能动性等诸因素相互作用的产物。其中学校教育对人的发展起着重要作用。在人发展的整个历程中，学习阶段也即是学生在学校中通过学习活动不断发展自己身心素质的过程，也是人的发展阶段中最为重要的阶段。学生是在学习过程中不断增进自身的知识、智慧，形成能力，从而使身体发育和心智发展得以逐步形成。

二、学生的地位

学生首先是社会成员之一。因此，我们要了解他们在社会生活中所享有的地位，即社会地位。除此之外，学生的主要任务是学习，他们是教育过程的参与者，我们还应深入了解其在教育过程中的地位。

（一）学生的社会地位

相对于成熟的社会成员来说，学生是未成年人，各方面都不独立，是未进入正式成人社会的边际人。因此，长期以来整个社会都没有把学生看成是具有独立性、主体性的个体，学生在社会上处于从属和依附地位。正因为如此，学生的心理需要得不到满足，甚而生存都没有保障，致使危害青少年生存和心理健康的事件屡有发生。青少年不仅仅是未来的社会成员，也是现实的社会成员，是独立的个体，享有独立的社会地位。确立青少年的社会地位，是现代社会的一大进步。

1959 年，联合国教科文组织通过了《儿童年权利宣言》；1989 年，通过了《儿童权利公约》，明确指出：18 岁以下的任何人都是积极和具有创造性的主体，拥有包括生存、发展和充分参与社会、文化、教育、生活以及他们个人成长与福利所必需的其他活动的权利。为了保护这些权利，又提出了儿童权利最佳原则、尊重儿童尊严原则、尊重儿童观念与意见原则以及无歧视原则等。

我国作为《儿童权利公约》的缔约国之一，在履行《公约》的同时，也在《中华人民共和国宪法》、《中华人民共和国义务教育法》、《中华人民共和国教育法》、《未成年人保护法》等相关法律法规中对青少年儿童的相关权利作出了明确规定，除一般公民具有的权利如生命权、生存权、人格权、独立财产权、民事活动代理权、拒绝乱收费权和平等对待权之外，还有特别保护学生的身心健康权、人身自由权、人格尊严权、隐私权和名誉权等。

（二）学生在教育过程中的地位

学生在教育过程中的地位一直以来都是一个颇有争议的问题，它关系到教育思想，进而影响教育教学效果。历史上曾有两种对立的观点：一种是以赫尔巴特为代表的传统教育的“教师中心论”，它把学生看成是知识的容纳器，而教师是教育过程的主人，他只考虑知识自身的逻辑性而忽视学生个人的兴趣、需要和爱好，强调对学生进行知识的灌输，学生被动地接受知识，在教育过程中处于从属地位。另一种观点是“儿童中心论”，它把学生视为教育过程的中心，而教师只能站在学生的背后，在教育过程中起辅助作用，持该观点的是美国实用主义心理学家、教育学家杜威。他说道：“……这里，儿童变成了太阳，而教育的一切措施则围绕他们转动。儿童是中心，教育的措施便围绕他们而组织起来。”这种观点强调根据儿童心理发展的需要和兴趣组织教学，把教师视为辅助者的地位。

现代教育理论认为，在教育过程中，学生既是教育的客体又是学习的主体。学生是教育的对象，是教育的承受者，学校教育成果表现在学生身上，这是由学校的使命决定的。学校的使命就是为社会培养人才，促进学生的全面发展。学校和教师的一切工作就是为学生服务的，各项教育活动的开展都是为了使学生健康成长，学生是学校加工改造的对象。从教育过程中的师生关系来看，师生双方由于各自的任务不同、条件不同，因而其地位也不同。教师承担着教书育人的任务，要引导学生掌握知识、技能，发展智慧，提高思想品德修养，成为全面发展的人，教师就要设计教学过程，组织、领导教学活动，在教学过程中起主导作用。学生的主要任务是学习，面对人类浩如烟海的知识财富，如果没有教师的引领，学生难以系统把握、获得发展。为此，学生须接受教师的教导，成为教学活动的对象。从教师的条件看，教师经专门培训，掌握系统的科学知识，具有教育教学专业技能，有条件发挥主导作用。而学生知识经验少，处于发展过程中，要顺利成长也离不开教师的引领。

学生是教育活动的对象，但由于人所具有的特性——主观能动性，同样在一切人的活动中都会有所表现，因而学生在教育活动中也必然地体现这一主体性特点，就是说，学生同时又是学习活动的主体。作为教育过程来说，这是一个精神生产的过程，其产品是人才，是人在品德、智力、体质等方面的发展，但是这种精神生产过程并不能简单移植或给予，是学生在教师的启发引导下，通过自己的学习活动，在读书、听课、讨论、思考、研究、操作、实践中实现自己素质的提高。即学生的发展是学生主体性发挥的结果，没有学生主体性的参与，教学任务是不可能完成的。

辩证唯物主义哲学认为，事物发展的根本原因是事物的内因，是事物内部的矛盾之争，外因是事物变化的条件，内因是事物变化的根据，外因通过内因起作用。在教育过程中，教师的引导教育是学生发展的外因，学生自身的兴趣、需要、认识和情感等是学生发展的内因，外因只能通过内因起作用。由此可见，学生在教育过程中的主体性地位也是不容忽视的，对学生的学习活动而言，学生是主体。因此，正确认识学生在教育过程中的地位，是教师从事教育活动成败与否的关键。

第三节 师生关系

教育过程中，教师与学生的关系是最常见、最基本也是最重要的人际关系。良好的师生关系不仅是教育活动中的价值体现，而且也是其生命意义的体现。

一、师生关系概述

师生关系是教师与学生在教育教学过程中结成的相互关系，包括彼此的地位、作用和相互对待的态度等。它是一种特殊的社会关系和人际关系，是教师和学生为实现教育目标，以各自独特的身份和地位通过教与学的直接交流而形成的多性质、多层次的关系体系。

师生关系的现实关系是不断变化和发展的。从哲学的认识论角度来看，师生间存在着主客体关系、主体间关系；从教育学角度看，师生间存在着教育与被教育的关系；从心理学角度看，师生间存在着认识、情感个性互动关系；从社会学角度看，师生间存在着角色关系、互动关系；从管理学角度看，师生间存在着管理与自我管理的关系等。

师生关系随着主体需要的不同，联系的环节、内容、方式不同和环境差异而呈现不同的特点。有学者认为，师生关系包括为完成教育任务而发生的工作关系；以满足交往而形成的人际关系；以组织结构形式表现的组织关系；以情感、认识等为主的心理关系。也有学者把师生关系包括为直接关系和间接关系等，这些从不同角度对师生关系的认识表明了师生关系的复杂性。目前较为认可的师生关系包括：社会关系、教育关系和心理关系三方面。

（一）社会关系的体现

师生之间的这种社会关系是教师代表成人社会与学生作为未成年社会成员，在教育过程中结成的代际关系、政治关系、道德关系和法律关系等。师生的社会关系是人与人之间各种社会关系在教育过程中的反映，具有规范性。

1. 师生间的代际关系

师生间的代际关系，即反映人类的经验及发展与个体的经验及发展之间的关系。教师代表着上一代人特别是父母对下一代的关心、爱护，学生需要依靠教师的帮助才能缩短成熟期，更好地社会化，成为未来社会发展的现实力量。

2. 师生间的政治关系

师生间的政治关系是国家、集体与个人关系在教育过程中的反映，权威与服从是师生间政治关系的外部特征。师生关系总是在一定的历史背景下产生，其性质由社会的整体性质所决定。具体来说，教师的施教与学生的学习离不开一定社会政治的需要，师生关系反映的是社会的政治需要，包括培养公民素质和政治人才。

3. 师生间的文化授受关系

这是人类文化历史与文化现实关系的直接反映。教师闻道在先，术业有专攻，是人类已有文化的掌握者，而学生作为未成年人，他们所拥有的文化资源相对不足，这种差距客观上促使了教师与学生的授受关系的形成。

4. 师生间的道德关系

这是人类现实利益关系在教育教学中的反映，道德是在社会生活中形成的调整人们的社会行为的行为规范的总和。教师与学生的活动作为社会活动的范畴，必然要受到社会道德规范的约束。如公平、正义、秩序等教师和学生都必须共同遵循。

同时，师生之间的工作关系使得师生双方都要受到教育内部道德规范的约束，如教师职业道德规范、学生守则等。再者，教师对学生进行文化知识传授的同时，也要对学生进行道德熏陶，教师自身的道德修养也对学生起着潜移默化的作用。

5. 师生间的法律关系

这是现代社会人与人之间权责关系的具体体现，教师和学生作为公民，具有法律保护的权利和义务；学生作为未成年人，还拥有《未成年人保护法》等法规所赋予的权利，教师要尊重和维护学生的权益，学生也要尊重教师的合法权利。

（二）教育关系的体现

教育关系的体现，即教师和学生为完成一定的教育任务而建立起来的一种工作关系。教育关系是师生关系的主体，没有教育关系，师生之间的社会关系同样存在，但没有教育关系，教育活动就难以开展，有别于其他社会关系的师生关系也就不存在了。这是师生关系的核心。教育活动的特点决定了师生间的教育关系也具有多重性。

1. 师生的教育关系首先是一种教育与被教育的关系

教师与学生都是教育过程的参与者和主体，但他们在教育过程中的地位不同，主体地位的表现方式也不同。教师作为闻道在先、术业有专攻的专业人员在教育过程中居于主导地位，他是教育过程的设计者、组织者和管理者，是教育的引导者，能促进学生的发展。学生是教师施教的对象，作为具有主观能动性的个体，学生也有选择权和决策权，但总体上应配合教师的教育引导。

2. 教育作为一种组织来看，师生是一种组织与被组织的关系

教师与学生共同生活在学校、班级等社群中，构成组织与被组织的关系，教师是这些社群中的“领袖”，保持必要的权威、维护一定的秩序，对于集体的凝聚力、团队精神的形成起着至关重要的作用。

3. 从教育活动的开展来看，教师和学生是一种平等的交往关系和对话关系

教师与学生主要是通过语言交往、精神交往来传递信息、表达思想和完成任务的，平等意味着教育教学中的话语权、参与权的平等，师生双方人格的平等。在平等的交往和对话中，师生双方充分理解对方，沟通良好，有利于学生的自由发展。

（三）心理关系的体现

心理关系是指师生双方为了维持和发展教育关系而构成的内在联系，包括人际关系、情感关系和个性关系等。师生心理关系的实质是师生双方人际关系是否和谐、情感关系是否融洽、个性是否冲突。心理关系对教育教学过程影响重大，良好的心理关系会减少工作关系的紧迫感，反之则易使学生产生厌学等不良情绪而影响教学效果。

综上所述，师生关系可分为社会关系、教育关系和心理关系，其中教育关系是

最基本的关系，其他关系服务于它。社会关系是一种背景关系，是教师和学生作为社会成员其身份和角色在教育教学中的直接反映，具有稳定性和规范性的特点，常以较为强硬的方式投射到师生之间的教育关系和心理关系中。心理关系是教育关系的基础和深化，常以内隐方式和感性方式直接反映到教育关系中，具有情景性和弥散性的特点。

二、理想师生关系的基本特征

理想的师生关系是教育活动顺利进行和教育目标得以完成的基本保证，建立理想的师生关系是教育工作者的共同要求，也是教育规律的必然要求。理想的师生关系是师生主体间关系的优化，从其发生、发展来看，具有以下特征：

（一）尊师爱生，相互配合

尊师是指学生尊重教师，尊重教师的劳动和教师的人格尊严，对教师要有礼貌，了解教师工作的意义，理解教师的意愿与心情，主动配合教师的教育教学活动，虚心接受教师的指导。尊师是指学生对教师的正确认识，也是师生之间良好感情、正确行为的综合体现，是人类的美德。因此，得到学生尊重是教师的最大的愿望。

爱生是指教师热爱学生、关心学生、保护学生以及尊重学生，它是教师热爱本职工作的体现，是教师对学生进行教育的感情基础，是教师基本的职业道德，也是培养学生热爱他人、热爱集体的道德情感基础。教师对学生的爱是学生身心健康发展的重要前提。现代新型师生关系是一种民主、平等的师生关系，是在教育过程中师生双方彼此尊重，重视沟通与交流，相互配合与协作，共同完成教育教学任务。

（二）民主平等，和谐亲密

师生关系的民主平等体现了教师与学生在教育过程中的相互尊重人格和权利，相互开放、平等对话、相互理解、相互接纳等关系。民主平等不仅是现代社会民主化趋势的需要，而且也是教学活动的人文性的直接要求和现代人格的具体体现。它要求教师能向学生学习，理解学生，发挥非权力性影响力，并一视同仁地与学生交往，善于倾听不同意见，也要求学生正确表达自己的思想和行为，学会合作与共同学习。

民主平等是师生在共同参与的过程中形成的。共同参与，意味着教师与学生以不同的主体地位和作用进入实际的教育生活，形成智能、个性等方面的互补，发挥各自的积极性、主动性和创造性。民主平等、共同参与的结果是师生之间的融洽、协调。和谐亲密体现了师生的人际亲和力和心理融洽度。

（三）共享共创，教学相长

共享就是教师和学生共同体验和分享教育中的欢乐、成功、失望、不安，它是师生情感交流的深化表现。共创是教师和学生在相互适应的基础上，相互启发，使师生的认识不断深化，共同活动的质量不断提高。共享共创体现了师生关系的动态性和创造性，是师生关系的最高层次。共创共享的结果是教师和学生相互促进，共同发展，是学生智能、思想、道德、兴趣和人格等的全面发展，是教师专业自我的成熟过程。

三、良好师生关系的功能

《中国大百科全书（教育）》认为："学校中的教育活动，是师生双方共同的活动，是在一定历史阶段中社会关系的反映。良好的师生关系，既是提高学校教育质量的保证，也是社会精神文明的重要方面。"良好师生关系的主要功能表现在以下三个方面：

（一）教育功能

良好师生关系的教育功能是指师生关系本身蕴含着教育力量。它是学生从家庭步入社会后建立起来的社会关系，在其间学生学会人际交往的方式、分寸，学会尊重他人、自尊自爱，教会学生做人。

（二）激励功能

良好师生关系的激励功能是指和谐师生关系的建立，可使师生双方从中得到鼓舞，使教师产生职业自豪感，从而产生工作的责任感，坚定献身教育事业的信念；使学生感受到师爱的温暖，感受到教师的殷切希望，并将其转变为奋发向上的动力。

良好师生关系会对教育的效率产生直接影响。在良好师生关系中，师生间有着良好的合作氛围，双方对自己的根本任务认识清楚，活动积极性高，效率得到极大的提升。

（三）调控功能

良好师生关系的调控功能是指良好师生关系对教育教学活动具有调节、控制作用，有利于顺利解决教育教学过程中出现的一切矛盾。良好师生关系能够使学生对教师产生认同感，对教师的帮助引导容易接受，对师生之间出现的不同意见能够从积极的方面去认识，有助于矛盾的化解。

四、良好师生关系建立的基本策略

师生关系总是建立在一定的社会背景之中，与师生双方密切相关，受多种因素制约，但从教育内部而言，建立良好的师生关系要靠双方共同努力。教师在师生关系的建立与发展中占有主导地位，要建立民主平等、和谐亲密、充满活力的师生关系，对教师来说，可以采取以下措施：

（一）了解和研究学生

教师如果要与学生相处融洽，使教育影响能够对学生产生作用，并深入其心灵深处，就必须了解和研究学生，把握学生的基本情况、个性特征、情感需要等，才能有的放矢、因材施教。教师了解和研究学生，既指对学生个体的思想、学业成绩、家庭状况、个性等方面的了解和研究，也包括对学生班集体的风气和精神面貌等的了解和研究。

（二）树立正确的学生观

学生观是教师对学生的基本看法。它影响教师对学生的认识及其态度和行为，进而影响到学生的发展。传统教育中把学生视为被动的受体，教师控制、塑造学生，对学生的教育是规范的、预设的。现代教育中对学生的看法是，学生是有着巨大发展潜力的，其不成熟性具有成长价值，学生具有主体性、创造性，学生是权责主体，有正当的权利和利益，具有独立人格，是一个完整的人。正确的学生观来自教师对学生的观察和了解，来自教师向学生学习和对自我的反思。

（三）热爱、尊重学生，公平对待学生

热爱学生包括热爱所有的学生，对学生充满爱心，关心学生的学习与生活。尊重学生是指教师应把学生视为具有独立人格的人，尊重其人格尊严，保护其自尊心，维护其合法权益，教师的爱是一种具有高度社会责任感的爱，因而也应该是公平而理性的爱，它应该惠及所有的学生。

（四）主动与学生沟通，善于与学生交往

师生关系一般都要经历生疏、接触、亲近、依赖、协调、默契阶段，在师生交往的初期，往往会出现不和谐因素，如因不了解而不敢交往和因误解而造成冲突等，这就要求教师掌握沟通与交往的主动性，经常与学生保持接触交流，了解学生的思想动态，把握教育时机。同时教师也要掌握交流的策略与技巧，如体察学生心理、寻找共同话题、自然参与学生活动、使用多种通讯方式等。

（五）努力提高自我修养，健全人格

教师素质是影响师生关系的核心因素，教师的师性修养、知识能力、教育态度和个性心理品质等无不对学生产生深刻的影响，教师要使师生关系和谐密切，必须通过自己高尚的道德修养、认真的治学态度、渊博的知识面、各方面的兴趣爱好、良好的个性特征来吸引学生。要做到这一点，教师必须先做到：①加强学习与研究，使自己更具智慧；②经常进行自我反思，正确评价自己，克服个人偏见和定势；③培养自己各方面的兴趣和积极向上的人生观；④学会自我控制，培养耐心、豁达、宽容、理解等个性品质。

（六）组织好教育教学活动，促进学生身心和谐发展

师生关系中的核心关系是教育关系。教育关系主要是通过一系列的教育教学活动来建立的。所以，教师应该认真研究社会需要以及学生成长和发展的规律，精心设计教育教学活动，利用各种资源，灵活实施教育教学活动并反思教育教学过程，使学生能够在一种良好的环境及和谐的情境中，通过自己主动的学习活动发展自我，提高素质。

本章知识结构图：

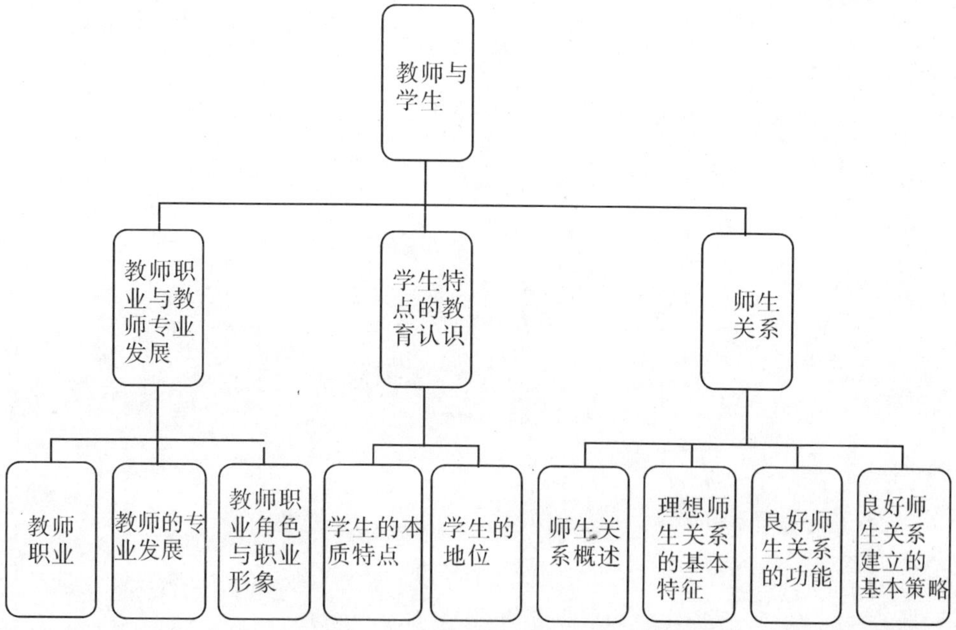

讨论与应用：

就师生关系的本质，师生在教学过程中的地位作用，现实教育教学实践中师生冲突的案例等，组织学生进行讨论。

本章主要参考书目：

1. 李其龙，陈永明．教师教育课程的国际比较．北京：教育科学出版社，2002
2. 和学新．师生主体性双向建构与基础教育课程改革．教育研究，2002（9）
3. 吴康宁．学生仅仅是“受教育者”吗？——兼谈师生关系观的转换．教育研究，2003（4）
4. 丁静．教学创新：构建师生互为主体的平台．教育研究，2003（9）
5. 丁静．关于师生冲突中教师行为的案例研究．教育研究，2004（5）
6. 丁静．论理解型师生关系的建构．教育研究，2004（11）
7. 陈平．论教师能动作用的解放．贵州师范大学学报，2002（2）
8. 叶澜．教师特色与教师发展新探．北京：教育科学出版社，2001
9. 陈新宇，腾鲁阳．中学教育学．重庆：重庆出版集团，2007
10. 教育专项调查：师风师德师爱滋润学生心．
11. 刘延申．美国高等师范教育改革简述．

第七章　课程

学习目标

1. 了解课程概念的不同观点，理解课程概念的内涵
2. 了解课程的不同类型以及它们的特点
3. 掌握世界课程改革发展的趋势
4. 能联系实际对中国基础教育课程改革作出评析

第一节　课程概述

一、课程的内涵

“课程”一词在我国始见于唐宋期间。宋代朱熹在《朱子全书·论学》中多次提及“课程”，如“宽着期限，紧着课程”，“小立课程，大作工夫”等。“课程”指功课及其进程，仅仅指学习内容的安排次序和规定。

到了近代，由于班级授课制的实行和赫尔巴特学派“五段教学法”的引入，人们开始关注教学的程序及设计，于是课程的含义从“学程”变成了“教程”。新中国成立以后，由于凯洛夫教育学的影响，到80年代中期以前，“课程”一词很少出现。

在西方，课程（curriculum）一词最早出现在英国教育家斯宾塞的《什么知识最有价值?》（1859）一文中。它是从拉丁语“currere”一词派生出来的，意为“跑道”（race-course）。在教育学中，它被引申为学习者的学习内容与进程，并可根据其来衡量学习者的学习状况和效果。

二、关于课程概念的不同观点

中国台湾学者黄政杰综合各种课程定义的主张，将其归结为四种类型，即把课

程看作学科（教材）、经验、目标和计划。①

（一）课程是学科（内容）、教材

最传统的课程定义，可以指一个科目或所有科目，如“数学课程”、“高中课程”等。除了学科外，课程也被视为学科的内容或教材，这时课程可以是一本教科书，一套教科书或者是教科书的内容及各种教学材料等。

（二）课程是经验

卡斯威尔和坎伯尔在《课程发展》一书中主张学校课程包含儿童在教师指导下的所有经验，所关心的是学校或教室内实际发生了什么，重视师生间的交互作用所产生的结果，关注的焦点由“教”（teaching）转向了“学”（learning）。

（三）课程是目标

在20世纪20年代，博比特提出这种观念，后来泰勒等人又有所发展和完善。泰勒认为课程研究主要应该解决这样四个问题：一是学校应该达到哪些教育目标？二是提供哪些教育经验才能实现这些目标？三是怎样才能有效地组织这些教育经验？四是我们怎样才能确定这些目标正在得到实现？②

（四）课程是计划

麦克唐钠、缪强普、布拉特、斯腾豪斯、薛勒等人主张严格区分课程与教学这两个概念，区分的标准是执行与否。课程计划包含了多种因素，如目标、内容、活动和评价等，从而更全面地体现了课程的面貌。

（五）其他观点

英国学者劳顿认为课程是一种社会文化选择。在制定新课程方案的过程中，必须对与之相关的社会文化进行分析、分类，并与现在的课程进行对照。在这个过程中，人们要考虑课程的社会文化价值问题。同时，他主张在制定与实施课程的过程中，应尽量多地发挥教师的作用。

古特莱德等人提出五种不同水平的课程，即理想课程；文件课程；理解课程；实施课程；经验课程。他认为可以在不同水平上理解和分析课程。③

还有的人从课程的功能出发来界定课程，如认为课程是社会文化的再生产；课程是社会变革的力量，等等。

---

① 黄政杰．课程设计．台北：东华书局，1991．298

② 拉尔夫·泰勒．课程与教学的基本原理．施良方译．北京：人民教育出版社，1994．3

③ 张华．经验课程论．上海：上海教育出版社，2000．333

以上不同观点分别来自三种不同的纬度。①教学活动纬度。这是人们界定课程的一种传统的认识纬度。“学科”说、“教学内容”说等都是从教学活动纬度来界定课程的。从这里我们可以看出虽然课程与教学活动有着密切的联系，但课程不属于教学活动，它不是教学活动的一个要素或组成部分，而是与教学活动并行的教育活动的子系统。[①] ②教育目标纬度。这种纬度把课程看做学习的预期结果，课程是实现教育目标的信息载体。③教育过程纬度。这种纬度将课程从教材转向个体直接经验的获得。将传统的静态课程变为动态课程来考察，将学生的学习活动与教学活动都纳入课程的范畴，从而扩大了课程的外延。

由此，我们可以看出对于课程的定义是人人都想说清楚的，然而人们又都是从某个角度来对此进行阐述的，这说明对课程的研究还有待深入。事实上，在大家对课程各执一词的时候，说明课程并没有僵死，它还在运动、发展着。从课程定义来看，课程的发展有以下四种趋势：①从学科内容到学习者的经验与体验。课程的发展应着重考虑提高学生对周边社会及生活环境的认识，增强其适应环境的能力，做到学以致用，而不应只是单一形式的训练或机械记忆，课程内容也不应只是死记硬背一些杂乱无章的对实际生活毫无助益的零碎知识。②从强调目标到强调课程过程本身。它主张课程的实施要留有伸缩余地，使教师和学生有自主教育和自主学习的机会。事实上，“当特定的教学情境中教师和学生的主体性得到充分发挥的时候，这种教学的进程必然是富有创造性的，必然存在许多非预期性因素。”[②] ③从强调教材单一因素到强调教师、学生、教材和环境等多因素的整合。课程并不仅仅是教材，它是一个人—人—环境的复杂系统，如果忽略了其中任何一个因素的作用，都会让课程僵死、呆板、封闭。④强调显性课程与隐性课程并重。提倡显性课程与隐性课程（或潜在课程）两者要相互兼顾，不能偏废。因为正式课程或显性课程虽是可预期的计划性学习，但是，若能兼顾那些没有预期却能产生深远影响的隐性课程或潜在课程的学习，那么，教育效果将会更好。

第二节　课程类型

对于课程，从不同的角度可以对其作不同的分类。这里着重介绍常见的四种分类：分科课程与活动课程；显性课程与隐性课程；核心课程与外围课程；国家课程、地方课程与校本课程。

---

① 廖哲勋，田慧生．课程新论．北京：教育科学出版社，2003．36

② 张华．经验课程论．上海：上海教育出版社，2000．69

一、分科课程与活动课程

分科课程，通常又被称为科目课程（subject curriculum）。分科课程是根据各级各类学校培养目标和科学发展水平，从各门科学中选择出适合一定年龄阶段学生发展水平的知识，组成各种不同的教学科目。这种课程是预先安排的。[①]

从学校产生与发展的历史来看，分科课程在所有课程的类型中，历史是最为长久的。若追溯其根源的话，分科课程从学校教育产生开始即已存在。孔子"《诗》、《书》、《礼》、《乐》"，从而定"礼、乐、射、御、书、数"六门功课教于学生，这可以看作是分科课程的雏形；古希腊智者派创立文法、修辞、辩证法，柏拉图将其与算术、几何、天文、音乐并称为"七艺"；及至亚里士多德在吕克昂学园，以"逍遥学派"之风，教学生政治、物理、天文、生物和历史课程，这已是西方分科课程的原始形态。至今为止，已出现三种典型的分科课程：科目本位课程、学术中心课程、综合学科课程。它之所以在学校教育中始终受人青睐，既源于学校特定的任务与要求，也源于人们长久以来形成的知识观，同时又源于它的便利与简单。

活动课程（activity curriculum）与分科课程相对，它是打破学科逻辑组织的界限，以学生的兴趣、需要和能力为基础，通过学生自己组织的一系列活动而实施的课程。它萌发于19世纪末期的欧美实验学校，杜威是其中最有影响的倡导者。因此它也常常被称为"儿童课程"、"经验课程"。

分科课程与活动课程是学校教育中的两种基本的课程类型，我们可以把两者看作是一种相互补充而非相互替代的关系。分科课程将科学知识加以系统组织，使教材依一定的逻辑顺序排列，学生在学习中可以掌握一定的基础知识、基本技能。但是，由于分科过细，只关注学科的逻辑体系，这样容易脱离学生生活实际，不易调动学生学习的积极性，而活动课程则可以在一定程度上弥补这一缺失。但与此同时，由于活动课程自身往往依学生兴趣、需要而定，缺乏严格的计划，不易使学生系统掌握科学知识。所以，两类课程在学校教育中都不可缺少。

二、显性课程与隐性课程

隐性课程（也称潜在课程、隐蔽课程、无形课程、自发课程等）的概念产生于20世纪六七十年代，自提出后，便引起了课程研究者的极大兴趣。从总体来看，最先对隐性课程展开系统研究的是教育社会学者，研究成果迅速为人们所接受。我国有意识地研究隐性课程是从20世纪80年代中期开始的，至今隐性课程不仅成了课程理论探讨的一个重要课题，而且在教育实践中也引起了广泛的注意。但直到现在，

---

① 郑金洲. 教育通论. 上海：华东师范大学出版社，2000. 290

在关于隐性课程的概念、构成和设计等方面，其认识仍未达成一致。

显性课程与隐性课程之间的划分，是以课程的表现形式或者说影响学生的方式为依据的。显性课程主要是指在学校情境中以直接的、明显的方式呈现的课程。从结果上看，显性课程强调的是学术性知识。从计划上看，它是有组织的学习活动，学生有意识参与的成分非常大，因此它是可预测、可计划、可测量的。在学习环境上，它主要是通过课程教学传递的，因此讲究一定的教学方法与手段。相对于显性课程来说，隐性课程具有弥散性、普遍性、持久性等特点。在这一界定中，把学生在学校情境中获取的经验分成了两部分，一部分经验是教育者直接表现出来的；另一部分经验则是间接的，如学生团体交往、校园文化等，这些活动并不直接传授经验，经验只是隐于其中。隐性课程是学校情境中以间接的、内隐的方式呈现的课程；显性课程是学校情境中以直接的、明显的方式呈现的课程。隐性课程指的是课内外间接的、内隐的、通过受教育者无意识的非特定的心理反应发生作用的教育影响因素。隐性课程涵盖范围很广，几乎涉及学校的各个层面、各个角落以及各种行为。大致说来，隐性课程有这么一些：在物质层面上，包括学校的建筑、教室的布置、桌椅的排列、校园环境等；在行为层面上，包括学生间的交往、教师间的交往、师生间的交往、教师与家长的交往、社区与学校的交往等；在制度层面上，包括学校管理体制、学校组织机构、班级管理方式、班级运行方式等；在观念层面上，主要有校风、办学方针、教学风格、教学观念、教学指导思想等。隐性课程对学生的身心发展有着重大的影响，从它所涉及的范围上就可看出这点。在一定程度上可以说，不重视隐性课程的教育是不成功的教育，甚至是无效或负效的教育。

隐性课程与显性课程存在着内在的联系。一方面，显性课程的实施总是伴随着隐性课程；另一方面，隐性课程也不断地转化为显性课程。如学生或学校的实际需要，是教师等可以意识到的，且已上升到他们的“意识阈”之上，因而可以归入显性课程的范畴。[①] 同时它们也在三个方面存在区别：一是在学生学习的结果上，学生在隐性课程中得到的主要是非学术性知识，而在显性课程中获得的主要是学术性知识；二是在计划性上，隐性课程是无计划的学习活动，学生在学习过程中大多是无意识地接受隐含于其中的经验的，而显性课程则是有计划、有组织的学习活动，学生有意参与的成分很大；三是在学习环境上，隐性课程通过学校的自然环境和社会环境进行，而显性课程则主要通过课堂教学的知识传递进行。

另外应该注意的是，隐性课程含有消极的影响，有时甚至与学校及社会的期望不一致，与教育目标相背离。在教育和教学实践中，这些非预期的效果时常会影响教学的进展，影响教育者的行为，因而也会引起社会、家庭对此的关注。所以，教师要逐步认识到这些非预期效果的存在，并自觉地对产生这些效果的影响予以剖析，使之向有利于实现教育目的的方向转化。

---

① 郑金洲. 隐蔽课程：一些理论上的思考. 比较教育研究，1989（1）

三、核心课程与边缘课程

核心课程（core curriculum）可以看作是分科课程的反向，源于19世纪末20世纪初，以德国赫尔巴特学派教育家齐勒所确立的“齐勒计划”为标志。它一反分科课程将各门学科进行切分的做法，而是在若干科目中选择若干重要的学科合并起来，构成一个范围广阔的科目，规定为每一学生所必修，同时尽量使其他学科与之配合。它着重提醒教育者注意的是，学生并非生活在真空里，而是在一个特定的时间、地点和特定的社会环境里成长，课程需要反映学生所赖以生活的社会需求。因此，核心课程在产生之初，其显要特征就是注重社会需求以及以生活为中心，及至后来，核心课程在此立场上稍有改变，其实质是吸纳了活动课程的一些成分。

核心课程的本质是处于课程体系的核心位置并具有生成力，而其他课程则不是。核心课程具有这样一些特点：具有一般学生所需要的一个核心；在内容上覆盖两到三个学科；花费的时间至少为两节或两节以上；由师生共同筹划。通过特别的成员，使学生在家期间也有更多的机会得到指导和咨询。它还有另一个显著特征，即这种课程是需要每个学生都掌握的，是需要所有学生共同学习的。这样也会带来一些问题：一是社会生活的需要是多种多样的，哪部分课程需纳入“核心课程”；二是随着新学科的不断涌现，这些学科的拥护者都极力希望把新学科纳入到课程中来；并且，有的学科也的确需要在核心课程中得到反映。[①] 在这种情况下，与核心课程互补的外围课程也就应运而生了。

在核心课程中，编班并不十分固定，必要时，学生可进入另一核心班上课。教材与教科书仍是以社会为中心编排组织的，仍有一定的年级序列，在教学中仍具一席之地。核心课程对教师的要求要高于分科课程对教师的要求，教师不仅要对核心学科、外围学科、学生心理和团体之间协作等有较多的研究，而且对社会情况也要有较多的了解。

核心课程自提出后，就一直有着激烈的争论。这些争论，既涉及核心课程本身，也涉及核心课程与边缘课程的关系。可以说，这种争论从20世纪20年代至今就没有停止过。目前看来，这种争论还会持续下去。其中除了核心课程与边缘课程两者各执一端的特性之外，至少还有以下四个因素影响着或者说延续着这场争论。第一个因素是新学科在不断发展或学科内的分支在不断生长。同时，各种社会问题层出不穷，哪些内容应置于核心课程，哪些应置于边缘课程，难有统一。此外，新的社会问题，如防止艾滋病、吸毒等，是否应放在中小学核心课程之中。由于来自各方面的压力，这些问题仍在核心课程与边缘课程之间徘徊。第二个因素是核心课程及其名称并不能界定所教的内容。人们发现，不同的内容实际上可以用同一核心学科

---

① 郑金洲．教育通论．上海：华东师范大学出版社，2000．292

的名称来表示；有些归属于某一核心学科的内容，同时也可归属于另一核心学科；反过来，核心学科与其涵盖的内容名不符实的情况也是存在的。第三个因素是核心课程只能满足一部分学生的需要，而不能兼顾所有学生，来自家长及社会的压力也会使核心课程摇摆不定。当学生相信课程能够使他们学会对他们来说重要的东西时，他们才会试图学习教师所教的东西。当他们感到课程内容与他们的兴趣无关时，他们可能只是为了通过考试而学习，然后很快就遗忘了。在许多家长看来，学校教育仅仅是使他们的孩子获得更好职业的手段，当他们发觉两者之间没有联系时，就会失去对课程的兴趣。第四个因素是核心课程围绕社会问题而组织，其目的是通过对社会问题的学习，解决某些社会问题。但事实上对于一些社会问题或社会问题的某些方面，是可以通过学校教育成功地加以解决的，如学生的激进态度，经由核心课程会有所改变。而且，学生在学校中形成的态度还会影响他们的家长，进而影响社区内的其他成人，但这种影响毕竟是有限的。

边缘课程（peripheral curriculum）是为不同的学习对象准备的。它不同于照顾大多数学生、面向所有学生的核心课程，它是以学生存在的差异为出发点的；它也不像核心课程那样稳定，而是会随着环境条件的改变、年代的不同及其他差异而做出相应的变化。

核心课程与边缘课程之间的关系可以得出以下认识：第一，核心课程与边缘课程本身及彼此之间的关系不是客观的、价值中立的。第二，核心课程与边缘课程之间是内在、生成性的关系，并非主导与依附的关系。

四、国家课程、地方课程、校本课程

应该说，三个课程名称的出现反映了我国课程管理的民主化。这三个课程名称是相对于课程管理的主体不同而命名的。

（一）国家课程

国家课程是指国家委托有关部门或机构制定的基础教育的必修课程或是核心课程的课程标准或大纲。国家课程集中体现了国家的意志，是决定一个国家基础教育质量的主要因素。因此，国家课程具有统一规定性和强制性。国家课程主要有以下三个特点。

第一，确保所有学生学习的权利。国家课程是面向全国的，因此国家课程将保证所有学生都享有在一定领域内的学习权利，都享有获得知识、发展智力的权利，从而获得一个积极的有责任感的公民实现自我价值和自身发展所必需的技能和态度。一般来说，国家课程的标准不宜过高，这样就可以保证绝大多数学生都能达到国家课程标准。

第二，明确规定学生在接受学校教育期间应达到的标准。国家课程实际上也是一个质量标准，它为学校和社会各界提供了清楚、具体的教育质量标准。国家课程向学生、家长、教师、地方政府、用人部门和公众清楚地界定了期望学生学习达到的成就标准，规定了所有科目的学习应达到的国家标准。这些标准可用来制定改进的目标，衡量目标的达成度，实施监控以及在不同学生个体之间、集体之间和学校之间就学生的学习成就进行比较。

第三，提高学生在接受学校教育期间的连续性和连贯性。国家课程从总体上规定了不同学段的教育目标，这种目标虽然是基本的，但具有强制性和统一性，这就有助于在国家层次上形成一个连续的课程框架，从而使不同学段之间具有较强的连贯性，并为学生的学习进步留有充分灵活的余地。

（二）地方课程

地方课程是指在某一地方实施和管理的课程，既包括地方对本地国家课程的管理和实施，也包括地方自主开发的只在本地实施的课程。地方课程的特点有：

第一，促进国家课程的有效实施。地方课程与国家课程在主要的目标上是一致的。地方课程与国家课程不同的是，地方课程充分体现了本地的教育发展水平，紧密结合本地的社会、经济和文化发展现状，充分利用本地的课程资源，具有较强的针对性。因此，地方课程可促进国家课程的有效实施，但不是国家课程的延伸。

第二，弥补国家课程的空缺。国家课程是面向全国的，确保大多数学生甚至所有学生都能接受，强调普适性。但实际上，国家课程很难满足全国不同地区、不同学校、不同学生的不同需要，也很难适应不同地区的实际。对于国家课程所没有涵盖的、不能满足的、无法考虑周全的内容，地方课程正好可以弥补。

第三，调动地方参与课程改革与课程实施的积极性。无论是地方课程的管理还是地方课程的开发，都对地方提出了很高的要求。地方要在掌握国家课程政策和国家课程标准的前提下进行课程管理和课程开发，这就有利于调动地方参与课程改革和课程实施、课程开发的积极性和主动性，这不仅有利于国家课程的有效实施，而且也有利于培养地方的课程开发能力，从而促进课程改革的可持续发展。

（三）校本课程

校本课程即学校在实施好国家课程和地方课程的前提下，自己开发的适合本校实际的、具有学校自身特色的课程。校本课程的特点有：

第一，照顾学生的个别差异，满足学生多样化的需要。校本课程是以校为开发单位和实施单位的，可以更好地了解学生的不同需要，考虑学生的个别差异。比如，同一个年级的学生，可能由于个人兴趣、家庭背景的不同，有些人不太喜欢英语，而有些人特别喜欢英语，将来准备报考大学的英语专业。这样，学校除了按照国家课程标准开设英语课程以外，还可以另外开设一些英语课程，比如英美文化概论、英语写作等。这样既满足了学生的需要，也照顾了学生的个别差异。

第二，促进教师专业能力的持续发展。教师具有一定的课程开发能力，不仅有利于国家课程、地方课程的有效实施，还有利于其专业的发展。当前教育的发展，要求学校成为一个不断改革、促进其成员持续发展、充满生机和活力的组织。学校的课程开发能力，对于形成这样的组织有着至关重要的作用。校本课程的开发，要求教师要成为课程与教学的领导者，要在一定的教育理论和课程与教学理论的指导下，在掌握国家课程政策和课程标准的前提下，在充分了解学生的发展特点和现实需要的基础上参与课程改革。这对促进教师的专业发展具有十分重要的意义，是实现教师持续性的专业发展的有效途径。

第三节 基础教育课程改革的趋势

课程集中体现了教育思想和教育观念，是实施学校培养目标的“蓝图”。课程改革与发展是一个综合的系统工程，受到多种因素的制约。从社会各要素来说，政治变革、经济发展、文化背景和科技进步等都必然会影响教育，包括课程的结构和功能、方法与内容；从学校内部来说，决策者的角色和理念，参与者的准备度和态度，时空资源的融合也与课程变革息息相关。在教育体系中，因受教育学发展的脉络和教育哲学的影响，课程发展在不同时期也会呈现出不同的特色。

表 7－1 不同时期课程发展类型内涵与特色比较表①

课程发展	科学实证时期	批判时期	后现代时期
特质	1. 工具理性与工作—成效分析 2. 追求客观具体的实效，排除人文的价值因素 3. 社会整体化模式 4. 强调科层体制 5. 偏重量的研究 6. 机械典范	1. 价值中立：透过论述建立共识 2. 视情境的合理性而定 3. 共同参与，共同创作 4. 有机典范 5. 互为主观	1. 多元价值 2. 重视独特性美感 3. 经验的个别化 4. 强调学习者本身 5. 学生为主 6. 标榜创造
缺点	1. 流于科技主义 2. 价值一元	1. 共识难以建立 2. 稳定性不足	多元但缺乏主流，十人十义

① 温明丽．教育 101：教育理论与实践．台北：高等教育文化事业有限公司，2008. 130

（续上表）

课程发展	科学实证时期	批判时期	后现代时期
方法论	1. 经验—分析法：事实与价值二分 2. 线性分析法 3. 技术—功能导向	视情境和范畴选用方法：实证分析、历史诠释、批判解释方法等	1. 重视生活经验 2. 文本诠释之课程理解研究 3. 行动研究，尤其是质的探索：人种志、叙述研究
权威性	1. 由上而下 2. 专家效度	1. 共识权威 2. 民主决定	1. 由下而上 2. 多元权威
步骤（方向相同，方法不同）	目标→内容→组织→评鉴或研究→发展→传播	目标→内容→组织→评鉴或研究→发展→传播	目标→内容→组织→评鉴或研究→发展→传播

一、世界课程改革的发展趋势

信息时代的到来，赋予课程改革以新的使命。二战以来，世界各国都非常重视以基础教育课程改革为核心的教育改革，并进行了较大规模的课程改革运动。进入21世纪，课程改革更是接踵而至。

纵观各国课程改革历程与现状，尽管呈现出不同的价值取向和特点，但通过比较和分析，在现代化的总体趋势下，仍能从中看到大致的特点和趋势。

（一）课程政策的发展趋势

课程政策是“国家教育行政主管部门在一定社会秩序和教育范围内，为了调整课程权力的不同需要，调控课程运行的目标和方式而制定的行动纲领和准则。”[①] 作为一国的课程改革指南，它着重解决“由谁来决定我们的课程”或课程权力的分配问题。从世界范围来看，主要存在“中央集权型”、“地方分权型”和“学校自主决策型”等三种课程政策的类型，分别以法国、美国和英国为典型。三种类型无所谓优劣，而是各有利弊。目前，无论是采取哪一种类型课程政策的国家，都逐渐认识到对课程“统得过死”和“放得过松”皆非明智之举，皆努力谋求“国家课程开发”与“校本课程开发”的协调与统一，注意“集权与分权”、“标准化与多元化”之间的动态平衡。

一方面，许多传统上实行课程分权管理的国家，如美国、英国都趋向于建立全

① 胡东芳. 论课程政策的定义、本质与载体. 教育理论与实践，2001（11）

国统一的课程标准，试图突破教育行政地方分权的历史传统，加强国家对教育宏观调控的职能，以确保基础教育的质量，在课程政策上有明显强调集权、政府、标准化和学术发展的倾向。克林顿政府在《2000 年目标：美国教育法》中主张将 1990 年布什政府提出的国家教育目标正式完成立法程序，并成立“国家教育目标专门小组”，以随时对实现这些目标的进程提出报告；要求编订供各州自愿采用的“核心课程国家标准”，希望借此能够对学生在基本学科领域里必须掌握哪些东西有一个共识。“核心课程国家标准”的制订一改美国过去学校课程设置的地方分权状况，虽无明确规定各州必须严格执行全国标准，但要求各地的地方标准要依据全国标准来制订。这在美国学校课程发展史上还是首次，体现出课程设置的统一性与灵活性相结合的特点。

另一方面，许多传统上实行中央集中统一开发“国家课程”的国家，如法国、日本、韩国、俄罗斯（苏联时期）等都注意到了“校本课程开发”的意义。法国一向主要由中央政府以指令性文件规定全国统一的基础教育课程，但 1985 年正式颁布了“分权法”，进一步明确中央、学区、省、市镇各级对教育管理的权限，在课程安排上规定将 1/10 的课时让给各校自行安排①。日本和韩国在近二三十年的课程改革中，课程政策也皆表现出了民主化、决策分权化等相似的特点。

课程政策的制定与一国的政治体制、文化传统密不可分。所以，美英等国在强调统一课程标准的同时，并没有放弃多元化、个别化教学的传统，而课程改革朝分权化、校本化、个性化方向发展的国家也继续强调统一的基础课程。但值得注意的是，课程政策在调整课程决策权力的分配时所追求的不是国家“最大限度的控制”，而是“最小限度的控制”，是在必须达到的保底性要求基础上，给地方政府和学校留出充足的发展空间，使国家课程、地方课程与校本课程得以灵活地结合。

（二）课程结构的发展趋势

课程结构是指在学校课程的设计与开发过程中将所有课程类型或具体科目组织在一起形成的课程体系的结构形态。从某种意义上看，课程结构与人的素质结构具有对应性和同构性，对课程结构的设计就是对人的设计。为了使课程能促进学生素质的发展，世界各国都致力于优化课程结构，在课程类型、课程内容和课程形态等方面进行了相应的调整和完善，以满足学生全面发展和多样化发展的需要。其变革的趋势如下：

1. 稳定基础学科的核心地位，强化课程综合化趋向

为保证基础教育质量，各国普遍设立国家核心课程，重视基础学科的地位。许多国家的基础教育课程总量中，语文、数学等工具性基础学科始终保持着较大比重。例如，在初等教育阶段的语文学科，美国、英国均在 40% 以上，日本为 27.5%；数

---

① 陈扬光. 英法学校课程的传统与变革. 外国教育研究，1993（2）

学学科以苏联和联邦德国等国的比重为最大，约占20%以上，日本为18%。[①] 这些工具性课程在课程结构中的凸现无疑使课程更符合学习型社会对学习能力的特殊要求，以此提高学生的学业水平，迎接新世纪的全面挑战。

现代科学技术迅猛发展，知识总量急剧增加，学科门类越来越多。基础教育课程如何在有限的时空里及时吸收最新的科技成就，使我们的学生毕业后能同当代的科技发展站在同一水平线上？如果随着新知识的增长就增加新的教学科目和扩大教材的分量，不免造成学生负担过重。近年来，随着当代科学向整体化、综合化方向发展，随着自然科学人文化趋势日益加强，国外课程改革愈加重视课程综合化特性。在学科设置上打破不同学科的界限，加强相关学科之间的联系和渗透，使之有机地组合在一起，出现了诸如合科课程、融合课程、广域课程等综合类型课程。美国在《普及科学——美国2061计划》中提出的课程改革就注意自然科学、社会科学和数学知识的综合，增加必要的技能训练。每门课程自成开放性体系，在同一个单元里将多学科综合起来进行教学。如“水—自然环境”这一单元的教学，就涉及理科调查、社会的“自然环境”的教学、数学的用水量计算和语文的写作四门学科的综合。[②] 加拿大在20世纪80年代开始，掀起了课程结构改革浪潮，出台了一系列课程改革计划，其中尤为引人关注的是试图加速科学课程、技术课程与社会课程的一体化。[③] 日本、加拿大、韩国、匈牙利、德国、泰国、瑞典、法国等都开设了不同内容、不同形式的综合课程。课程内容的综合化也是当代科技发展对培养通才提出的要求。如果说近代社会曾经是专才取胜的话，那么能取胜于今后社会的将是在专才基础上的通才。

2. 更新课程内容，重视信息技术教育，推动课程结构的现代化

为适应信息时代和未来社会经济竞争的需要，世界各国普遍重视信息技术教育，把塑造学生的信息素养作为课程结构改革的主要任务，推动课程结构的现代化。

一方面，信息教育被列入正式课程。美国自20世纪80年代就开始了信息技术教育，美国的中学除了设有专门的计算机课程外，大多数的数学课程都有使用计算机的要求。法国政府1998年初宣布，法国制定三年教育信息化发展方案，从小学四年级开始在“科学技术”课程中设“计算机入门”作为必修课。高中一二年级开设管理和信息课程。[④] 英国1998年以立法的形式规定了中学信息技术课评价的九项标准，保证6%的教育经费用于购买计算机等设备，以保证英国20%的学校的每一台电脑和因特网连接。为全面提高学生的信息和交流技术能力，在新的国家课程中，英国又将以前的“信息技术”（Information Technology）改为“信息和交流技术”

① 齐放. 国外面向21世纪初等教育课程改革的趋势及其给我们的启示. 首都师范大学学报（社会科学版），2000（2）

② 徐辉. 当代世界基础教育课程改革的发展趋势. 西南大学学报（社会科学版），2009（5）

③ 陈晓端，龙宝新. 中、英、美、加四国基础教育课程改革比较. 外国教育研究，2006（7）

④ 陈薇，杜泽娟. 世界发达国家基础教育课程改革的发展趋势. 教书育人·大学频道，2005（10）

（Information and Communication Technology，简称ICT）。同时要求在数学、历史以及其他所有学科的教学中也要根据具体内容，加强对学生信息和交流技术的指导，致力于提高学生的信息素养，并把对科学的应用、科学研究能力、科学思想精神、信息获取能力、信息设备的应用技能作为21世纪英国人必须具备的素养之一，这无疑可以使课程结构与科技发展保持同步，体现了技术发展与儿童发展的统一。[①]

另一方面，信息技术与课程实行了整合。现代信息技术与课程的整合，是指信息技术有机地与课程内容、课程编制和课程的实施等融为一体，以期使课程的总体建构产生全面积极的变化。整合的关键是把信息技术当作学生获取信息、探索问题、解决问题和构建知识的认识工具。随着信息技术日益深入人们的日常生活，欧美发达国家率先开设以科学、技术和社会为主题的相关课程。通过建构一个基于现代信息技术的教学环境，在学校课程的教学中广泛应用信息技术手段，将学校课程的学习与信息技术融为一体，利用信息技术使知识多媒体化，不仅将计算机技术作为辅助手段融合到教育教学活动中去，而且通过计算机网络教会学生了解更新、更广博的知识世界。这对学生可以产生综合刺激，使他们增加知识的获取量并延长知识的记忆时间。

3. 注意各种课程内容、类型的配合，追求课程结构的平衡性、整体性

随着知识爆炸、信息涌流的学习型社会初见端倪，课程向生活的辐射力增强，世界各国也努力优化课程结构，设计合理的课程模块，寻求课程结构上的有机关联与平衡和实现课程多种功能之间的整合，以使课程成为平衡教育与人和社会之间的有力工具，使基础教育课程在发展学生学习能力，解决“全球问题”等方面有所作为。其具体的措施主要有以下方面：

（1）课程内容选择出现人文与自然学科并重的趋势。当前，人文科学教育传统深厚的国家强调加强理科课程内容，如英国；科学技术教育长期受到重视的国家强调人文科学的重要性，如日本等。

（2）有针对性地加强有关基础性和世界性问题的课程，如数学、语文、外语、道德教育、环境教育、人口教育、国际理解教育等。

（3）以核心课程为主体，以选修课程为辅助，追求课程统一性与多样性的平衡。从20世纪80年代中期开始，加拿大各省要求中小学必须设置统一规定的共同课程，且保持一定的教学内容和时数。因此，英语、社会科学、自然科学课程大多被列为必修课程，而且比例增大。同时，加拿大各省不断增设灵活多样的选修课，这些选修课程往往按门类设计，一般分为三类，即学术性选科、兴趣性选科和职业性选科，使课程结构有了适度的弹性。[②]

---

① 冯冬雯. 当代世界基础教育课程改革的发展趋势. http://www. bjesr. cn/esrnet/site/002750011fac3d1fba.ahtml

② 陈晓端，龙宝新. 中、英、美、加四国基础教育课程改革比较. 外国教育研究，2006（7）

（4）强调职业教育，突出课程结构的综合实践性趋向。在中小学课程中加强职业技术教育（或单独设课或渗透于相关课程之中），这在发展中国家和发达国家已成为普遍的趋势。加拿大在中小学都开设了职业指导课程，培养学生正确的职业发展态度，使学生获得基本的职业知识和技能，促进学生职业素质的发展。许多中学要求学生毕业前至少要掌握两门技术，否则不予毕业，这已成为制度。① 连一向轻视职业技术教育的英国，从 1990 年 9 月起也在中小学开设"技术与设计"课，以增强学生的经济和职业的意识与能力。② 另外，课程的综合实践性趋向也在加强。如德国在"新技术与学校"的课程改革过程中明确提出，将新技术知识渗透到基础教育学校的教学中，使学生在所有学科中接触新技术发展给社会、个人生活带来的利弊，保证学生既具有扎实的基础知识，又能增强未来职业上的适应能力。③

（三）课程实施的发展趋势

课程实施过程是一个行动的过程。通过这个过程，观念形态的课程被转化为学生可以接受的课程，从而实现课程内在的教育意义。当人们反思 20 世纪课程改革的历史进程时，发现大多数课程改革的共同失误是往往满足于课程计划的制订，而不关注课程的实施过程。自 20 世纪 80 年代以来，许多国家的课程改革都重视"课程实施"的研究，把课程实施视为课程改革过程的有机组成部分。总结世界各国的课程改革实践，可以发现，课程实施呈如下发展趋势：

1. 关注校内课程实施人员

（1）校领导。

随着政府下达的课程要求弹性日益增大，学校领导需要更多地考察地方的情况和需要，作出更多决策，用最好的方式实施课程。随着课程改革的深化，学校领导要重视激发起教师的课程意义，使教师对课程产生责任感，并意识到课程与教学的密切关系；校领导要塑造优质的校本课程文化，扩展并深化教师对课程设计的参与和深层理解，通过为教师提供专业发展的机会帮助教师理解课程和教学的变化。

（2）教师。

教师课程实施的"忠实取向"（fidelity orientation），正在被"互相调适取向"（mutual adaptation orientation）与"创生取向"（curriculum enactment orientation）所超越。特别是课程创生取向（或课程创生观）越来越成为课程实施研究中的新兴取向。这种取向认为，真正的课程是课程设计者（宏观层面的课程开发者）、教师和学生联合创造的教育经验，课程实施本质上是在具体教育情境中创生（enact）新的

---

① 林森．加拿大中小学职业指导课程研究．课程·教材·教法，2005（5）

② 于慧颖．英国中小学"设计与技术"课程成功发展的策略及启示．课程·教材·教法，2003（9）

③ 陈薇，杜泽娟．世界发达国家基础教育课程改革的发展趋势．教书育人·大学频道，2005（10）

教育经验的过程，既有的课程变革计划只是供这个经验创生过程选择的工具。[①] 当前，教师作为课程实施的主体，积极参与到课程改革中，不再被视为国家课程改革方案的忠实执行者，而是逐渐成为制定国家课程计划的参与者、课程开发者和课程计划的创造性实施者，在课程实施中扮演着越来越重要的角色。例如，在法国，教师通常是课程改革的倡导者，并在课程修订中占有一定的分量。他们可以通过教师工会，就国家课程政策以及课程的具体实施发表见解。[②] 现在征求教师的意见已经成为了新课程设计过程的第一步。教师可以就新课程是否加重了他们的工作量，课程的哪些方面应作删减或补充以及各级各类课程之间应如何协调提出他们的意见。

教师在课程实施中的重要性已日渐为人们所认识和接受。这已成为一种必然的发展趋势。当然，因为教师如何参与课程改革尚是一个新课题，所以许多实践中的问题还有待研究和回答。教师在实施与发展课程的过程中，要逐渐学会独立思考，慎思课程本质，谨慎设计课程内容、进行课程评价与研究，以提升课程之适应性和教学成效。这对于教师是更高标准的要求，需要教师终身学习，不断成长。

通过课程实施的发展，学校正成为师生自我反省、相互包容、以诚相待、共同成长的天地，学校也越来越好地发挥其正向教育功能，促进着课程实施的进一步发展。

2. *广泛吸纳社会各方力量*

各国课程改革的经验表明，课程改革的实施不单是上传下达的行政命令过程，也是政府基于对社会实际和教育实际之需要的敏锐洞察，还是充分发动地方和学校的积极性，经过严密的科学论证而展开的过程。需要动用国家和全社会的力量来参与，才能取得较好的整体效果。为保证课程改革的科学性，许多国家都设立了课程改革的专家咨询机构、课程研究中心或课程咨询委员会。美国现行中小学课程改革就是在教育行政部门的领导下，在课程专家、课程主管人员和广大师生的积极参与、配合和支持下进行的，从而形成了专家和广大师生相结合的课程改革队伍。另外，学校、地方社区和州教育委员会、社区的个人和组织也在课程实施中承担着各种角色。在许多国家和地区，学校也主动出击，结合课程社区制度，让课程从学校延伸至社区，动员一切社会力量，包括课程专家、家长、社区人员、商业团体和社会部门等广泛参与到课程实施过程中。

3. *学校的课程实施得到政府的策略支持，同时也受到一定的监督和控制*

各国课程实施的实践表明，课程改革绝不只是教育内部的事务。它涉及政府部门的政策引导、经费投入、社会各部门用人制度改革以及整个社会对教育的认识。发达国家课程实施的支持策略主要有立法支持、经费支持、出台资源调节方案、提

---

① 吉标. 课程实施理解、对话与意义建构——一种建构取向的课程实施观. 西南师范大学学报（人文社会科学版），2005（1）

② 王艳玲. 发达国家基础教育课程实施的经验. 外国中小学教育，2006（5）

供课程材料和开展教师培训等。例如，日本就是通过立法来为课程实施提供保障的。日本战后的每一次课程改革都有相应的法律依据，这有力地推动了课程改革的顺利进行，保证了实施课程方案的严肃性和统一性。此外，课程改革有着艰巨性和长期性，所以经费支撑必不可少，如美国的物理课程改革（PSSC）一项方案就耗资500万美元，没有如此巨大的经费投入，改革将举步维艰。

同时，为了保证课程质量，许多国家都对学校的课程实施采取了一定的监督和控制措施。一般可分为官方督导和民间监控两类。例如，法国和英国的督导制度一直是政府对学校教育，特别是对课程设置和教学的一种控制制度，教育部及地方教育当局都派出督学监督、检查、指导学校和教师的实践，并根据检查结果定期向公众发表报告；在澳大利亚，一些独立的机构通过对官方数据进行分析或者自己收集一些数据进行个案研究，形成学校教育总体情况报告。这类研究通常由政府出资，通过招标、委托或研究补助的形式进行。美国也有许多非官方的团体与组织定期或不定期地对全国的中学教育进行综合调查和质量评估，经评估合格的学校可以继续得到不同渠道的资金支持，几次综合评估为不合格者将被确定为失败学校，不能再享有资助，更有甚者还会被关闭或重组。[①]

（四）课程评价的发展趋势

课程评价对课程的实施起着重要的导向和质量监控作用。近年来，世界各国在开展各项课程改革的同时，也意识到建立与课程改革相适应的评价体系和评价工作模式的重要性。因此，课程评价改革已成为世界各国课程改革的重要组成部分。

课程评价的发展是与教育评价的发展相一致的，体现出以下特点：

1. 倡导构建“以发展为本”的评价体系

评价不只是进行检查、甄别和选拔，更重要的是为了促进被评价者的发展。传统的评价往往只要求学生提供问题的答案，而对于学生如何获得这些答案却漠不关心；只重视学习结束后的成绩，而忽视学习的过程，忽视成绩后面不同的动机取向和努力程度，忽视学习的内在情意目标和态度的培养。当代课程评价不仅注重评价结果，更注重学生的成长过程，它是一个动态化的评价过程，重心逐渐转向更多地关注学生求知的过程、探究的过程和努力的过程，关注学生、教师和学校在各个时期的进步状况。

2. 质性评价和量化评价相结合

追求客观化、量化曾经是各国课程评价的发展趋势。但当丰富的质被简化为量，无法量化的内容被排斥在评价系统之外时，评价的信度势必受到影响。因此20世纪60年代以来，质性评价的方法成为世界各国课程改革倡导的评价方法，它具有全面、深入、真实再现评价对象的特点和发展趋势的优点。例如，在美国《国家科学

---

① 王艳玲．发达国家基础教育课程实施的经验．外国中小学教育，2006（5）

课程标准》中提供的评价方法除了纸笔测试以外，还包括平时的课堂行为记录、项目调查、书面报告和作业等开放性的方法。英国也强调以激励性的评语促进学生的发展，并在教师评价中注意运用面谈、行为观察和行为记录的方法。“成长记录袋”、“学习日记”和“情景测验”等质性评价的方法，目前也受到较为广泛的重视和认可。需要强调的是，质性评价从本质上并不排斥量化的评价，它常常与量化的评价结果整合应用。

3. 评价主体由单一主体转向强调多方互动自评与他评相结合

目前，世界各国的课程评价逐步成为由教师、学生、家长、管理者，甚至包括专业研究人员共同参与的交互过程。如澳大利亚小学生考评体系评价中的“三方协商评价法”，把教师、学生和家长“三方”都作为评价者。这有利于调动各方的积极性，让家长了解教育教学目标及教学大纲的要求并熟悉整个教学过程，建立三方良好的协作关系。[①] 这本身也体现了现代教育的民主化、人性化发展趋势。

此外，对课程体系本身的评价也成为课程改革的重要组成部分，将本国的课程推向世界、纳入国家组织、与其他国家或国际组织展开合作性评价都是有效的课程评价方略。[②]

当代世界基础教育课程改革，在课程政策上，注重国家课程统一性与学校课程灵活性的动态平衡；在课程结构上，注重课程类型、课程内容和课程形态等方面的调整和完善；在课程实施上，注重教师和社会参与、政策支持以及质量监控；在课程评价上，注重评价功能、评价主体和评价方法的多元化，以满足学生全面发展和多样化发展的需要。当代世界基础教育课程改革的趋势还可以从许多维度去划分和解析。值得注意的是，在我们把握课程领域国际改革共通性，探求这些发展趋势对我国基础教育课程改革意义时，要在继承、改造本国（本土）和当地传统的基础上与“国际”接轨，创造出充满活力、富有实践价值的新课程改革之路。

二、中国基础教育课程改革的趋势

（一）中国基础教育课程改革概述

21 世纪初，中国的教育正进行着“转型性变革”。教育的整体形态、内在基质和日常的教育实践要完成由“近代型”向“现代型”的转换。课程作为教育问题的核心，其变革更是中国教育转型的基础。回溯历史，基础教育的课程改革一直是教育改革的重中之重。

中华人民共和国成立至今，我国共进行了八次基础教育的课程改革。从最早的全搬苏联教学模式到今天的新课程改革，其中有成功也有失败。1977 年，文革结

① 赵大成．澳大利亚小学生考评体系评价．外国中小学教育，2000（3）

② 全国十二所重点师范大学联合编写．教育学基础．北京：教育科学出版社，2008. 185

束，第五次课程改革启动。1978 年，颁布了《全日制十年制中小学教学计划试行草案》，规定了全日制中小学的修业年限。1980 年，又出版了新中国成立以来全国统编的第五套中小学教材。这套以培养精英为目的教材在 1986 年《义务教育法》出台后受到质疑，并在 1992 年开始的第七次课程改革中逐渐被新的统编教材所代替。第七次课程改革极大冲击了教育界的积弊，在我国教育界掀起了国家课程、地方课程、校本课程以及活动课程、研究性学习课程的研究高潮。但是，教育观念滞后、课程内容偏难、课程结构单一和课程评价一元化等诸多弊端依然存在。因此，1999 年召开的第三次全国教育工作会议和 2001 年召开的全国基础教育工作会议先后提出了转变人才培养模式，建立新的基础教育课程体系的建设任务。2001 年，在党中央、国务院的领导下，教育部正式启动了新一轮（第八次）基础教育课程改革，颁发了《基础教育课程改革纲要（试行）》等一系列政策文件，初步构建了符合时代要求、具有中国特色的基础教育课程体系。基础教育课程改革集全国教育专家与一线教育工作者之合力，从 1999 年开始着手调查研究。2001 年，开始在全国 38 个县、区进行义务教育阶段课程改革国家级实验，分层推进，滚动发展。到 2008 年，全国初中已实行了一轮，有的地区达到 2 至 3 轮，小学也接近一轮，2010 年将全部实行。高中新课程改革于 2004 年 9 月开始进入实验，除了一些尚未完成普及九年义务教育工作的西部省份外，普通高中新课程实验省份已扩展到 25 个。

（二）新课程改革的目标和课程结构

1. 培养目标

新课程的培养目标应体现时代要求。要使学生具有爱国主义、集体主义精神，热爱社会主义，继承和发扬中华民族的优秀传统和革命传统；具有社会主义民主法制意识，遵守国家法律和社会公德；逐步形成正确的世界观、人生观和价值观；具有社会责任感，努力为人民服务；具有初步的创新精神、实践能力、科学和人文素养以及环境意识；具有适应终身学习的基础知识、基本技能和方法；具有健壮的体魄和良好的心理素质，养成健康的审美情趣和生活方式，成为有理想、有道德、有文化、有纪律的一代新人。

2. 六项改革目标

基础教育课程改革针对原有基础课程陈旧、落后与不适应时代发展和青少年身心发展等一系列弊端，提出了六项具体的改革目标：

（1）改变课程过于注重知识传授的倾向，强调形成积极主动的学习态度，是学生获得基础知识与基本技能的过程，同时也是学会学习和形成正确价值观的过程。

（2）改变课程结构过于强调学科本位、科目过多和缺乏整合的现状，整体设置九年一贯制的课程门类和课时比例，并设置综合课程，以适应不同地区和学生发展的需求，体现课程结构的均衡性、综合性和选择性。

（3）改变课程内容“难、繁、偏、旧”和过于注重书本知识的现状，加强课程内容与学生生活以及现代社会和科技发展的联系，关注学生的学习兴趣和经验，精选终身学习必备的基础知识和技能。

（4）改变课程实施过于强调接受学习、死记硬背和机械训练的现状，倡导学生主动参与、乐于探究、勤于动手，培养学生搜集和处理信息的能力、获取新知识的能力、分析和解决问题的能力以及交流与合作的能力。

（5）改变课程评价过分强调甄别与选拔的功能，发挥评价促进学生发展、教师提高和改进教学实践的功能。

（6）改变课程管理过于集中的状况，实行国家、地方、学校三级课程管理，增强课程对地方、学校及学生的适应性。

这些改革目标是全方位的，涉及课程功能、课程结构、课程内容、课程实施、课程评价和课程管理等诸多方面。可以看出，它们与世界课程改革与发展的趋势是有一致性的。中国基础教育新课程改革大胆借鉴了国际先进经验，敢于突破以往课程改革中的诸多禁区，如“个性发展”、“选修课程”、“活动课程”等内容在各地的课程计划和课程标准中都占有重要地位。这些变化与新课程改革的理念密不可分。

这次课程改革在理念方面较以往有了较大的突破，从奉行“知识本位”转向倡导“学生发展为本”。长期以来，我们一直奉行“知识本位”的价值理念，因此，课程改革一直局限于教材改革。在此基础上积淀、提炼出来的“双基”特色是我国基础教育的巨大成就。对于我们这样一个学生基数巨大的国家而言，能够取得当前的成就，“双基”教育功不可没。直到今天，“双基”教育仍在发挥着积极的功用。无论何时，我们都不能否认或轻视知识的重要作用。人的发展要通过知识的学习与获取来实现。但是，传统教育的一个误区是把知识的学习当作唯一或最终目的，而把人的发展放在一个次要的位置。在我们的传统课程体制中，学生被定位为“容器”。这种定位限定了他们在教育中的角色地位，在一个已经预设好的框架内，学生缺乏个人的自主选择。他们作为一个“待成熟”的群体，只能被动地接受知识的灌输，不论这些知识是否符合认知特点，是否遵循身心发展规律，是否和生活经验相关，是否对自己有意义、有价值，统统囊而括之。可是，教育说到底是一个育人的过程，它需要关注人，关注人的主动性。教育不是一件“告诉”和被告诉的事情，而是一个主动和建设性的过程。要让学生在课堂上体验到成长的快乐与幸福，这个道理在理论上几乎无人不承认，但在实践中却又无人不违反。随着时代的发展，随着对人个体价值的关注，转变理念已经是大势所趋。我们必须从关注学生所掌握的知识走向，关注掌握知识的学生，必须在课程改革过程中彰显人的价值。因此，本次课程改革把以学生发展为本确定为改革的基本理念，这种定位是正确的。

在这一理念下，课程改革将引导教师实实在在地关注学生实际需要什么、思考什么；实实在在地关注后进学生，展现出专家型教师的风范。因而对教师的职业要求也将更高、更全面、更理性、更严格。

3. 课程结构

小学阶段以综合课程为主。小学低年级开设品德与生活、语文、数学、体育、艺术（或音乐、美术）等课程；小学中高年级开设品德与社会、语文、数学、科学、外语、综合实践活动、体育、艺术（或音乐、美术）等课程。

初中阶段设置分科与综合相结合的课程，主要包括思想品德、语文、数学、外语、科学（或物理、化学、生物）、历史与社会（或历史、地理）、体育与健康、艺术（或音乐、美术）以及综合实践活动。积极倡导各地选择综合课程。学校应努力创造条件开设选修课程。在义务教育阶段的语文、艺术、美术课中要加强写字教学。

高中以分科课程为主。为使学生在普遍达到基本要求的前提下实现有个性的发展，课程标准应有不同水平的要求。在开设必修课的同时，设置丰富多样的选修课程，开设技术类课程，积极试行学分制管理。

从小学至高中设置综合实践活动并作为必修课程。其内容主要包括：信息技术教育、研究性学习、社区服务与社会实践以及劳动与技术教育。强调学生通过实践，增强探究和创新意识，学习科学研究的方法，发展综合运用知识的能力；增进学校与社会的密切联系，培养学生的社会责任感；在课程的实施过程中，加强信息技术教育，培养学生利用信息技术的意识和能力；了解必要的通用技术和职业分工，形成初步技术能力。

农村中学课程要为当地社会经济发展服务。在达到国家课程基本要求的同时，可根据现代农业发展和农村产业结构的调整因地制宜地设置符合当地需要的课程，深化“农科教相结合”和“三教统筹”等改革，试行通过“绿色证书”教育及其他技术培训获得“双证”的做法。城市普通中学也要逐步开设职业技术课程。

（三）中国基础教育课程改革发展方向与反思

1. 新世纪课程改革的发展方向

（1）提升课程改革的理念水平和理论品位；

（2）在课程政策上，实现国家、地方、校本课程的整合；

（3）在课程内容上，要实现学科知识与个人知识的内在整合；

（4）在课程结构上，要更新课程种类，恰当处理必修课与选修课的关系，努力实现课程的综合化；

（5）在课程实施上，要超越忠实取向，走向相互取向和课程创新取向；

（6）在课程评价上，要超越目标取向的评价，走向过程取向和主体取向的评价。

2. 新世纪课程改革的反思

课程改革从正式开展试验到今天已经走过了 8 年的历程。在新课改逐渐推广、深化的同时，也存在着各种不满和争议。我们看到理论、政策与实践的距离依然很大，理论向实践转化的过程中依然存在许多问题，即使已出台的政策也未必完全合理，课改在许多地方还需要进一步反思和完善。下面就课改的内容、实践和评价等方面做简要讨论。

（1）内容方面。

随着计算机的普及、网络的发展和学生获取知识途径的增加，许多在高中甚至大学中才学的知识，开始越来越多地应用在日常生活中，而且许多知识也可以应用高科技的工具直接进行运算。因此，课程内容也在随之发生变革。在这套改革后的新教材中，就去掉了一些陈旧的知识、不常见的例子，加入了一些与生活联系日渐紧密的、生活中新出现的常见事物作为例子。这种与时俱进的精神是值得肯定的。但是，新教材中的知识结构另起炉灶，对原来教材中的全盘否定，这是许多现在工作在教学工作第一线的教师们所不能认同的。现在许多一线教师都是在1979年开始使用的教材中成长起来的，这套教材在中国使用了14年，以学科为中心组织教材，包含了大量的知识内容，知识在各个阶段螺旋上升，基本上是符合学生的心理发展的，亦得到了社会的广泛认可。当新的课程改革开始的时候，人们都会不自觉地与自己最熟悉的知识系统相比较。与旧教材相比，新教材的知识结构过于松散，知识点大为减少，对各种定理公式的要求也相应降低。其中一些所谓的“与生活实践紧密结合”的例子和练习内容是否真的是与生活实践紧密联系也是值得我们思考的。如有研究者指出“这套初中（数学）新教材中的知识大多由学生的‘想一想’、‘练一练’、‘猜一猜’等得出，许多证明都没有了，有些甚至连概念都没有了，只有具体的实物。定理是经过科学家深思熟虑、严密验证后得出的，这些是否真的能由学生凭借几个例子的提炼，仅靠简单的猜想和归纳就能得出结论？另外数学思维的严谨性从何体现？”①

［拓展阅读］

中小学的数学教育担负着理性文明和科学精神的启蒙使命。在实行科教兴国的战略中，这个使命尤其重要。“新课标”全面否定了我国中等教育的优良传统，大大淡化了数学中的推理证明，以“贴近学生熟悉的现实生活，使生活和数学融为一体”代之。三角形内角和等于180度等这样的基本定理不要求讲证明，有的教材就代之以所谓说理，让学生用剪刀将三个角进行拼接实验。不鼓励学生问为什么，不讲证明，数学课就失去了灵魂。

［资料来源：张存侠．对初中新课程改革的几点认识．新西部（下半月），2008（8）］

（2）实践方面。

实践方面的反思也较多，这里且以“课程资源的开发与利用”问题为例。所谓

① 张存侠．对初中新课程改革的几点认识．新西部（下半月），2008（8）

课程资源的开发与利用，就是指依照一定的价值准则，对潜在课程资源进行选择、分类、整理，并以一定的方式把它们纳入到课程与教学活动当中。新课改要求“学校应充分发挥图书馆、实验室、专用教室及各类教学设施和实践基地的作用；广泛利用校外的图书馆、博物馆、展览馆、科技馆、工厂、农村、部队和科研院所等各种社会资源以及丰富的自然资源；积极利用并开发信息化课程资源”。这使得教学内容的组织多样化、具有生动性，有利于调动学生兴趣和学生探究，也促进教师更新知识结构，调整教学内容，不再是以前的备一次课的就可以用十年的情形了。不过，大量地从课外选取教学素材，课程名目多、门类多、活动多、形式多，这种做法重新造成了师生的过重负担，各学科的教学特点和差别也被各种形式的活动所掩盖。因此，有关明晰课程资源开发与利用的原则、提高课程资源利用开发的有效性、加强教师开发与利用技能培训等问题仍然有研究的空间。

新课程改革提倡课堂教学应在充分了解学生的学习习惯、学习态度和其他因素的同时，进行准确的目标定位，采用自主学习、合作探究的方式，通过有创造性地动态分担和过程监控，给课堂教学带来积极的影响。然而，从学者们的反思中我们却发现目前“学生自主学习、合作探究”出现了单一化、形式化和程序化的倾向，“对话”变成了“问答”，“自主”变成了“自流”，合作探究被泛化，有形式而无实质。可见，如何通过充分的试验、改进和完善，促使课堂教学改革顺利进行，仍然是我们今后探究“教学方法”领域的重点和难点。

[拓展阅读]

实践课学啥　学生说了算

“苗族人家喜欢吃酸汤和用盐腌过的菜!”“苗族人家的房子都是依山而建，而且不用一颗铁钉……”昨日，在贵阳市达德学校三（4）班的教室里，孩子们正争先恐后地说着有关苗族人家生活的点点滴滴。当天，学生们正在上综合实践活动课，有意思的是，这门课的授课内容都是由班上同学一起讨论决定的。“为了看看苗家的房子到底长什么样子，爸爸妈妈和老师专门带着我们小组的同学一起去了西江千户苗寨。”三（4）班的虞梦茹同学说，自己很喜欢上综合实践课，因为不但能出去玩，而且还能晓得很多有趣的新东西。“走近苗族”只是孩子们选出的学习主题之一。在达德学校每学期刚开学时，各班班主任便会组织全班同学一起商量讨论本学期的综合实践主题，如噪音污染、非常119、了解人民币、家乡的辣椒……都是在孩子们兴趣爱好的基础上，经过全班大讨论，由各个班级本学期的综合实践主题课上最终敲定的。“选主题时，孩子们是绝对的主角，老师、家长只能提建议和意见。”达德学校的校长王碧君说，主题敲定后，班上同学5到8个组成一个小组，围绕主题的方方面面开始搜集资料，实地采访。

王碧君说，综合实践活动课实行完全“开放”，一方面是为了给孩子们提供一个发展的空间，另一方面更重要的是希望能借综合实践课的平台让孩子学到一些课本上学不到的知识，提高孩子们的动手操作能力、团队协作能力以及对身边事物的观察了解能力。

（资料来源：申红珊．贵州都市报．2009－12－05）

（3）评价方面。

新课改要求教师努力建立起“目标多元、方法多样”的评价体系。一方面教师要善于挖掘学生思维的闪光点，充分发挥评价的激励功能，关注学习的结果和过程。对于学生出现的错误不能不作评价，教师不能一味强调和谐性，弱化纪律、秩序和必要的批评，但要注意慎重维护学生的自尊心；另一方面，鼓励赞赏要从发展性的角度去评价，注意评价的客观性，启迪思维，拓展思路，引导学生向正确的方向思考，不可笼统地以一个“好”来表述。对学生的学习评价，我们必须关注教师对学生的评价缺乏科学标准的状况，如何进行科学化、民主化的评价等方面仍需要教育工作者继续积极地研究、实践和思考。

一个足够新的课程在推广中必然会遭到学校旧文化的抵制，求稳、被动接受是很多学校旧有的传统文化惯性。高中的新课程改革是一项复杂工程，在推进过程中必然会有很多有争议的因素。例如，如何推广研究性学习，怎样实施学分制，选修课的设计与实施，还有常常左右着学校的课程和教学制度，甚至学校的人事管理、教师评价制度、高考问题在新课改下的变革趋势等。有时也会听到一些不满与反对的声音：“理性解读新课程的设计与实施问题多多，形式文本课程脱离实际，犹如天书；内容体验课程，失落异化，唯独缺少创新；教学实施过程中，导不到位、教不到位、学不到位；整个教学远离科学、远离文化、远离人性；学习异化、科学失真、学生身心发展落空……”①

但有些研究者说得好，当前我们更应该思考：“作为一个教育工作者，我们应该为课程改革做些什么？课程改革是一场艰难的‘战争’，当它出现问题时，当它遇到困难时，连我们教育工作者都退居一隅，甘做一个旁观的‘看客’，试问还有‘谁’‘来’‘拯救’教育？在课程改革过程中我们欢迎健康的批评，我们也允许有不同的声音，但是我们不能‘漠然’和‘奚落’，只有每个人都行动起来，我们才能解决问题，才能走出困境。”②

① 新课程教育网．http：//www．xedu．net/forum_ view．asp？view_ id＝11714

② 代建军．基础教育课程改革全景敞视．徐州师范大学学报（哲学社会科学版），2008(5)

本章知识结构图：

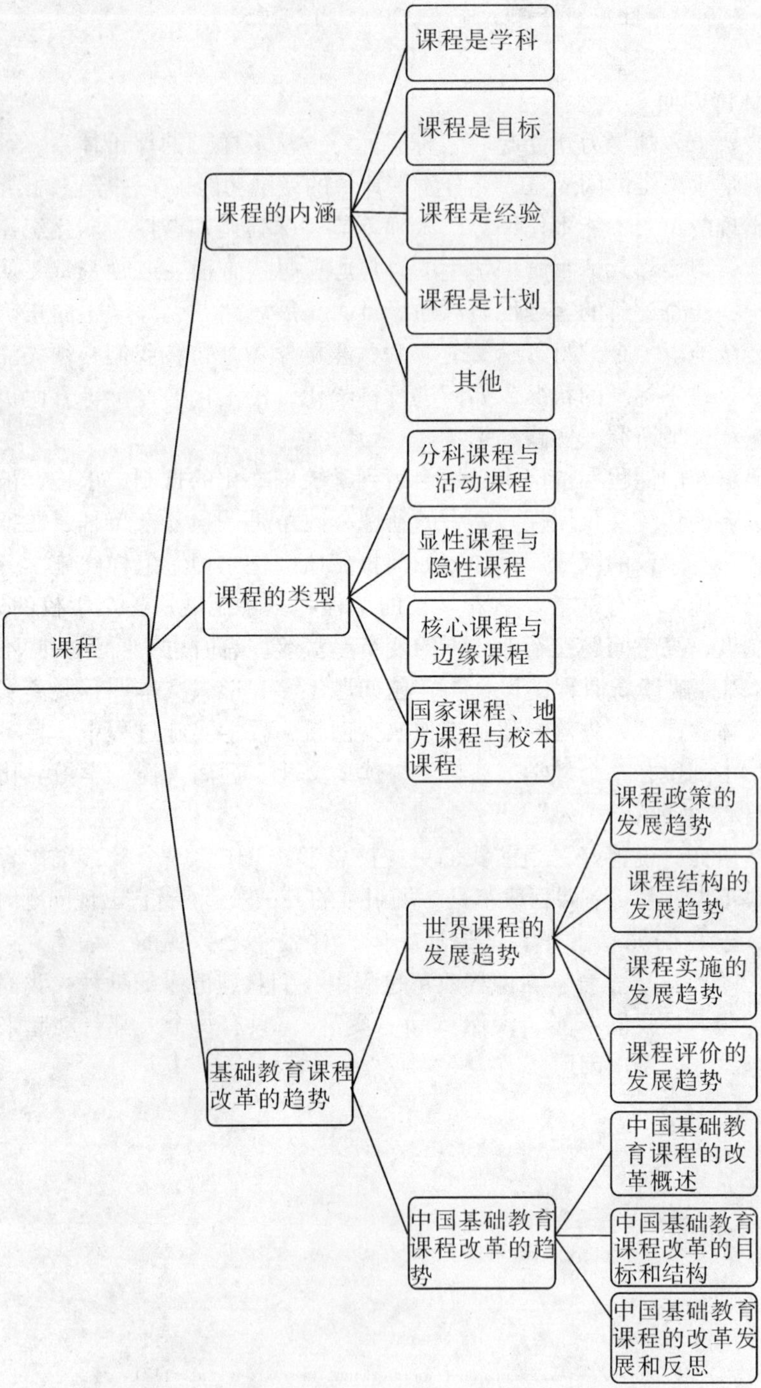
课程
课程的内涵
课程是学科
课程是目标
课程是经验
课程是计划
其他
课程的类型
分科课程与活动课程
显性课程与隐性课程
核心课程与边缘课程
国家课程、地方课程与校本课程
基础教育课程改革的趋势
世界课程的发展趋势
课程政策的发展趋势
课程结构的发展趋势
课程实施的发展趋势
课程评价的发展趋势
中国基础教育课程改革的趋势
中国基础教育课程的改革概述
中国基础教育课程改革的目标和结构
中国基础教育课程的改革发展和反思

讨论与应用：

1. 讨论课程的意义有哪些？

2. 请举例说明显性课程与隐性课程的相互转化。

3. 讨论国家课程、地方课程与校本课程的提出对课程改革的意义。

4. 对一所正在进行新课程改革的小学或中学进行课程调查，了解其新课程改革实施的情况，并提出你自己的认识。

本章主要参考书目：

1. 黄政杰．课程设计．台湾：东华书局，1991

2. 拉尔夫·泰勒．课程与教学的基本原理．施良方译．北京：人民教育出版社，1994

3. 张华．经验课程论．上海：上海教育出版社，2000

4. 廖哲勋，田慧生．课程新论．北京：教育科学出版社，2003

5. 张化．经验课程论．上海：上海教育出版社，2000

6. 温明丽．教育 101：教育理论与实践．台北：高等教育文化事业有限公司，2008

7. 全国十二所重点师范大学联合编写．教育学基础．北京：教育科学出版社，2008

第八章 教学（上）

学习目标

1. 理解“教学”定义的多样性，辨析教学与教育、教学与学习、教学与教授、教学与灌输之间的关系

2. 了解教学历史发展的基本线索

3. 理解当代主要教学理论流派的主张，并结合实际教学加以评析

4. 了解教学过程是一个什么性质的过程

5. 说明教学活动中的几个基本关系

6. 掌握教学活动的一般阶段

7. 理解教学的基本原则

第一节 教学概述

一、教学的基本概念

（一）“教学”的词源

“教学”二字连用为一词，最早见于《尚书·兑命》：“斅学半。”孔颖达的解释是：“上学为教，音 xiao；下学者，学习也。言教人乃是益己学之半也。”《学记》引用它作为“教学相长”的经典依据，指出“学然后知不足，教然后知困，知不足然后能自反也，知困然后能自强也。故曰：教学相长。”宋人蔡沈对此作注：“斅，教也……始之自学，学也；终之，教人，亦学也。”意思是说，一开始自己学，这当然是学；而学了以后去教别人，这也是学。说明教学的词义只是一种教者先学后教、教中又学的单方向活动，教与学的主体都还只是教师或教者，还没有包括教师教与学生学的双边活动。因此，这里的“教学”还不是现代意义上的教学。确切地说，在古代，教与学不分，以学代教。教学就是学习，是指通过教人而学，来提高自己。这是我国古代“教学”一词最早的词义。

此外，从词源上说，中国古代的“教学”就是“教育”，重点在于人格的养成和人性的提升，而不仅仅是知识的传授和掌握。传授和掌握知识只是工具，教学的最终目的是超越知识而达到人性的提升和人格的养成。孔子对自己的学生说：“诗可以兴，可以观，可以群，可以怨。”这里孔子强调学诗可以激发人的志气，可以提高人的观察能力，可以加强人的团结与友好，可以抒发怨恨之情。所以，学习诗歌可以满足个人的许多主观愿望，但是学习诗歌最重要的是学习做人的道理，所谓“不学诗，无以立。”

在英文中，涉及教学所对应的单词有 teach（教、教导）、learn（学、学习）和 instruct（教导）。learn 的意思是学习或教导，后来被用来指“获取知识”，与所教的内容相联系。这与中国古代的学有很大不同。它并没有说超越知识，获得知识后要干什么。在中世纪英语中，learn 与 teach 可以互换。teach 的意思就是通过某些符号或象征向某人展示某事物，利用符号或象征唤起对事件、人物、观察、发现等的反应。teach 与使教学得以进行的媒介相联系。另外 instruct 的意思就是“堆积”，在某人的思想中堆积一定数量的知识。如果说 teach 多与教师的行为相联系，那么 instruction 则多与教学的情景有关，作为一种过程。但绝大多数学者还是把它们当作同义词，可以互相代替。

与我国古代汉语不同，汉语中的“教”源自于“学”，教学就是学习，而英语中的 teach 与 learn 是由同一词源派生而来的。learn 与所教的内容相联系，teach 与使教学得以进行的媒介相联系，没有汉语涵盖教与学两个方面的“教学”概念。教与学指的是两种不同的活动，两个不同的概念。此外，英语“教学”的古典意思就是“传递与获得知识”，这个意思决定了英语“教学”词汇的基本性格和用法特征，即以“知识”为核心，以授受活动为外在形式。我国将教学视为培养人性的一种活动，因此在内涵上与教育相近。而西方则将教学视为传授知识的一种活动，而教育则着眼于人性的培养。因此二者有本质的区别，是两个截然不同的概念。教学重在知识传授，教育则是人性的养成、人格的陶冶，所以才会出现“教育性教学”的命题。

（二）有关“教学”的定义分析

1. 中国教学论界有关“教学”的定义

（1）教学就是“教授”。20 世纪初，我国兴办新式学校，班级授课制对教师提出客观要求，加上从日本留学回国的学生对当时日本非常流行的“五段教学法”的介绍，人们自然对教师的“教”重视起来，“怎么教”的问题成为当时的热门话题。于是，与此对应的“教授”一词被人们所接受。从而“教学”就有了第二种语义（第一种语义是古代的教学即学习），即“教授”。这种理解实际上只把“教学”看作“教”，注重教师的“教”，而不重视学生的“学”。这一定义显示出两个特征：①“教学”的单向性。将教学视为教师的单向活动，忽略了学生在教学中的作用。

②“教学”的强制性。将教学看成是教师单方面地向学生传授知识的活动。在这样的活动中，教师是主体，学生是客体，因此“教学”对学生而言，具有外在的强制性，学生只能被动接受，不能主动参与。

（2）教学就是“教学生学”。这是人民教育家陶行知提出来的。1917 年，他从美国学成归国，考察了许多学校，对当时学校教育的状况极为不满，因为“先生只管教，学生只管受教”，“论起名字来，居然是学校，讲起实在来，却又像是‘教校’。这都是因为重教太过”。因此，他提出：“先生的责任不在教，而在教学，教学生学”。[①] 因此，他极力主张把“教授”改为“教学”，这样“教学”又有了第三种语义，即“教学生学”。这种理解显然受其老师美国实用主义教育家杜威“学生中心”思想的影响。

（3）教学即教师“教”与学生“学”的统一活动或双边活动。新中国成立后，我国在全面学习苏联教育学家凯洛夫主编的《教育学》时，了解到苏联教育学家对教学的定义是：“教学过程一方面包括教师的活动（教），同时也包括学生的活动（学）。教和学是同一过程的两个方面，彼此不可分割地联系着。”[②] 于是就开始了对教学的如下理解：教学是教师教和学生学的统一活动或双边活动。我国的教育学界大多作此解释，一直沿用至今，这可作为“教学”的第四种语义。

[拓展阅读]

教学第四种语义例举

所谓教学，乃是教师教、学生学的统一活动；在这个活动中，学生掌握一定的知识和技能，同时，身心获得一定的发展，形成一定的思想品德。

（资料来源：王策三．教学论稿．北京：人民教育出版社，1985. 91）

教学就是指教的人指导学的人进行学习的活动。进一步说，指的是教和学相结合或相统一的活动。

（资料来源：李秉德．教学论．北京：人民教育出版社，1991. 2）

教学是以课程内容为中介的师生双方教和学的共同活动。

（资料来源：顾明远．教育大辞典．上海：上海教育出版社，1990. 178）

2. 西方教学论界有关“教学”的定义

在西方，有关教学的定义也是众说纷纭。后来，美国教育学者史密斯把英语国家对教学的定义的讨论作了整理，归纳为以下五类。[③] 这实际上是从不同角度对教学活动的认识和界定。

---

① 方严．陶行知教育论文选辑．北京：三联出版社，1947. 10

② [苏] 凯洛夫．教育学．陈侠等译．北京：人民教育出版社，1957. 130

③ 施良方，崔允郭．教学理论：课堂教学的原理、策略与研究，上海：华东师范大学出版社，1999. 8 ~ 10

（1）描述性定义：描述性定义就是客观描述教学活动的外部特征，认为教学是传授和掌握知识或技能的活动。

（2）成功式定义：将学生实际学会的内容作为定义教学的前提，认为教学就是X学习（会）Y所教授的内容的一种活动。

（3）意向式定义：教学是一种意在引起学生学习行为的活动。从这个意义上来说，教学是一种有意向的行为，其目的在于诱导学生学习。

（4）规范式定义：教学是符合特定道德条件的引起学习的活动。如恐吓、蛊惑、说谎等就不是教学，因为它们都是不道德的活动，是一种反教育行为。

（5）科学式定义：a = df（b，c，…）。a表示教学是有效的，教学效果；b，c等表示教师作出的反馈，教师的行动；= df则说明随着命题之间的微小变化，a将发生变化。教学是追随教师的行动而不断发生变化的过程。让人费解，高度抽象，表示教师与教学效果的关系，df是一些影响教学的因素或系数。各种要素的相互关联，如教师、学生、教材等。

汉语"教学"一词的发展，主要是语义本身发生了变化。这种变化的原因是由于教学的前提条件不同或外部某种思想的传播与介入，使得一些有识之士抛弃原来的语义，去寻找新的语义。这些语义的表述，都可以归结为描述性定义，词义不是很清晰，概念的内涵、外延都没有明确的范围，比较接近日常生活语言，抽象程度不高。英语teach一词的演变主要是人们界定的方式不同。从语义上看，后面四种定义都可归为规定性定义，概念的内涵、外延都有比较明确的规定，并尝试用公式来描述，比较接近科学语言。我国的教学研究要进一步发展，不能只停留在日常语言的描述性定义上，还需要一种精确的、不易产生歧义的规定性定义。基于此，这里我们尝试在前人研究的基础上对教学下一个规定性定义。

（三）教学的规定性定义

教学就是教师的教和学生的学的双边活动。其中，教师教的行为应该引起、维持和促进学生学的行为，学生学的行为又反过来应作为教师调节自身教的行为的依据。这一定义特征包括：①双边性，即教的部分和学的部分之间的相互影响和制约。②交互性，即教与学是交互的活动，不是没有交集的平行线。③意向性，教学就是要引起学生的学习行为。学生在学习时常因有困难而放弃，教学就是要去维持学生的学，再进一步就是促进学习的行为。④成就性，它有两层含义：其一指教师教学生学；其二指学生学到了什么。前者最为重要，教师能做的就是引起、维持和促进学生的学习。

为了更加明确地理解教学的概念，这里还对教学及其相关概念进行了辨析：①"教学"与"教育"。在中文中"教学"与"教育"没有太大的差别，而在西方语言中，"教学"针对知识、技能的传授和掌握，"教育"针对个体人格的培养和性格的训练。"教学"是"教育"的主要途径。②"教学"与"教授"。"教授"是教师单方面“教”的活动；“教学”是“教”和“学”的双边活动。“教授”是“教学”的一个组成部分。③“教学”与“学习”。“学习”是人类的一种普遍活动，不仅是孩子在学习，成人也在学，也有非制度条件下的学习，并不是所有的“学习”都是“教学”。只有在特定的条件下，在教师指导下的“学习”才是“教学”的一个有机组成部分。教学不等于学生的自学。④“教学”与“灌输”。“灌输”是一种常见的“教学”的组织形式或教学方式与方法。“灌输”违背了教学的意向性，是强迫的，不是学生自愿的，也不是双向的，因此不是真正意义上的“教学”。

二、教学的历史发展

（一）古代个别教学思想与论著

在公元前6世纪时，记录我国孔子教育思想的著作《论语》，就已经出现了许多精辟的教学思想。例如：“学而不思则罔，思而不学则殆”，倡导学思结合；“不愤不启，不悱不发”，被认为是启发式教学的最早表述；还有“学而时习之”，“温故而知新”，等等。到了战国末期，产生了我国教育史上的、也是世界教育史上的伟大著作《学记》。它广泛地指出了教学的作用、目的、内容、原则、方法以及教师等问题。但在此后漫长的封建社会里，教学却演变成在书斋里诵读经典，教学思想发展缓慢。不过，以朱熹提出的“循序渐进、熟读精思、虚心涵泳、切己体察、居敬持志”的“朱子读书法”为代表，在传授和学习书本知识方面很有一套办法，为我国积累了教学方面的丰富经验。

在西方，古希腊智者学派（前5世纪—前4世纪），以传授知识为职业，也发表了许多关于教学的言论。例如，“对于学习，天禀和练习是同样的重要；我们应从少年学起。”“学习没有达到相当的深度，便不会在灵魂中生根。”[①] 古罗马的昆体良（35—95）写作了《雄辩家的教育》一书，被誉为古代西方的第一部教学法论著。[②] 但到西方中世纪时，教学理论的发展也很缓慢，囿于研读神学经典，脱离社会实际。不过，中世纪的经院主义教学在适宜间接知识的传授和注重理论的逻辑与条理性方面，仍有一些可取之处。

古代中西方关于教学的思想或言论，虽然还只是分散的、个别的，但都是教学经验的总结，可以说是教学理论的萌芽。

（二）近代教学理论的形成与发展

17世纪捷克教育家夸美纽斯所写的《大教学论》，被公认为是教育学发展史上的重大里程碑。本书旨在“阐明把一切事物教给一切人类的全部艺术”，系统地论

① ［苏］麦丁斯基E. H.．世界教育史（上册）．叶文雄译．北京：三联出版社，1952. 21
② 曹孚，滕大春等．外国古代教育史．北京：人民教育出版社，1981. 87

述了关于改革中世纪旧教育，建立资本主义新教育的主张，提出了一个比较完整的教学论体系。教学论的真正建立，形成了一个独立的学科，应该说从这里开始。这也表明教学理论对教学这一客观对象的研究和认识，已经达到了系统化、概括化的水平了。

教学思想在逐步理论化、科学化的发展道路上，与心理学建立联系，乃是重要的一步。18 世纪末 19 世纪初，德国教育家赫尔巴特努力把教育学（主要是教学论）建立在心理学的基础之上。在其标志着教学理论科学化的代表作《普通教育学》一书中，赫尔巴特用“多方面兴趣”的原理，论证了教学的任务和课程。他又从观念心理学出发，论证了教学在整个教育体系中的中心地位，提出了“教育性教学”的核心概念，把道德教育与学科知识教学统一在同一个教学过程中。他还从观念运动的原理出发，论证了教学过程的形式阶段，并经过他的弟子们引申和发展，形成了所谓的“五段教学法”：准备、提示、联想、概括与运用。这样就形成了对世界教学理论与实践产生深远影响的赫尔巴特学派教学理论，被后人称为传统教育派或传统教学论。这一理论曾于 20 世纪初由留日的中国学者介绍和传播到我国，对我国当时及后来的教育教学影响都很大。当然，用心理学来论证教学问题在当时还是很初步的，何况赫尔巴特的心理学本身是唯心的、形而上学的。但是，教学理论与心理学建立联系，表明它已不再停留在经验描述水平，也不再像夸美纽斯那样，只是将教学现象与一些自然现象进行牵强的类比。换言之，教学理论的科学性增强了。

19 世纪末 20 世纪初，欧洲出现了一种“新教育”思潮，以反对传统教育的姿态出现，提出要为教育和教学寻找一种科学的方法。在以杜威为代表的实用主义教育学中，这种教育思潮获得系统的理论表述。其重要的特点就是，认为以前的教学论仅仅只是依据理论推导，或者是偶然的经验，来确定教师的活动、教材的使用和学校工作的组织，这是不科学的。科学的方法应该是通过实验，研究儿童身心特点，用实验所得的结果与数据，作为确定教学内容和方法的依据。此外，这种教学论思潮还有一个重要特点就是，认为以赫尔巴特为代表的传统教学论是主知主义的，即只是使学生学习书本知识，这是不对的。他们提出应以意志活动为教育的基础，即“主意主义”或“行动主义”。因此，他们主张活动课程，主张儿童主动地积极地从活动中学习，教师与学生之间、学生与学生之间建立合作关系，强调自由和个性化的教学。杜威依据学生在“做中学”的认识发展提出了困难、问题、假设、验证、结论的“五步教学法”。

从此，教学理论发展史上开始了两大派——“传统教学派”和“现代教学派”或“进步教学派”的长期论争。通常说法，就是两个“三中心”的对立：教师中心和儿童中心的对立；系统书本知识中心和儿童直接经验中心的对立；课堂教学中心和活动中心的对立。

（三）当代教学理论流派的多元发展

二次世界大战以后，科学技术迅猛发展，引起了所谓“知识爆炸”的现象，人类社会逐步进入一个知识经济的时代、一个全球化和信息化的时代。这都对学校的教学提出了愈来愈高的要求，使得无论是注重传授系统知识的教学理论还是强调通过活动探求知识的教学理论，均受到冲击和挑战。这样，教学理论进行各种各样多元化的新探索成为必然。

1. 斯金纳的程序教学理论

1954 年，美国心理学家斯金纳发表了一篇题为《学习科学与教学艺术》的论文，迅速掀起了一场关于程序教学和开发教学机器的运动，建立起程序教学的概念。所谓程序教学，就是将教材分成一个个小部分，按照严格的逻辑编成程序，由学生自己学习，可用机器，也可用程序课本。程序教学的理论基础是行为主义心理学。它把刺激—反应作为行为的基本单位，学习就是形成行为，即刺激—反应之间联结的加强，教学的艺术在于如何安排强化。其基本主张为：

（1）预期行为结果的教学目标。斯金纳认为，人类与动物的行为可能取决于前提性事件，也可能取决于结果性事件，所以，我们可以安排各种各样的反应结果，以决定和预测有机体的行为，教学目标就是对学生学习结果在个体行为上的变化的一种预期。

根据行为主义原理，教学的目的就是提供特定的刺激，以便引起学生特定的反应，所以教学目标越具体、越精确越好。布鲁姆等人的教育目标分类学与行为主义的基本假设是相一致的，有两个特征：一是要用学生外显的行为来陈述目标；二是目标有层次结构，由简单到复杂按顺序排列，前一目标是后一目标的基础，因而目标具有连续性和累积性，易于操作。

（2）相依组织的教学过程。斯金纳认为，学生的行为是受行为结果影响的，若要学生做出合乎需要的行为反应，必须形成某种相依关系，即在行为后有一种强化性的后果；倘若一种行为得不到强化，它就会消失。根据这一原理，形成了一种相依组织的教学过程，这种教学过程包括以下五个阶段：①具体说明最终的行为表现：确定并明确目标行为，具体说明想要得到的行为结果，制定测量和记录行为的计划。②评估行为：观察并记录行为的频率，如有必要，记录行为的性质和当时的情景。③安排相依关系：做出有关环境安排的决定，选择强化物和强化安排方式，确定最后的塑造行为的计划。④实施方案：安排环境并告知学生具体要求，维持强化和塑造行为的安排方式。⑤评价方案：测量所想得到的行为反应，重现原来的条件，测量行为，然后再回到相依安排中去。

（3）程序教学的方法。程序教学法是根据强化作用原理而来的，具有四个基本要素：①小步骤进行，即把教材分成一个个细小部分，对复杂的课题采取分步学习和掌握的办法。②主动积极的反应，即学生不是消极被动地接受刺激，而是自己动手动脑去学习，而且学生的反应能为他人所观察到。③及时强化或者反馈，学生反应之后，立即告知其反应结果，也就是使学生当时就知道学习的结果是否正确。④自定学习步调，即学生按自己定的步调，自己掌握学习速度，进行程序学习。

程序教学法有很大的优越性。它使学生必须独立积极地学习，而不能像听讲那样可能主动积极，也可能不积极或不很积极。其分步学习符合循序渐进的原则，它能适应学生的个别差异，不必齐步走，对培养学生自学能力也很有好处。但是，程序教学法的局限性也很明显。程序教学只能管学习的结果，管不了学习的过程，也管不了学习的性质；它不能鉴定学生是创造性地学习，还是机械性地学习，也不能判定学生的理解是深还是浅；程序教学还削弱了教师的指导作用，缺乏师生、生生之间的交往和情感上的陶冶，切断了学生的社会联系。

2. 布鲁纳的认知结构教学理论

认知心理学家批判行为主义是在研究“空洞的有机体”。在个体与环境的相互作用问题上，他们认为是个体作用于环境，而不是环境引起人的行为。环境只是提供潜在刺激，这些刺激是否受到注意或被加工，取决于学习者内部的心理结构。学习的基础是学习者内部结构的形成和改组，而不是刺激—反应联结的形成或行为习惯的加强或改变。教学就是促进学习者内部心理结构的形成或改组。这里着重介绍代表人物布鲁纳的认知结构教学理论。这种理论又集中地反映在其1963年所著的《教育过程》一书中。其基本主张如下：

（1）理智发展的教学目标。布鲁纳认为，发展学生的智力应是教学的主要目的。他在《教育过程》中开宗明义地指出，我们必须要强调教育的质量和理智的目标。也就是说，教育不仅要培养成绩优异的学生，而且还要帮助每个学生获得最好的理智发展。具体地说，就是要鼓励学生发现自己猜想的价值和可修正性，以实现试图得出假设的激活效应；培养学生运用心智解决问题能力的信心；培养学生的自我促进；培养学生“经济地运用心智”；培养理智的诚实。

（2）学习学科的基本结构。布鲁纳说：“不论我们选教什么学科，务必使学生理解学科的基本结构。”[①]学科基本结构的具体表现，就是学科的基本概念、基本公式、基本原则和基本法则等。他认为学习学科的基本结构有四个好处：一是学生知道了一门学科的基本结构，就能理解这门学科；二是学生了解了基本概念和基本原理，就有助于把学习内容迁移到其他情景中去；三是将教材组织成一定的结构形式，有助于学生记忆具体细节的知识；四是给予学生适当的学习经验和对结构的合适的陈述，即便是年幼儿童也能学习高级的知识，从而缩小高级知识与初级知识之间的差距。

（3）动机—结构—序列—强化的教学原则。①动机原则：学习取决于学生对学习的准备状态和心理倾向。儿童对学习都具有天然的好奇心和学习的愿望，问题在

---

① ［美］布鲁纳．教育过程．华东师范大学外国教育研究室译．上海：上海人民出版社，1973. 8

于教师如何利用儿童的这些自然倾向，激发学生参与探究活动，从而促进儿童理智的发展。②结构原则：即要选择适当的知识结构，并选择适合于学生认知结构的方式，才能促进学习。这就意味着，教师应该认识到教学内容与学生已有知识之间的关系，知识结构应与学生的认知结构相匹配。③序列原则：即要按照最佳顺序呈现教学内容。由于学生的发展水平、动机状态、知识背景等都可能会影响教学序列的作用。因此，如果发现教学效果不理想的话，教师需要随时准备修正或改变教学序列。④强化原则：即要让学生适时地知道自己学习的结果。但需要注意，教师不应提供太多的强化，以免学生过于依赖教师的指点。另外，要逐渐从强调外部奖励转向内部奖励。

（4）发现学习的方法。布鲁纳对“怎样教法”问题的回答就是发现学习。他认为，学生不是被动的知识接受者，而是积极的信息加工者。教师的角色在于塑造可让学生自己学习的情境，而不是提供预先准备齐全的知识。因此，他极力提倡使用发现法，强调学生参与知识获得的学习过程，强调形成学生丰富想象的直觉思维，强调激励学生学习兴趣的内在动机，强调学生亲身参与活动并组织信息从而进行信息提取。

布鲁纳的教学理论曾作为美国20世纪60年代中小学课程改革运动的指导理论，就其理论来说，有几点值得肯定：第一，它是适应教育现代化要求（精选教材、发展智力、提高效率）的一种可贵努力。第二，他把“结构”概念引进教学论，并且改造了传统的迁移学说，是有积极意义的。第三，它对学习的主体作用描绘出比较具体的图画。但实践证明，这种教学理论存在诸多缺陷：所谓的“学科结构”难以捉摸，无客观确定的标准；它只讲智育，在智育方面只强调理论而忽视具体知识和技能，只讲结构形式而忽视知识内容；发现法的主张带有空想主义和形而上学性质，混淆了教学与科研的区别，抬高发现法，其结果却是“曲高和寡”，难以实行。

3. 赞科夫的发展教学理论

赞科夫的发展教学理论与美国布鲁纳的认知结构教学理论和以德国教学论专家瓦根舍因和克拉夫基为代表的范例教学理论并称为“三大新教学论流派”。其共同特点是，它们都主要建立在认知理论基础之上，与行为主义教学理论有不同的旨趣，并通过改革课程结构与教学体制，培养儿童的优异智力，进而推动个性的整体发展。

当美国以认知结构教学理论指导课程改革之时，同时代的苏联也在开展各种教育教学改革的新探索活动以适应教育现代化的要求。20世纪50年代，苏联的教育一直秉持凯洛夫教育学理论中的教学论思想，存在着“智育第一”的偏向，认为掌握知识的过程也就是学生智力发展的过程。在赞科夫看来，这样的教学虽然可以对学生的发展产生一定的结果，但是不可能给学生的发展上带来好的效果，在教学中，应该有意识地促进学生的发展，而不是等待这种发展的自然发生。那么，怎样的教学才能最大限度地促进学生的发展呢？带着这样的问题，赞科夫开始了关于“教学与儿童发展”长达20年之久的实验研究，1975年发表的《教学与发展》一书，就是这个实验的总结。后人称之为发展教学理论。

赞科夫的发展教学理论，是以“一般发展”为核心构建起来的完整体系。其主要主张为：

（1）促进学生“一般发展”的教学目标。他认为教学过程中要尽可能充分地促进学生的一般发展，把一般发展作为教学目标的着眼点来组织有效的教学。赞科夫从不同的角度对一般发展予以界定：一是从一般发展和全面发展的区分来说，一般发展主要是从心理学的角度来探讨，包括人的心理活动即智力、情感和意志三方面的发展。全面发展主要是从教育学角度探讨，一般是指儿童德、智、体、美、劳的全面发展，二者的一致之处在于都跟单方面、片面的发展相对立。二是从哲学角度解说时，一般发展还意味着“发展”这个概念的内容，即由简单到复杂、低级到高级、旧质向新质的转化、新东西的诞生、旧东西的消亡等。三是从一般发展与特殊发展的区分、与智力发展的区分来界定。在他看来，一般发展既发展智力，也发展情感、意志品质、性格和集体主义思想等。虽然定义的角度不同，但是有一个显著的特点，就是他始终把一般发展作为一个整体来对待。

（2）教学论原则。源于一般发展的核心思想，赞科夫针对传统教学原则的局限性，提出了新的教学论原则，以有助于充分发动学生内在的精神力量，形成学生对学习的内部诱因，有效地促进学生的一般发展。他的新五条教学论原则是：①高难度原则。针对传统的可接受性原则主要考虑教学适合学生的年龄特点，高难度教学原则却在于“促进”。这里的难度是指能够发动起学生的精神力量的、适度的困难，它能激起儿童力所能及地集中自己的智慧，从而一直自由地施展才能、显示其潜在的智力活动才能。②高速度原则。针对传统的巩固性原则造成的枯燥及降低学习兴趣而提出，意在鼓励儿童在获得知识过程中保持兴趣和精力始终不渝地前进，前进中又要促进其智力活动，这是与高难度教学活动互助互补的原则。③理论知识起主导作用。针对传统直观性原则的“儿童思维要具体”的观念而提出，是要改变儿童的“认识性质”，即认为儿童思维还主要包括抽象思维和概括思维。因此，教学中要注意引进多方面的理论知识。④使儿童领会学习过程。针对传统自觉性原则重视学生对所学东西的理解而提出，其新意在于从学习的第一步起就不仅理解所学，而且要领会、分析自己的认识过程，意在使儿童在对动态学习过程的领会中掌握方法促进发展。⑤致力于使所有学生包括差生都得到一般发展的原则。这一原则既考虑到了学生差异也重视区别对待的教学法。

（3）教学方法体系。赞科夫以尽可能尊重儿童主体价值为核心，建立起独特的教学方法体系。这个体系重视儿童自己活动并在活动中极力让儿童独立思考和探索，重视教学从学生的立场而不是教师的立场出发，重视师生之间、儿童之间的真诚合作。其主要有以下几个典型特征：①多面性。要求把学生个性以及心理活动各方面都吸引到学习中来，因此要求教师要以良好的情绪态度，以言语、情境和形象感染学生，以发挥教学法多面性功能。②过程性。指教学法应有利于使学生所学与前后课题密切相关联，以帮助学生形成不断进步的学习格局。③冲突。这主要是指发动学生的精神力量，调动学生学习的内部诱因，激活教学认识过程内在的矛盾冲突。④变式。指根据学生与教学环境、与教师经验和风格的具体实际，灵活选择方法。

赞科夫的发展教学理论主要以维果茨基的最近发展区理论为心理学理论基础，是在其长达20年之久的教学实验基础上总结出来的，其研究方法、改革和实践精神都体现了科学化的要求。与过去只是把心理学作为论证的材料或基础不同，他主张必须把对学生心理的研究有机地包含到教育学研究中去，不要局限于把心理学研究当作是教学论的条件，还把学生的心理发展当作教学的目的。但是，其理论的片面性也很大，脱离实际太远。儿童心理的年龄特征反映了发展阶段性和相对独立性，能否轻易否定？如此强调早期发展理论思维，如何能保证全面发展？

4. 罗杰斯的非指导性教学理论

20世纪60年代以来，人本主义作为心理学的第三势力而崛起。它力陈认知心理学的不足在于把人当作“冷血动物”，即没有情感的人，主张心理学要想真正成为关于人的科学，应该探讨完整的人，而不是把人分割成行为、认知等从属方面。人本主义心理学家认为，真正的学习涉及整个人，而不仅仅是为学习者提供的事实。真正的学习经验能够使学习者发现他自己独特的品质，发现一个人作为一个人的特征。教学的本质在于促进，促进学生成为一个完善的人。美国人本主义心理学家罗杰斯的非指导性教学理论是这一流派的代表，其基本主张如下：

（1）教学目标：培养充分发挥作用的人。罗杰斯认为，最好的教育目标应该是培养“充分发挥作用的人、自我发展的人和形成自我实现的人”。这样的人已经经历过最好的心理生长，机体的所有潜能都能充分地、自由地发挥作用；他们经常变化、发展，在每次成功的时刻，总会发现新的自我。所谓“自我实现”，实际上就是指人的创造能力以及与此相关的应变能力的形成。在他看来，教育的目标务必是培养对变化开放的世界和环境都能够灵活适应的人，学会怎样学习并且因而能不断学习的人。只有这样的人，才能建设性地处理某个领域的复杂问题。

（2）非指导性教学过程。罗杰斯认为，在教学过程中，教师通过与学生建立融洽的个人关系来促进学生的成长。这种教学过程以解决学生的情感问题为目标，通常包括五个阶段：①确定帮助的情景，鼓励学生自由地表达自己的感情；②探索问题，鼓励学生自己界定问题；③形成见识，让学生自由地讨论问题；④计划和抉择，由学生计划初步的决定；⑤整合，学生获得较深刻的见识，并做出积极的行动。

（3）意义学习。罗杰斯把学习分成无意义学习和意义学习。无意义学习只与心有关，它是发生在“颈部以上”的学习，没有情感和个人的意义参与。意义学习不是那种仅仅涉及事实累积的学习，而是一种使个体的行为、态度、个性以及在未来选择行动方式时发生重大变化的学习。这种学习不仅仅是增长知识，而且还融合每个人的各个部分的经验，主要包括四个特点：学习具有个人参与的性质；学习是自我发起的活动；学习是渗透性的，会使学生的整个身心发生变化；学习是由学生来进行自我评价的。

（4）教师品质与角色。罗杰斯认为，教师是“促进者”，其作用表现为：一是帮助学生澄清自己想学什么；二是帮助学生安排适宜的学习活动与材料；三是帮助学生发现他们所学东西的个人意义；四是维持某种促进学习时的心理气氛。但是，教师要发挥促进者的作用，关键不在于课程设置，不在教师的知识水平和视听教具，而在“促进者和学习者之间的人际关系的某些态度品质”，这种态度品质包括真诚、接受和理解。真诚是教师品质的第一要素，所谓真诚，就是要求教师与学生坦诚相见，畅所欲言，不要做作和虚伪，喜怒哀乐完全溢于言表；所谓接受，也称信任、奖赏，要求教师能够完全接受学生碰到问题时表露出来的畏惧和犹豫，并且接受学生达到目的时的那种惬意；所谓理解，就是指教师要设身处地站在学生的立场上考察或认识学生的所思、所言、所为，而不是用教师的标准及主观臆断来“框套”学生。

罗杰斯的非指导性教学理论充分体现了“学生中心”的教育思想。其在教学过程中强调人际关系的确立，注重激发学习动机，满足学生合理需要，这对于学生个性与创造力的发展有很大的促进作用。然而，遗憾的是，在人本主义教育推行十几年之后，美国中小学学生的学业成绩反而呈现出下降趋势。人们指出其非指导性教学未见成效的四个因素，即缺乏明确的目标、缺乏周详的设计、缺乏评价依据、理念缺乏共识。

5. 建构主义教学理论

建构主义是认知结构理论在当代的发展，建构主义教学理论作为一种新的、发展中的教学理论，在认识论、学习观、学生观和教学观等方面都提出了自己独到的见解与观点，在近20年的时间里对国内外教育教学领域产生了广泛的影响。

（1）阐释认识的建构性原则，揭示认识的能动性。建构主义作为一种新的认识论，反对机械反映论。它认为，认识不是人脑对事物直接的、简单的反映，而是以原有知识为基础、在主客体的相互作用中建构而成的。也就是说，认识是一种以主体已有的知识和经验为基础的主动建构。个体对事物的认识不只是简单地吸收来自于客体的信息，而是以其知识经验、需要和信念等为基础来分析知识的合理性，对新知识进行分析、检验和批判。在教学中，必须重视学习者头脑中原有的知识、经验的作用，重视学习者的活动的意义。

（2）形成新的学习观，真正认识到学习者的主体性。在其认识论原则的基础上，建构主义提出了学习实质上是一种“意义建构”的过程。以“建构”观念取代传统的“反映”观念，强调主体性与选择性，指出了学习作为一种认识是主体能动选择、主动建构意义的过程。这样，知识就不是通过教师的传授获得的，而是学习者在一定的情境即社会文化背景下，借助于其他人（包括教师和学习伙伴）的帮助，利用必要的学习资料，通过意义建构的方式获得的。所以它强调学习者的主体性和能动性，强调学习中要主动发现问题，主动收集、分析、整理有关资料，并将所获得的新知与已有的知识经验建立起实质性联系，进行意义建构。

（3）形成新的教学观，重视学习环境的构建。建构主义强调，教学通过设计重大的任务或问题以引导学习和支撑学习的积极性，帮助学习者成为学习主体。既然学习首先是一种意义建构的过程，那么创设一个轻松愉快、生动活泼而又能引起个体认知冲突的教学情境、问题情境对激发个体学习的好奇心和建构认知图式具有重要的意义。建构主义学习环境由情境、协作、会话和意义建构等四个要素构成。其中，情境是意义建构的基本条件，教师与学生之间、学生与学生之间的协作以及会话是意义建构的过程，而意义建构则是建构主义学习的目的。所要建构的意义是指事物的性质、规律以及事物之间的内在联系。在学习过程中帮助学生建构意义就是要帮助学生对当前学习内容所反映的事物的性质、规律以及该事物与其他事物之间的内在联系达到较深刻的理解。

（4）形成新的学生观，重视学生已有的知识经验。建构主义强调，学生并不是空着脑袋走进教室的。在日常生活中，在以往的学习中，他们已经形成了丰富的经验，往往会依靠他们的认识能力，形成对某个问题的某种解释。而且，这种解释并不都是胡乱猜测，而是从他们的经验背景出发推出的合乎逻辑的解释。所以，学生有自己的知识经验，教学就是要把学生现有的知识经验作为新知识的生长点，引导学生从原有的知识经验中“生长”出新的知识经验。

（5）有别于传统的教学模式。基于建构主义教学观的理论，产生了一系列不同于以往传统的教学模式。在此简要介绍其中较为典型的两种：①支架式教学，是指为学习者构建知识体系、提供概念框架的教学。其具体过程为进入情境──→搭建支架，引导探索──→学生独立探索──→协作学习──→效果评价。②抛锚式教学。其主要目的是使学生在一个完整、真实的问题情境中，产生学习的需要，并通过学习共同体中成员间的互动、交流，即合作学习，凭借自己的主动学习、生成学习，亲身体验完成从识别目标到提出和达到目标的全过程。抛锚式教学不同于通常课堂上以“知识传递”为目的的教学，它在教学中将以逼真情节为内容的影像作为“锚”，为教与学提供一个可以依靠的宏观情境，进而使学习者对教学内容进行探索。抛锚式教学的基本目的不是提高学生在测验中的分数，而是为了帮助学生提高达到目的的能力。其基本环节为创设情境（设计锚）──→确定问题（围绕锚组织教学）──→学生自主学习和协作学习──→超越具体的锚并促进学习迁移──→自主进行效果评价。

建构主义教学论重视学习活动中学生的主体性、建构性，重视学生在具体情境中进行意义建构，提出了多种教学模式，具有进步意义。但建构主义者在强调情境性学习与教学时，否定任何形式的抽象和概括，则不免失之偏颇，不利于学生认知结构的形成与发展。同时，我们还应该看到，在强调学习与教学的社会性相互作用，提倡合作学习的同时，不能忽视教师的指导与帮助作用，否则，将导致教学混乱。

第二节 教学过程

教学过程的理论是教学工作中的基本原理。任何事物都是作为一个过程展开的，教学也是一个过程。教学是教与学的双边活动，这个活动的展开就是教学过程。教学过程所要解决的问题主要有两个：一是教学过程的性质问题；二是教学过程的阶段、环节和程序等问题。

一、教学过程的性质

在我国，教学过程的性质成了一个长期争论不休的问题。学者们发表了许多不同观点，概括起来，主要有以下五种：

（一）教学过程是一种特殊的认识过程（特殊认识说）

教学归根结底是学生在教师指导下认识、理解和掌握前人所创造的文化知识财富的过程，而学生掌握科学文化知识实质上就是能动地认识世界，所以称为认识过程。学生的智力、体力的发展和品德的形成，都离不开对知识的掌握，都要受认识规律的制约。这里的特殊性是指教学作为一种认识过程不同于人类的一般认识过程，具有自己的特殊性，主要表现为"间接性、有领导、有教育性"三个显著特点。

（二）教学过程是促进学生发展的过程（发展说）

教学过程是包含了认识过程、以认识过程为基础的学生全面发展的过程。发展说首先承认"把教学过程看成是认识过程是正确的"，但又认为把教学过程看成是认识过程，并不能正确全面地反映教学过程的本质。因为教学过程不只是一个认识活动，更不是单一的只是认识客观世界，获取知识的过程，它还是一个培养、教育和促进学生发展的过程。认识过程只是一种心理活动，它不包括学生的发展。

学生智能和品德的发展虽然在认识过程中实现，但发展高于认识。新的科技革命，要求教学由获取知识、以技能为主的认识过程转变为促进学生发展的过程。

（三）教学过程既是认识过程，也是促进学生身心发展的过程（认知—发展说）

教学不仅要向学生传授知识和技能，同时还要发展学生的智力和体力，形成社会主义品德和科学世界观基础。两者相辅相成、缺一不可。忽视传授知识和技能，发展就缺乏坚实的基础；忽视德智体的发展，传授知识和技能就失去了方向和动力。

（四）教学过程是一种审美过程（审美过程说）

审美过程说是从教学过程具有的审美特性和以这种本质观理解教学过程的意义这两个角度来阐发教学过程的本质的。从教学过程具有的审美特性来看，教学过程一方面具有美的本质属性：教师的“教”、学生的“学”以及师生之间互动的过程都是一种审美的艺术过程；另一方面是审美者（学生）对审美对象（教师的教学）由感知、感受、感动到最后形成一定的审美观念、趣味、理想、情感和能力的过程。因此，教学过程的本质不仅是在教师指导下学生个体的一种特殊认识过程和发展过程，也是一种特殊的审美过程。这一观点试图在知识过程之外来看待教学过程的审美性质。

（五）教学过程是情感过程和认知过程的辩证统一过程（情知说）

情知说认为，从心理过程来看，教学过程是由情意因素和认知因素两部分组成的。情意因素包括动机、态度、情感、兴趣和意志等，这类因素构成了感受—情绪—意志—性格（包括行为）的过程；认知因素包括感知、想象、思维和记忆等，这类因素构成了感觉—思维—知识、智慧（包括应用）的过程。其中，情意因素主要起动力作用，主要承担对学生行为的启动、调解、维持和定向的任务。认知因素的功能主要是介入学习活动，承担对知识的接受、储存和转化的任务。这两类因素在教学过程中缺一不可。

上述观点表明，认识教学过程的关键在于弄清教学过程的性质，弄清认识过程和发展过程的相互关系。因此，本书拟采纳的认识如下：

1. 教学过程是一种特殊的认识过程

教学过程主要是引导学生掌握人类长期积累起来的科学文化知识的过程。学生学习和运用知识的认识活动是贯穿于教学过程始终的主要活动。所以，教学过程要受认识论的一般规律的制约，要注意调动学生的学习主动性和积极性，遵循“从生动的直观到抽象的思维，并从抽象的思维到实践”的这个认识原理、认识客观实在的辩证的途径。同时，教学过程又是一种特殊的认识过程，即它是学生个体的认识过程，具有不同于人类总体认识的显著特点：①间接性，主要是学习已有的文化知识，间接地认识客观世界；②引导性，需要在教师引导下进行认识，不同于学生自学活动；③学生主体，认识过程最主要的是相对于学生来说的，教师虽有认识成分，但学生才是认识的主体。

教学过程只有既遵循认识论的一般规律，又充分注意学生认识的特点，才能组织和进行得科学而有效。

2. 教学过程应是一个有意识地促进学生身心发展的过程

教学过程首先是作为一种以学生为主体的、具有间接性和引导性特点的认识过程。在此过程中，教学还要有意识地促进学生的发展。如果说认识过程是教学过程的本然属性，那么教学有意识地促进学生发展可以说是教学过程的必然属性。因为，学生是正处在迅速发展时期的青少年，进行教学的目的或者说使青少年学生认识客观世界、掌握文化知识的目的就是要促进他们德、智、体、美的全面发展，成为符合社会需要和推动社会发展的人。实际上，教学过程强有力地影响着学生的发展过程。两者之间有着内在的必然的联系，但是两者之间并非自然统一。潜心研究教学与发展关系的赞科夫曾指出，掌握知识的（认识）过程并不必然是学生发展的过程，教学应该有意识地最大限度地促进学生的发展。从教学过程看，现代教学不仅要适应学生的发展，而且要尽最大可能来促进学生的发展，才能达到现时代所要求的高效率和高水平。所以，有意识地促进学生发展应是教学过程的本质特性。

在教学论史上，认识到教学过程应是有意识地促进学生发展的过程是一个重大的进步。传统教学将掌握知识的过程等同于学生发展的过程，认为只要学生掌握了系统的知识，学生的发展就会自然地进行，于是学生的身心发展就只能在接受知识的过程中自发或自然地进行。然而，随着社会的进步，这种单纯适应学生知识发展的教学模式下，学生的发展状况并不理想，缓慢且水平不高，难以满足现实社会发展的要求而急需改革。著名的心理学家维果茨基就提出“教学走在发展前面才是好的教学”。这有两层含义：一是教学应在儿童心理发展中起主导作用；二是教学要在发展前面创设最近发展区，意味着教学要有意识地积极地推动发展的前进。他认为儿童有两种发展水平：现有发展水平和潜在发展水平。现有发展水平是指儿童独立解决智力任务时表现出的发展水平；潜在发展水平就是指儿童不能独立解决智力任务，但在成人帮助或与同伴合作中完成智力任务时所表现出来的发展水平；介于这两个发展水平之间的幅度就是“最近发展区”。“最近发展区”的提出表明，教学要有意识地引导和促进学生的发展，而非仅仅遵循儿童发展规律适应儿童发展的水平。教学要达到促进学生发展的目的，还要意识到发展是学生内部的自我运动。为此，教学要激发学生在自身发展中的主动性和积极性，引导学生善于运用自己的智慧、能力、胆识和意志创造性地进行学习，以最有效的方式来促进学生的发展。正如第斯多惠所说：“发展与培养不能给予人或传播给人。谁要享有发展和培养，必须用自己内部的活动和努力来获得。”[①] 学生的发展必须依赖于其自身的主观努力。赞科夫也指出每一种教学影响一定要“通过学生的大脑”，就是要引起学生的某种心理活动才能发生效果，发展教学思想中的教学论原则就特别重视它们能够有助于发动学生的精神力量，激发学生学习的内部诱因。

二、教学过程中要处理的几种关系

这里分析教学活动中的若干基本关系，使我们能从不同的角度更加清晰地认识

① ［德］第斯多惠．德国教师培养指南．袁一安译．北京：人民教育出版社，1990. 78

教学过程。

（一）直接经验与间接经验的关系

直接经验即学生亲自活动、探索所获得的经验；间接经验即他人的认识成果，主要指人类长期积累并整理而成的知识与信息。传统观点认为，直接经验是间接经验学习的机制，是为间接经验的学习服务的，教学过程以学习间接经验为主。不可否认，学生认识的主要任务是学习间接经验，同时，我们也应看到，教学过程必须重视直接经验，否则间接经验的传授就容易变成单向的灌输。从实践来看，现在的教学也比较重视学生直接经验的唤醒，新的知识掌握必须诉诸学生的直接经验。有些教师把学生看作是“白板”，实际是忽视了学生的直接经验。现在的问题是直接经验只是掌握知识的工具吗？这里有一个大胆的认识：直接经验的改造和改组是间接经验学习的目的，间接经验是丰富学生直接经验的工具和材料。改造和改组学生已有的知识结构才是教学的目的，这里实际是继承了杜威的“教育是经验的改造和改组”的观点。

（二）教师主导与学生主体的关系

教学过程主要是教师引导学生掌握知识的过程。因而如何处理师生在教学中的地位与关系问题，一直是教学史上的一个主要的理论和实践问题。这里采用王策三先生提出的“教师主导，学生主体”的观点。在教学过程中，要充分有效地发挥教师的主导作用。因为教师是教育者，受社会委托，代表社会利益，“闻道”在先，而且受过专门训练，精通所教的专业知识，了解学生的身心发展，懂得如何组织和进行教学。对于尚未“闻道”的学生尤其是中小学生来说，只有借助于教师的教导和帮助，才能以简捷有效的方式掌握知识。教师的主导作用主要体现在能否引起学生学习的主动性和积极性。教师的主导作用不是教师去包办代替，而是引起、维持和促进学生学习的作用。因此，教师的“教”是为了学生的“学”，教学追求的目标和结果，一定是由“学”来体现的，而“学”是学生自己的独立的主动的活动，教师包办代替不了。学生才是教学认识的主体，学生不只是教学的对象，而且是有能动性的人，是学习的主体。教师的主导固然重要，但对学生来说毕竟是外因，外因只有通过内因才能起作用。这就是说，教师的“教”都要经过学生个人的观察、思考、领悟、联系和自觉运用，才能转化为他们的本领与品德。

（三）智力活动与非智力活动的关系

教学中学生的认识活动不仅有智力活动，而且伴随着非智力活动。智力活动，主要指为认识事物、掌握知识而进行的观察、记忆、思维和想象等认知活动；非智力活动，主要指在认识事物、掌握知识过程中的兴趣、情感、意志和性格等情意活动。认知和情意是构成完整心理活动的两个部分。在学生认识世界、掌握知识的过程中，两种活动都存在且相互影响、相互作用。首先，学生在学习过程中的求知欲，学习的兴趣、信心和毅力，喜欢不喜欢学习等非智力活动，常表现为内驱力量直接影响着学生对知识的掌握和智力的发展。因此，教学要激发学生对知识的兴趣和求知欲，调动学生学习的主动性和积极性，养成坚持学习的信心和毅力，才能变“苦学”为“乐学”，扭转学生普遍的“厌学”心态。其次，非智力活动并非与生俱来，而是在后天活动尤其是在智力活动中发展起来的。学生的兴趣、爱好、情感和意志等，都是在认知活动、在掌握知识的过程中产生和发展起来的。要让学生热爱学习，形成积极的情感体验，养成正确的学习态度和习惯，这些都是建立在知识学习的智力活动基础之上的。不接触、不认识、不熟悉某一事物，当然不会对它产生兴趣和爱好。所以说，非智力活动又是依存于智力活动的。

（四）接受学习、发现学习和研究性学习的关系

前面所述师生关系以及智力与非智力活动的关系中，都强调教学中要注重对学生学习主动性和积极性的调动，于是学生的学习方式就成了值得日益关注的问题。就学生的学习方式而言，这里主要进行三类划分：接受学习、发现学习和研究性学习。如何协调这三者之间的关系，使学生在教学过程中既要学得生动，又要学得有效率，还要学到内容，这些就成为教学过程中需要处理的基本关系。接受学习是教师引导学生接受事物意义的学习，也是课堂学习中教师讲、学生听的学习方式。接受学习是最基本的学习方式，对于学习基础知识是有效的，但不注重培养学生的创新精神。发现学习是教师启发学生独立发现事物意义的学习。发现学习强调学生在学习过程中的主动性，是以不挑战现有教材知识为前提的。学生自己发现学科结构，知识之间的联系，在学习方式上是一种再发现，与科学家的发现是不一样的。在我国课程改革的进程中，研究性学习是被人们赋予了更多热情的焦点之一。研究性学习是学生在教师指导下，从自然、社会和生活中选择和确定专题进行研究，并在研究过程中主动地获取知识、应用知识、解决问题。不仅探究已知的知识，而且还要探究未知的知识。具有更强的研究性质。教学过程应该交替使用不同的学习方式，三者不能互相替代。

三、我国教学过程的基本阶段

关于教学过程的阶段划分，比较有代表性的有三个人。一是赫尔巴特的“五段教学法”：预备（提出问题、说明问题）、提示（提示新课程、讲解新教材）、联系、总结、应用。二是杜威的“五步教学法”：困难（发现疑难）、问题（从疑难中提出问题）、假设（做出解决问题的假设）、验证（推断哪种假设能解决问题）、结论（检验修正假设、获得结论）。三是凯洛夫提出的引起求知欲、感知新教材、形成观念和概念、知识的巩固和复习、知识的运用与形成技能技巧、知识、技能技巧的检

查等六个基本环节的基本程序。这些不同的划分，各有其理论根据，都在一定程度上反映着教学的实践，并对教学实践有过重大的影响。

我国教育界对教学过程阶段的划分，大体上沿用凯洛夫的阶段划分法，而在说明每个阶段的内涵时，加进了我们的理解和总结了我们的经验。下面简要说明我国教学过程的几个基本阶段。

（一）激发学习兴趣，引起求知欲

教学要从诱发和激起学生的学习兴趣和求知欲开始，从做好学习的心理准备开始。学习兴趣和求知欲是直接推动学生学习的内驱力量。激发学生的求知欲应贯穿于整个教学过程之中，因此，教学开始，简短的说明、提问和观察等，将学生引入要学的课题是十分必要的。教师教学的水平，教学的艺术，往往也表现为上课后能否尽快地引发学生的求知欲。激发求知欲的方式多种多样，要因教学内容、学生年龄特征等不同而不同。

（二）感知新教材，形成表象

感知是认识事物的第一步。感知教材主要是给学生关于所授内容的一个混沌的整体的表象，它包括所感知教材内容的范围、轮廓，内容的大体结构，内容中出现的基本概念的词语和构成内容的主要事实等。学生这时的认识是表象的、混沌的，是感性认识，因为他并不了解所授内容的内在逻辑，不了解概念的科学内涵，不了解事实与原理之间的关系，不了解所授知识在整个学科中的地位等，也就是还未进入理性认识阶段。那么，没有对教材的感知，形成有关教材的表象，也就不可能进入到对教材的理解中。

（三）理解教材，形成科学概念

理解是个体认识事物的联系、关系以及事物的本质、规律的思维活动。比如，明确一个词义，弄清一个科学概念；明确公式、定理、法则的内涵；了解与掌握一篇文章的中心思想等。理解的进程是要将混沌的整体表象，经过分解、分析、比较、抽象，做出简单规定，然后再经过归纳、综合的思维加工，再回到事物的整体。这时的整体已经是一个具有许多规定和关系的丰富的总体了，这时的学生认识就从混沌走向明晰、从抽象走向具体。理解教材是教学过程的中心环节。理解的目的在于形成概念、原理，在于认识事物的本质和规律，这时学生的认识就从感性认识上升到了理性认识。

（四）复习与巩固知识

就是要引导学生把所学知识牢牢地保持在记忆中。复习与巩固知识的必要性，一是因为学生在课堂上的所学主要是他人的间接知识，容易遗忘，因而必须复习；

二是因为掌握与记住了的知识，才能为下一步学习奠定基础，才能学习新知识。理解是记忆的重要前提，学生在理解基础上的记忆才比较牢固和持久。复习就是把识记过的材料拿来再识记，使之巩固并达到记忆的目的。在识记之后应立即组织复习，教学过程中应用一段时间专门复习，定期复习，这对巩固知识都十分必要。

（五）运用知识与培养技能技巧

理解知识和巩固知识是运用知识的基础。但是，学生理解了知识不等于会运用，牢固掌握了知识不等于形成了技能技巧。要使学生从理解、掌握概念、原理发展到能运用于实际、形成技能技巧，单靠动脑是不行的，还必须引导学生动口和动手，进行练习和实际操作才能达到。掌握知识的目的在于运用，在于形成解决实际问题的能力，故教学要重视运用知识，培养学生的技能和技巧。技能是运用知识去完成一种活动的方式，技巧是一种熟练。熟练是一个完善化了的行动方式，是在技能基础上，经反复练习而形成的。因此，在教学过程中，在掌握知识之后，为了培养一定的技能技巧，组织一定的练习是十分必要的。

（六）检查掌握知识、技能和技巧的情况

学生掌握知识、技能和技巧的质量如何，只能通过教师的检查才能确定。通过检查，教师能及时了解教学效果，及时改进、调整教学要求与进程。同时，也可帮助学生了解自己掌握知识、技能和技巧的情况，并可督促学生的学习。检查的方式，可以是课堂上的及时提问与检测，可检查家庭作业，可定期测试等。正确的检查应当形成学生一种良好的心态，以利于更好地学习。要避免检查中的种种弊端，以免造成一种不利于学生学习的心态。

第三节　教学原则

一、什么是教学原则

教学原则，是教师在教学过程中实施教学最优化必须遵循的基本要求和指导原理。它既指导教师的教，也指导学生的学，应贯彻于教学过程的各个方面和始终。

为了真正了解教学原则的实质，我们必须弄清楚教学原则与教学规律之间的关系。因为在教学中，为了有效进行教学，不管是教学原则还是教学规律，都必须要遵循。然而，教学原则与教学规律之间的关系是非常复杂的，既有区别又有联系。教学规律是不以人们的意志为转移的客观存在，是教学过程中的内在的本质的必然联系。例如，通过复习教材可以巩固知识，这是一条教学规律，不管我们是否愿意遵循，它都是客观存在的。我们对教学规律只能发现、掌握和利用，绝不能创造和

改变。然而教学原则却是人们制定出来的，人们可以根据特定的教育目的、教育规律或者教学中人们累积的经验来制定，教学规律只是教学原则制定的依据之一。但两者间的联系是很紧密的，即科学的教学原则是教学规律的反映，教学原则是根据教育目的、教学规律、教学经验制定的，所以，它随着社会的发展而发展，随着新的教学规律的发现和教学经验的累积而不断改变和日趋完善。

由于教育家们处于不同的年代，他们的哲学观点及对教学规律的认识不同，教学经验不同，所建立的教学原则也会不同。古今中外，教育著作中对教学原则的名称、数目和内容等，有各种提法。如中国古代教育家提出的因材施教原则、知行合一原则、学思结合原则、启发问难原则、循序渐进原则、教学相长原则、乐学善教原则等。国外如美国布鲁纳提出的动机原则、结构原则、程序原则、反馈原则；赞科夫提出的以高难度进行教学的原则、以高速度进行教学的原则、理论知识起主导作用的原则、使学生理解学习过程的原则、使全班学生包括“差生”都得到发展的原则。可见，各家提出的教学原则是不一样的。

二、我国中小学常用的教学原则

虽然各家提出的教学原则名称不同、数目不同，但是，不乏一些被大家公认的原则，教育学应当讲这些原则。

现阶段，我国中小学公认的教学原则有科学性和思想性相结合的原则、理论联系实际的原则、直观性原则、启发性原则、循序渐进性原则、巩固性原则、因材施教原则等。

（一）科学性和思想性相统一的原则

此原则是指教师在授予学生知识时，保证所授知识的正确无误，并根据所教知识的思想教育因素对学生进行相应的思想品德教育。

科学性与思想性相统一的原则，是教学具有教育性规律的反映，也是我国的教育目的所要求的。我国的教育目的是使学生在德智体几个方面都得到发展，成为有社会主义觉悟的劳动者。为此，教师在各科教学中授予学生知识的同时，还要挖掘其思想教育因素对学生进行相应的思想品德教育。

贯彻科学性与思想性相统一的原则的要求如下：

1. 确保教学的科学性

科学性是教学的根本要求，要确保教学的科学性。在教学中，教师讲授的内容应当是正确无误的结论，一般不宜将尚有争议的、不可靠的知识传授给学生。为扩大知识眼界，对高年级学生可以结合教材的基本知识，向他们介绍一些不同的观点和学说，但应当在讲清楚基本知识的基础之上进行，以免造成思想混乱，妨碍基本概念和基本观点的建立。同时，在教学中，教师一旦发现自己讲授中有错误，必须认真更正。这样一来，坚持教学科学性的同时，也增强了教学的思想性。

2. 挖掘教材内在的教育因素，结合知识教学进行思想品德教育

教学中的思想品德教育，必须结合科学知识的教学来进行。由于各门学科的性质和内容有所不同，应根据它们各自蕴涵的教育因子进行相应的思想品德教育，不能牵强附会。

例如，《植物的叶》一课重点讲解的是叶的光合作用，这是使学生认识自然界相互关系的好内容。教师除了通过实验让学生知道绿叶在太阳光的照射下有制造养料（淀粉）的作用外，主要讲清了：①光合作用需要绿叶、阳光、水、二氧化碳，缺一不可；②光合作用需要吸收二氧化碳和水，制造有机养料，呼出氧气；③有机养料和氧气是人和动物所需要的；④人和动物在新陈代谢时呼出二氧化碳，为植物的光合作用提供了原料；⑤植物和动物的生长都离不开太阳。学生从这些知识中认识到植物与动物之间，动、植物与空气、水、太阳（即生物与非生物）之间的关系是非常密切的，从而认识到自然界是相互联系、相互制约的。教师在讲解过程中虽然没有提出"辩证唯物主义"这个概念，却较好地对学生进行了辩证唯物主义的世界观教育。

（二）理论联系实际的原则

此原则是指教学要从理论与实际的结合中去讲授知识，并引导学生从理论联系实际的关系中去理解知识，运用所学知识去分析问题和解决问题，达到学以致用。

教学中贯彻理论联系实际原则的原因有二：一是为了使学生更好地理解书上的理论知识；二是为了培养学生解决实际问题的能力，为他们将来更好地将理论运用于实际打下良好的基础。在教学过程中，学生的认识活动主要是学习书本知识，而书本知识对学生来说是一种间接经验，故要贯彻此原则，学生才更能理解。

贯彻理论联系实际的教学原则的要求如下：

1. 书本知识的教学要注重联系实际来讲解

在教学中，为使学生深刻理解和掌握理论知识，教师必须广泛联系实际进行知识的讲授。这样教学才能活泼，抽象的书本知识才易于被学生理解，并进而转化为对他们有用的精神财富。

例如，某生物老师讲"动植物的种不是固定的，而是变化的"原理时，他曾联系了达尔文进行科学考察充分验证理论的动人事迹：1831 年 12 月到 1836 年 10 月，达尔文在南美洲考察中发现了许多动植物的新品种，在当地居民的帮助下，也了解到了一些动物的生态和习惯，使他的生物学知识大为增加。比如说南美洲的鸵鸟有一种奇怪的习性，即雌鸵鸟集体使用一个巢，把蛋下在一起，然后由雄鸵鸟孵化。当地居民给他讲了这种情况后，他亲自做调查，发现确实如此。他认为形成这种习性的原因，是由当地的气候条件所决定的。因为那里天气热，而雌鸵鸟三天下一个蛋，要等鸵鸟把蛋下完再孵，头几个蛋就可能坏了。因此，几只鸵鸟就往一个巢里

下蛋，下到二三十个就由雄鸵鸟孵化，雌鸵鸟便到另一个地方去下蛋。大量的事实证明，物种是进化发展的结果，不是固定不变的，更不是神创造的。教师结合这些实例进行教学，使学生听得津津有味，而且也加深了对知识的理解。

2. 指导学生将所学知识运用于实践中

这样做的目的是让学生更好地掌握理论知识，形成技能，并理解理论知识的实践意义。如学了数学，可引导学生根据数学的理论、公式、定理等进行运算和测量；学了电学，可引导学生根据电学的原理去安装电铃、电灯，修理无线电、收音机、检查教室或宿舍的电路等；学了化学，可指导学生根据化学原理制造一些简单的化学产品；学了生物，可指导学生根据生物学原理进行栽培和饲养等。

（三）直观性原则（或形象性原则）

此原则是指在教学中，教师通过直观教具和现代化教学手段或教师语言的形象描述，让学生形成对所学知识的丰富表象，从而形成科学概念，掌握理论知识。

在教学过程中，学生的认识规律虽然有其自身的特点，但和人们认识过程的一般规律是一致的，是从直观到抽象的过程。学生的思维特点是处于从形象思维到抽象思维不断发展的时期，特别是年龄较小的学生，知识经验贫乏，抽象思维较弱，形象思维占主导地位。在教学中充分利用直观教具和语言的描述，不仅可使学生兴味横生，掌握知识，而且也有利于发展他们的思维能力。

贯彻直观性原则的基本要求如下：

1. 正确选择直观手段

直观手段一般可分为三类：一是实物直观，包括各种实物、标本、实验和参观等；二是模像直观，包括各种图片、图表、模型、幻灯、录像、电视和电影片等；三是语言直观，是教师的生动形象化语言的描述和比喻。

在教学中，要根据教学的任务、内容和学生年龄特征正确选择直观手段。比如物理、化学、生物等学科，可以选择有形的自然实物进行观察对比，实验解剖，也可以通过模型、仪器和标本进行演示和实验；数学课可通过图表、图解和仪器进行演示；外语课可以通过图片、图画进行演示；历史、地理课可以通过模型、照片、地图以及历史沿革图进行演示，指导学生观察对比，形成表象，掌握概念和理论。

2. 直观要与讲解相结合

教学中的直观，不是让学生自发地看，而是在教师的指导下进行有目的的观察，引导学生把握事物的特征，发现事物间的联系，使学生获得较为全面的感性认识后，深刻地掌握理性知识。所以，在直观的同时要有教师的讲解参与其中。

例如，对《鱼》一课的讲解，教师事先在水盆里放了一条活鲫鱼，让学生仔细观察鱼的形状、鱼的表面、背鳍、胸鳍和尾鳍。然后问学生各种鳍的作用是什么？学生一下被问住了。这时，老师用剪刀把鱼的尾鳍剪掉，结果学生发现鱼在水中无法前进了；他又把胸鳍及腹鳍剪掉，结果鱼体在水里失去了平衡；再把背鳍剪掉，鱼只能一动不动地躺在水里喘气。通过观察，学生由此明白了各种鳍的作用。

（四）启发性原则

此原则指在教学中教师承认学生是学习的主体，调动他们学习的主动性，引导学生独立思考，自觉地掌握知识，提高分析问题和解决问题的能力。

启发性教学的思想和实践有着悠久的历史。在我国，最早提出启发性教学的是孔子，他曾说“不愤不启，不悱不发”，这是“启发”二字的由来。后来《学记》继承和发扬了启发教学思想，提出“道而弗牵，强而弗抑，开而弗达”的要求。在西方，最早提出启发式教学的是苏格拉底，他提倡用“问答法”，他在讲课时经常向学生提问题，然后引导学生作答，如果答案错了，并不立即纠正，而是提出补充问题，使对方知道错误原因所在，从而逐步得出正确答案。

这一原则，是以学生的学习是一个能动的认识过程的特点和事物的发展内因是根据，外因是条件的理论为依据。只有启发学生积极思考，才能透彻理解问题，把所学知识融会贯通。

贯彻启发性原则的基本要求如下：

1. 启发学生的学习动机，调动学生学习的主动性

学习的主动性是学生在学习上的内在动力。所以，启发学生的学习动机，调动学生学习的主动性，是贯彻启发性原则的首要问题。学生的学习主动性受许多因素的影响，如学生的好奇心、兴趣、爱好、求知欲，获得优良成绩而得到表扬、奖励的愿望等。教师要善于因势利导，将其发展为学生学习的动力。

例如：有一位数学老师在讲解“整十整百的简便运算”时，一开始上课就把学生分成甲、乙两组，并出了A、B两组题（A：400－200＝，200＋300＝；B：256－199＝，198＋199＝,），要求甲、乙两组学生分别做A、B两组题目，比赛看哪组做得又对又快。显然在还未学习“整十整百的简便运算”情况下，乙组做的题涉及列竖式、进位、借位等，速度自然慢些；甲组则只需口算即可，速度自然快些，甲组同学得到了老师的表扬，这时乙组的同学不服气了，认为老师给他们的题比乙组难得太多了，这时老师便说：“其实这就是我们今天要学的‘整十整百的简便运算’，如果你们今天认真听讲了，掌握了简便运算的规则，就能够像甲组的同学一样，把题目做得又对又快。”这样一来，学生学习的主动性便被调动起来了。

2. 善于提出问题，启发学生思考

在教学中，提问是启发学生思考较为常用的方法。但提问时教师要了解学生的水平，提出的问题要难易适中。提出的问题太简单就不能激发学生的思维，问题太难学生也难以回答，只有以稍高于学生实际水平的要求提问学生，才能有效地激发学生进行思维。教师提问要多提问一些有启发性的问题，不提带有暗示性的问题。要多提“为什么”一类的问题，不提“是不是”、“好不好”一类的问题，以免学生不动脑筋，简单答问。

3. 发扬教学民主

发扬教学民主，这是启发式教学的重要条件。它包括了建立民主平等的师生关系，创建民主和谐的教学气氛，鼓励学生发表不同的见解，允许学生向教师提问质疑等。在这种情况下，学生心情舒畅，敢于发表自己的见解，积极参与教学中提出问题的讨论与争辩；反之，如果学生感到气氛压抑，就可能导致不敢畅所欲言，就会造成启而不发，也就达不到预期的效果。

（五）循序渐进性原则

此原则是指在教学中，既要按照教材的内在逻辑性进行教学，又要按照学生认识活动的顺序性进行教学，让教学的内容、方法、分量和进度符合学生的特点，使学生的知识和技能形成完整的体系。

我国古代教学强调顺序性，《学记》提出“不陵节而施”的要求，西方夸美纽斯也曾提出“应当循序渐进地学习一切”的观点。

任何一门科学，逻辑结构都十分严密。前面的知识是后面知识的基础，后面的知识是前面知识的必然发展，只有使教学循其“序”而渐进，才能使学生顺利掌握知识。学生的认识一般是从已知到未知，由简单到复杂的深化渐进过程，这种认识过程的顺序性，也要求教学要按其“序”进行。

贯彻循序渐进性原则的基本要求如下：

1. 根据教材中知识的逻辑体系进行教学

在教学中，要求教师深入领会教材的系统性，结合学生的认知特点，保证教学的系统进行，要注意教材的前后连贯，新旧知识的衔接，尽量使新教材与学生已有的知识联系起来。贯彻此原则不是在教学中单纯地、消极地适应学生的知识水平和年龄特征，而是既要适中又要有一定的难度，必须使学生付出一定的努力，才能掌握一定的知识和达到一定的目的。

2. 教学时由浅入深、由易到难、由简到繁

要求教学必须由浅入深、由易到难、由简到繁，引导学生扎扎实实、循序渐进地掌握知识和技能。只有循序渐进地进行教学，学生有了扎实的基础，才能有所进步。如果企图赶进度，学生学的知识也不牢靠。事实证明“欲速则不达”，教学不可“跃进”。

（六）巩固性原则

在教学中，引导学生在理解的基础之上牢固地掌握知识和技能，并能在需要时提取出来分析问题和解决问题。

在教学中，学生所学的知识是前人的经验，如果得不到巩固（强化）就会遗忘。因此，知识的巩固对学生来说是十分重要的。历代许多教育家都很重视知识的巩固问题。孔子就说过“学而实习之”，“温故而知新”；19 世纪俄国教育家乌申斯

基说过“复习是学习之母”。

贯彻巩固性原则的基本要求如下：

1. 引导学生在理解的基础上巩固

理解知识是巩固知识的基础，要使学生牢固地掌握知识，首先应当帮助学生深刻地理解知识。所以在教学中，老师讲授知识要主次分明、条理清楚、通俗易懂，让学生对所学知识的本质有清晰的理解，这样才会记忆深刻，记得牢。当然，强调知识的理解过程，并不是否定知识的机械记忆，如历史年代、地名、人名和外语单词等，还是要靠机械记忆的。

2. 重视组织各种复习，并教给学生一些记忆方法

复习就是重温过去学过的知识，它帮助知识在记忆中得到强化，它是学生巩固知识的重要手段。在教学中，应根据教学需要有计划地组织各种复习（学期开始时的复习、经常性复习、阶段性复习、期末复习等），并有意识地向学生传授一些好的记忆方法来发展学生的记忆能力。良好的记忆方法很多，如分类记忆法，即把所学知识按其性质特征进行归纳分类，使之条理化、系统化。例如，学外语单词时，按季节、方向和颜色等方面分类，便于记忆；如谐音记忆法，例如，有一位教师在让学生记数学里的圆周率的值（3. 1415926）时，利用谐音“伞已撕，已无救而漏”，学生一下子就记住了。除此之外还有很多记忆法，如对立记忆法和比较对照法等，这些都该教给学生。这不仅对学生掌握知识有益，而且对发展他们的智力也有着极为重要的意义。

3. 引导学生把所学知识运用于实际

在教学中，积极地引导学生将所学知识应用于实际，这是一种更为积极的巩固方式，效果也更佳。例如，教师在讲完“种子发芽所需的条件是温度、湿度和光照”的内容后，应引导学生按种子发芽的条件去种豆，这样一来，学生对于课堂上所学的知识理解得也更好，印象也更深刻。

（七）因材施教原则

此原则指在教学中，教师要从学生的实际出发，依据学生的年龄特征和个别差异有的放矢地进行教学，使每个学生都得到最佳程度的发展。

孔子就善于根据学生的不同特点，进行有针对性的教育。宋代的朱熹把孔子的这一经验概括为“孔子施教，各因其材”，这即是“因材施教”的来源。

教学中，要贯彻因材施教原则，是由学生身心发展的客观规律所决定的。学生的身心发展是与遗传、环境和教育等基本因素密切相关的。学生虽有共同的特征即年龄特征，但又有个别差异性，如有的学生喜欢语文，有的喜欢数学，有的喜欢文艺；有的内向，有的外向；有的能力强，有的能力弱。在教学中要承认学生的差异，区别教育，让每个学生都得到最大限度的发展。

贯彻因材施教原则应该遵循的基本要求如下：

1. 深入了解学生，根据全班学生的实际进行教学

教师既要了解全班学生的一般特点，如全班学生的知识水平、接受能力、学习风气和学习态度等，还要了解每个学生的个性特点，从而有的放矢地进行教学。教学时要把主要精力放在面向全班的集体教学上，面向学生中的大多数，从大多数学生的实际出发，按照他们所能接受的程度进行教学。同时，也要在集体教学中兼顾个别学生，如在让全班学生掌握的基础上，补充一些较难和较易的内容，让“尖子生”能“吃得饱”，让“中等生”能“吃得好”，让“差等生”能“吃得了”。

2. 针对学生的个别特点，进行区别教学

了解学生的个别特点是进行因材施教的基础。教师应该在充分了解每个学生的个别特点后进行有针对性的教育。例如，对观察能力欠缺的学生，要注意引导他们观察，培养他们的观察能力；对反应迟缓的学生，要多鼓励他们勤于思考问题；对思维力敏捷而态度马虎的学生，要给难度较大的作业，并要求他们精益求精；对于语言表达能力不强的学生，要多让他们在课堂上发言，训练他们的语言表达能力；对注意力不集中的学生，要多检查提问，引导他们集中注意学习；对信心不足的学生，要多鼓励表扬他们的进步，使其增强学习的信心。总之，教学要注意个别对待，加强个别指导。

本章知识结构图：

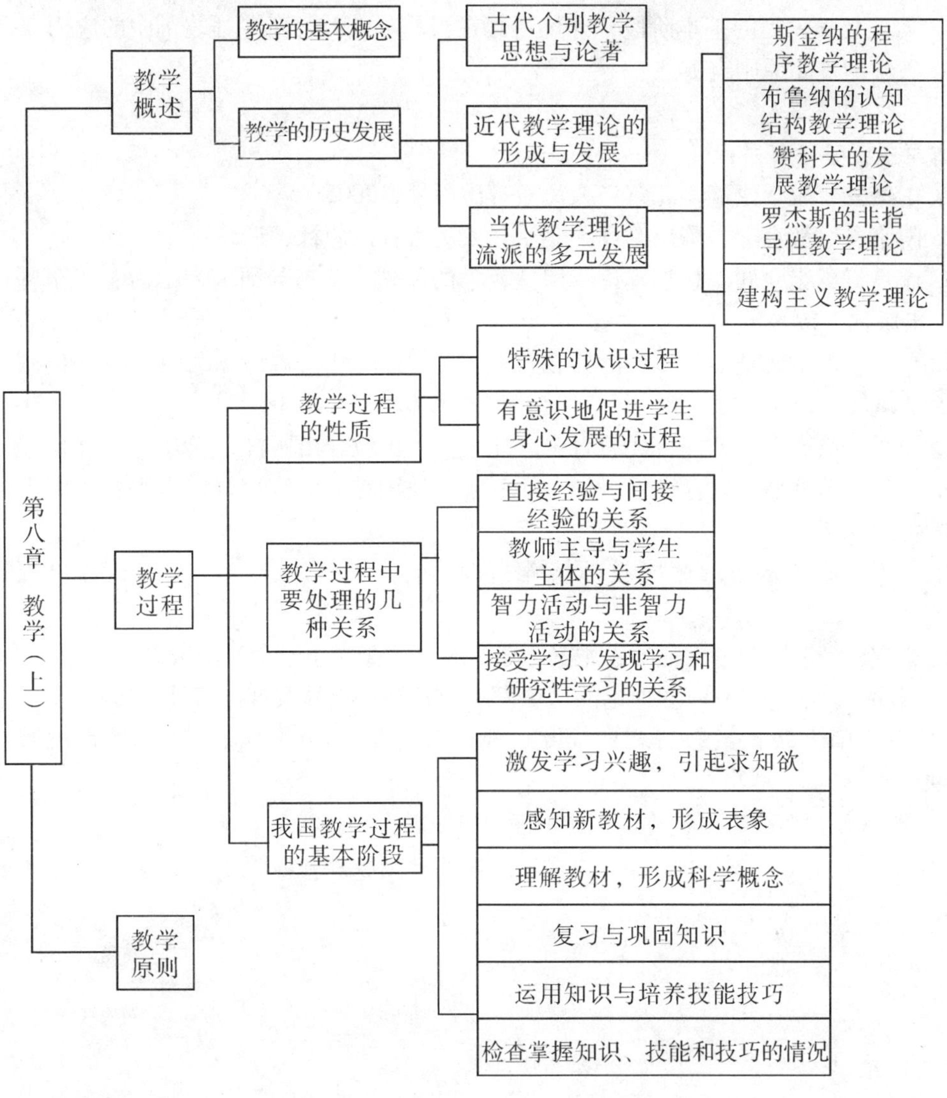

讨论与应用：

1. 名词解释：教学；教学过程。

2. 简述当代主要教学理论流派的主要内容及其对教学的影响。

3. 某教师回到办公室说："二年二班的学生真笨，这堂课我连续讲了三遍，他们还是不会。我是发挥了教师的主导作用了，他们不会，我有什么办法"。请运用"教师主导，学生主体"的观点来分析：这位教师发挥主导作用了吗？学生的主体性发挥出来了吗？

4. 我国高中课程改革强调研究性学习的地位，这对教师的教学提出了哪些要求？

5. 简述教学过程的基本阶段，并论述其在当前基础教育新课程改革中的应用。

6. 教学的主要原则有哪些？

本章主要参考书目：

1. 王策三. 教学论稿. 北京：人民教育出版社，2005

2. 凯洛夫. 教育学. 陈侠等译. 北京：人民教育出版社，1953

3. 施良方，崔允郭. 教学理论：课堂教学的原理、策略与研究. 上海：华东师范大学出版社，1999

4. [苏] 麦丁斯基 E. H.. 世界教育史（上册）. 叶文雄译. 北京：三联出版社，1952

5. 曹孚，滕大春. 外国古代教育史. 北京：人民教育出版社，1981

6. [美] 布鲁纳. 教育过程. 华东师范大学外国教育研究室译. 上海：上海人民出版社，1973

7. [德] 第斯多惠. 德国教师培养指南. 袁一安译. 北京：人民教育出版社，1990

8. 朱兴伟. 常识课中辩证唯物主义教学. 浙江教育（小学版），1982

9. 吴杰. 教学论——教学理论的历史发展. 长春：吉林教育出版社，1986

10. 华南师大教育系教育学教研室. 现代教育学. 广州：广东高等教育出版社，1997

11. 吕衣敏. 小石疃小学改进自然教学. 山东教育，1982

12. 王道俊，王汉澜. 教育学. 北京：人民教育出版社，1989

第九章　教学（中）

学习目标

1. 理解“设计”和教学设计的概念和定义
2. 了解教学设计的基本特征
3. 了解教学设计的发展历史
4. 理解教学设计的基本思路和过程
5. 了解教学模式的定义
6. 了解常见的教学模式

第一节　教学设计

一、教学设计的概念和定义

“设计”（design）一词指在开发产品或者执行计划之前，系统地或有意识地规划和构思，以达到一定目标（或解决问题）。

根据国内的研究，有学者认为，“设计”是旨在达成特定结果或目标的一系列行动或步骤。[①] 又有学者认为，所谓设计，是指为进行某种实践或为解决某种问题所做的系统的计划过程。[②] 因此，我们认为，“设计”是指为了达成某种实践活动的结果、目标或为了解决某种问题所做的系统的计划过程。

“教学设计”有时也称“教学系统设计”或“教学开发”。关于什么是“教学设计”，国内外的学者也有许多精辟的定义，以下作简要的介绍。

P. L. 史密斯和T. J. 雷根在由他们两人合著的《教学设计》中对“教学设计”下的定义为：“教学设计是指运用系统方法，将学习理论与教学理论的原理转换成

① 盛群力等．教学设计．北京：高等教育出版社，2005. 3

② 罗永祥等．教学技术教程．贵阳：贵州人民出版社，2003

对教学资料和教学活动的具体计划的系统化过程。”①

当代教学设计大师加涅（Gagne R. M.）在其所著的《教学设计原理》中，对教学系统设计（即教学设计）所下的定义是：教学系统设计是对教学系统进行具体计划的系统化过程。教学系统本身是对资源和程序做出有利于学习的安排。任何组织机构，如果其旨在开发人的才能，均可以被包括在教学系统中。②

Newby, T. J. 等在 *Instructional Technology for Teaching and Learning* 一书中，认为教学设计是“将学与教的原理转换成教学材料和教学活动方案的系统化过程”。③

当代培训专家帕顿（Patten J. V.）1989 年在《什么是教学设计》一文中曾说：“教学设计是对学习者学业问题的解决措施进行预先策划的过程。”

当代著名教学设计理论家肯普（Kemp J. E.）在 1998 年出版的《设计有效的教学》一书中强调：“如何有效地规划、开发、评价与管理教学过程以使之能确保学生取得良好的业绩表现，这一系统方法被称为‘教学设计’。”

以下是国内对教学设计的相关定义。

盛群力教授等认为：教学设计实质上是对教师课堂行为的一种事先筹划，是对学生达成教学目标、表现出学业进步的条件和情境做出的精心安排。④

乌美娜教授在《教学设计》（高等院校统编教材）一书中的定义为：“教学设计是运用系统方法分析教学问题和确定教学目标、建立解决教学问题的策略方案、试行解决方案、评价试行结果和对方案进行修改的过程，它以优化教学效果为目的，以学习理论、教学理论和传播学为理论基础。”⑤

何克抗对教学设计的定义为：“教学系统设计主要是以促进学习者的学习为根本目的，运用系统方法，将学习理论与教学理论等的原理转换成对教学目标、教学内容、教学方法和教学策略、教学评价等环节进行具体计划、创设有效的教与学系统的‘过程’或‘程序’。教学系统设计是以解决教学问题、优化学习为目的的特殊的设计活动。”

归纳以上观点，我们将教学设计的一般定义描述为：教学设计指的是为了使学生获得全面的、最大限度的发展（教学价值目标），以系统论、学习理论、教学理论和传播学等作为指导思想的理论依据，对教学活动进行的系统的计划过程，是对教什么（发展学生的何种素质、课程和内容）、怎么教（教学活动、过程、组织、方法、策略、手段及其他传媒工具的使用等）以及如何评（开展相关的评价活动）的计划、安排或方案。

---

① P. L. Smith. & T. J. Ragan. *Instructional Design*. Macmillan Publishing Company, 1993

② R. M. 加涅等．教学设计原理．皮连生等译．上海：华东师范大学出版社，1999. 20

③ Newby, T. J., etal., *Instructional Technology for Teaching and Learning*. 1996. 17

④ 盛群力等．教学设计．北京：高等教育出版社，2005. 4

⑤ 乌美娜．教学设计．北京：高等教育出版社，1994

二、教学设计的基本特征

关于教学设计基本特征的表述内容有很多，我们归纳如下几种，使其区别于教育学科其他领域和教师以日常经验为基础的教学设计。

（一）教学设计以系统理论与方法作为其方法论基础

系统教学设计的最根本特征是追求教学系统的整体优化。系统理论把事物看成是由相互关联的部分所组成的具有特定功能的整体。它要求人们着眼于整体，从整体与部分、整体与环境之间的相互联系、相互制约中选择解决问题的优化方案。例如，针对一堂课来说，不仅要考虑这堂课中的各个要素，把它本身作为整体来看待，同时，还要考虑这堂课与本单元教学甚至是与本课程教学的关系。

（二）教学设计具有比教学理论更为具体的操作性

教学设计强调必须精心安排教学过程。因此，它不同于一般教学理论，一般教学理论是研究教学本质与规律的理论性学科，而教学设计主要是运用已有的教学规律去达成教学的目标。我们可以将教学设计的任务概括为教学设计和教学开发。一方面，它要依据理论来对教学活动进行设计，勾画出教学活动的蓝图；另一方面，最终要将教学理论开发成能在教学实践中应用的教学材料和教学活动过程。教学设计是对各种教学因素和各个教学环节进行具体设计的应用性学科，是连接教学理论与教学实践的桥梁。它要对选择什么内容进行教学，这些内容以什么媒介为载体，以及教学过程的一般环节和组织形式等提出方案。（也就是说，教师在备课、上课、评课、说课等一系列教学工作中都应有相对明确的操作程序和基本要求。）这些方案能直接指导教学材料的开发和实际教学过程的组织，从而对教学实践产生重要影响。从微观的角度说，它甚至可以对一堂课、一个教学活动的具体细节进行设计，但这种设计始终不同于教学实践。“教学设计研究和工作的重点在于教学策略的计划和媒体材料的选择与开发上，即如何实施成功的教学。”① 总之，教学设计对教学实践的指导比教学理论更直接、更具体、更具可操作性。

（三）教学设计强调从学习者的需要出发确立教学目标并加以具体化

教学目标是指某一教学活动结束后学生应达到的预期状态。根据系统教学设计的逻辑，教学始于问题，问题则表明现状（教学开始前）与预期状态（教学结束后）之间存在的差距，有差距也就是有学习与教学的需要。因此，教学目标的确定除了要把课程标准作为依据，认真钻研教材和教学参考资料之外，更重要的是应对

① 乌美娜．教学设计．北京：高等教育出版社，1994．29

学习者的学习需要进行评估和分析。需要评估是为了寻找教学起始点与教学终结点之间的差距大小；需要分析则是对已确定的多项需要加以筛选辨别，要列出一种或几种优先考虑满足的需要。这是因为课程标准、教材和教学参考资料实际上都不能完全确定学习者具体、准确的学习需要，学习者始终是在变化的。根据学习者的需要确定目标之后，还要考虑将教学目标具体化。也就是说，应当按照期望学习者身上出现的可观察、可操作、可测量结果的方式对教学目标做出具体说明。这种说明常常包含了行为（做什么）、条件（在什么具体情况下）和标准（达到什么样的要求）三种成分的句子陈述。

（四）教学设计要求教师对教学任务进行周密分析

教学任务分析要求把教学活动结束时学生应达到的预期结果，即终点目标分解为若干个过渡目标或从属技能、过渡目标本身之间的关系又怎样、过渡目标又以哪些先决条件习得作为支撑。换句话说，教学任务分析是要查明新学习本身以什么样的逻辑顺序体现层级关系或组成关系，并以哪些原有的知识技能作为先决条件。显然，教学任务分析是以教学目标为依据，“由上而下”地逐级排序，由此对学习过程的开展进行“层级分析”、“程序分析”或“归类分析”，从而确定“可能的教学起点”。将来的实际教学过程遵循着任务分析中确定的路径，“由下而上”地逐级达标。两者之间的互逆关系表明教学任务分析通过理清目标序列和层级，为教学过程的设计与实施提供了依据。如果说教学目标是确定“教什么”，那么，任务分析则是把握“先教什么，后教什么”，并指明应“怎样去教”。由此可见，任务分析是教学过程的“路线图”，绘好这张图有赖于教师做好以下几项工作：①确定具体清晰的终点目标。②为了达成终点目标，学生必须先掌握哪一个过渡目标？③为了掌握这一个过渡目标，必须先知道什么或先会做什么？逐级推演，直到找出全部过渡目标和先决条件为止。④按照终点目标——过渡目标——先决条件的层级进行排序。⑤考虑用什么样的方法才能最有效地达成每一项学习任务。⑥根据学生的起点行为确定“可能的教学起始点”。

从以上操作中可以看到，教学任务分析比以往单纯确定教学重点和难点的做法更为周到、详尽和科学。

三、教学设计发展历史简介

（一）教学设计思想的产生

教学设计是教育思想付诸实践的产物。《学记》就体现了教学设计的思想。例如，《学记》提出了有关“小成”和“大成”的教学内容标准、考试时间安排及评价标准。古罗马的昆体良所提出的模仿、理论、练习三个循环递进的学习过程观，也反映了教学设计的思想。当较为系统的教学思想出现后，教育理论家和教育实践者总会考虑实现这些思想的具体策略、程序、措施、方法和手段。这些努力深化了教学设计的理论与实践。例如，赫尔巴特建立在统觉心理学上的“明了—联想—系统—方法”四阶段教学过程观，从一定意义上说，就是一种教学设计。杜威的“面临问题情景—提出问题—假设—证明—验证”的五步教学法教学过程从一定意义上说，就是一种教学设计。这些早期的教学设计，更多地依附于教学思想理论，还没有从教学理论中分离出来。

（二）专门意义上的教学设计产生于第二次世界大战

“二战”时期，由于战争对人才的迫切需要，心理学家和视听领域专家把视线转向学校的正规教育体系之外，关注当时社会所能提供的一切教育和教学手段，关注教学的实际效果和效率。心理学家们努力揭示人类是如何学习的，指出了任务分析的重要性，阐明了有效教学的原则。视听领域的专家则致力于运用已被公认的学习原理（如准备律、练习律、效果律，连续原理、重复原理等）设计、开发出一批有效的幻灯片和电影等培训材料。这些都是把学习理论应用于教学设计的最初尝试。

（三）真正与教学领域直接相关的教学设计产生于20世纪50年代的美国

20世纪50年代中期，B. F. 斯金纳改进和发展了教学机器，以新行为主义心理学的联结学习理论为基础，创造了程序教学法。这种方法以精细的小步子方式编排教材，组织个别化的、自定步调和即时强化的学习方式。程序教学运动标志着教育领域内部独立的教学设计的诞生。

（四）20世纪60年代末，系统教学设计模式的出现，标志着教学设计形成专门学科

到20世纪60年代初，系统科学开始被教学设计接受，许多教育家和心理学家发现影响教学（学习）效果的变量是极其复杂的，只有引入系统方法进行教学设计，才可能做到对教师、学生、教学内容、教学条件等各种教学要素进行综合、系统的考虑，才能制定出最优教学策略，并通过评价、修改来实现教学过程的最优化。到20世纪60年代末，依据系统理论提出的教学设计新模式已经形成。根据系统方法论的观点，任何教学设计都可以被概括在一个系统设计模型（Instructional Systems Design Model）中。该设计模型通常包括以下阶段：①需求评估；②对目标和对象需求程序的组成部分的描述；③目标设计；④原型生成；⑤制造；⑥使用、维护；⑦废弃与循环。

这一时期，教学系统设计理论获得了较快发展。其中影响较最大的有以B. S. 布鲁姆和R. F. 马杰为代表的关于教育目标分类和学习目标的研究，以R. M. 加涅为代表的学科内容组织和任务分析，以W. D. 西摩为代表的学习条件研究，以E. 戴尔和J. D. 芬恩为代表的视听媒体和其他教学技术的研究等。

1967 年，美国密歇根州立大学为改进学院的课程，J. 巴桑博士指导进行了“教学系统开发：一个示范和评价的项目”研究，最早提出了“教学系统开发”这一术语。这也是最早涉及评价的教学模式。H. 戴尔在俄勒冈州高等教育系统的教学研究部创立了后来被称为“ID1”的经典教学模式，并于 1968 年发表。其特点是提出教学模式的两种表现形式：简单形式——便于和用户交流；复杂形式——含有详细的操作部分。

综上所述，到 20 世纪 60 年代末，教学设计便以它独特的理论知识体系和结构而立足于教育学科。此阶段以行为主义的联结学习（即刺激—反应）作为主要理论基础的教学设计，通常被称为第一代 ID 模型。

（五）认知理论的出现导致第二代 ID（ID2）模型的产生

随着认知学习理论的发展，单纯建立在行为主义联结学习理论基础上的第一代 ID 逐渐受到批评。在此背景下，美国著名教育心理学家 R. M. 加涅吸收行为主义和认知主义两大学习理论的优点，提出了一种折衷观点，即所谓“联结—认知”学习理论。这种理论主张既要重视外部刺激（条件）与外在的反应（行为），又要重视内部心理过程的作用，即学习的发生要同时依赖外部条件和内部条件，教学就是要通过安排适当的外部条件来影响和促进学习者的内部心理过程，使之达到更理想的学习效果。在目前流行的以“教”为中心的教学设计模型中，绝大部分都是采用这种折衷的学习理论作为其理论基础。这就是第二代 ID 模型。

（六）建构主义理论推动了以“学”为中心的教学设计的发展

20 世纪 80 年代初，建构主义学习理论对传统教学设计模型（第一、第二代 ID）提出了批评。建构主义学习理论强调学习环境和以学生为中心，不仅要求学生由外部刺激的被动接受者和知识的灌输对象转变为信息加工的主体、知识意义的主动建构者；而且要求教师要由知识的传授者、灌输者转变为学生主动建构意义的帮助者、促进者。在建构主义学习环境下，教师和学生的地位、作用与传统教学相比已发生了很大变化。这就意味着教师应当在教学过程中采用全新的教学模式（彻底摈弃以教师为中心、强调知识传授、把学生当作知识灌输对象的传统教学模式）、全新的教学方法和全新的教学设计思想。教学设计也逐渐从以“教”为中心的模式发展为以“学”为中心的教学设计模式。这种以“学”为中心的教学设计模式，被称为第三代 ID 模式（ID3）。

我国自 20 世纪 80 年代中期以来，也在积极地开展教学设计的理论研究，且正致力于把教学设计理论与我国的教育、教学实践相结合。目前，现代信息技术与课程的整合研究与实践、现代双向性远程教育的研究与实践，都力求体现第三代 ID 模式的设计理念。以学为中心的教学设计，正被越来越多的实践者所运用。

四、教学设计的理论基础

从某种意义上说，教学设计发展的历史就是其基础理论发展的历史。从教学设计产生至今，系统理论、学习理论、传播理论和教学理论都对教学设计产生过重要影响。

（一）系统理论

系统理论是作为一种科学的方法论对教学设计产生举足轻重的影响的。任何系统都包括五个要素：人、物、过程、外部限制因素和可用资源，这五个要素之间有三种联系形式：①过程的时间顺序；②各因素间的数据或信息流程；③从一个系统中输入或输出的原材料（人或物）。

在教学中，系统理论考虑的是由教师、学生、教学内容、教学策略和教学媒体组成的教学系统中的教学分析、教学决策和教学评价。教学系统设计强调要有明确的预期目标，中心工作是努力实现预定的教学目标。因此，明确目标，尽量合理控制教学活动的偶然性、复杂性和不确定性，就成为教学系统设计的基本思想。目前，教学系统设计（ISD）甚至已成为教学设计的同义语。

（二）学习理论

学习理论主要以行为主义、认知主义和建构主义为代表。这三种学习理论，是划分教学设计类型的依据，指导着教学设计的研究与应用。学习理论是教学设计最主要的理论基础，引导着教学设计的发展方向。

1. 行为主义学习理论

早期的教学设计在学习理论方面基本上是建立在斯金纳的“操作性条件反射”基础上的。所谓“操作性条件反射”是指非已知刺激发出的联结反应（已知刺激所诱发出的联结反应则称为“条件反射”），在操作条件的作用下，当联结反应被诱发之后，若随即给予强化，即可形成“刺激—反应”联结，这就是行为主义的联结学习理论，或称“刺激—反应”（S—R）学习理论。1954 年，美国心理学家斯金纳发表了一篇《学习科学与教学设计》的论文，从而掀起了一场关于程序教学和教学机器开发的高潮。他在文章中提出了“小步子、循序渐进、序列化、学习者参与、强化、自定步调”六个教学设计原则，从而确立了行为主义教学设计的基础。虽然行为主义将从动物的机械学习实验中所得出的结论不加任何约束条件地应用于教学的做法，在后来受到了许多严厉的批评，但行为主义学习理论中重视控制学习环境、重视客观行为与强化的思想、尊重学生自定步调的个别化学习策略至今仍具指导意义。特别是在行为矫正（即态度的学习）方面，行为主义的贡献是其他学习理论所不能比拟的。正因如此，在 20 世纪 60 年代末和整个 70 年代这种学习理论曾风行一时，对早期 ID 的发展有很大影响。例如，根据 S—R 学习理论开发的程序教学（包括程序教学过程、程序教材、程序教学机器）曾经占据过教学设计的大半江山。[①]

2. 认知主义学习理论

从 20 世纪 60 年代末开始，直到 70 年代，由于 S—R 学习理论存在许多缺陷，因而随着认知主义学习理论的发展，单纯建立在行为主义联结学习理论基础上的 ID 理论逐渐受到批评，以认知心理学为基础的教学设计由此发展起来。美国著名教育心理学家 R. M. 加涅提出的“联结—认知”学习理论，就是其中的主要代表。

加涅和布里格斯是 20 世纪 70 年代认知主义教学设计的代表人物，他们认为教学设计应具备四个前提条件：①必须为个体而设计；②设计应包括短期和长期两个阶段；③设计应实质性地影响个体的发展；④设计必须建立在关于人们如何学习知识的基础上。这种理论比较注意学习者的特征分析，尤其是学习者的学习动机、认知结构、认知策略和智力技能的分析，重视教学内容的组织。

3. 建构主义学习理论

“联结—认知”学习理论关注通过安排外部教育条件和过程来影响学习者内部心理过程，因而有人认为其仍是以“教”为中心的教学设计。而建构主义心理学和教学理论的形成则实现了从以“教”为中心到重视“教”、更重视“学”的转变。

建构主义是伴随着对认知心理学的批判和发展而出现的，也是早期皮亚杰、维果茨基、布鲁纳等人的建构主义思想的发展。建构主义从 20 世纪 90 年代开始繁荣，其基本观点是：①新的学习依赖原有的经验；②学习是学习者以自己的方式进行主动建构：他不是简单接受外部信息，而是在原有经验的基础上进行主动选择、加工和意义建构；③强调在学习过程中进行合作与交流；④重视真实的学习情景。因此，建构主义不仅要求学生由外部刺激的被动接受者和知识的灌输对象转变为信息加工的主体、知识意义的主动建构者，而且要求教师要由知识的传授者、灌输者转变为学生主动建构意义的帮助者、促进者。在建构主义思想影响下，教学设计的理论和实践从 20 世纪 90 年代开始得到了较大的发展。

（三）教学理论

历史上产生重大影响的教学理论有很多。其中，以赫尔巴特、凯洛夫教学模式为代表的间接知识学习模式（即我国的特殊认识说）、以杜威为代表的活动学习模式、以布鲁纳为代表的发现式学习模式、以奥苏贝尔为代表的有意义地接受学习和罗杰斯的人本主义教学理论最为著名。

1. “传授—接受”学习理论

这种理论认为，教学过程是一种特殊的认识过程，这种特殊性表现在：①教学主要是使学生获取间接经验（书本知识）。学生的认识不同于人类从实践获得的经

---

① 罗永祥等．教学技术教程．贵阳：贵州人民出版社，2003

验，而是直接占有前人、他人的经验（通过书本）；②学生的认识不同于社会其他个体的认识，即区别于科学家、艺术家和其他从事各种工作的人。总之，教学应强调间接性（要以掌握人类长期积累起来的科学文化知识，间接地认识世界）、简约性（知识是通过加工、精要化、概括化的）、系统性（应掌握各基础学科之间的逻辑体系、基础知识和基本技能）和指导性（需要在富有知识的教师引导下进行认识，而不能独立完成）。在教学过程上，以赫尔巴特的“明了—联想—系统—方法”最为典型。后来，凯洛夫将其发展为“激发学习动机—感知教材—领会教材—巩固教材—应用—检查”教学环节。我国过去一段时间的教学活动，从教学目的、教学内容、教学过程、教学方法到教学组织形式，基本上都是以此为理论基础进行设计的。

2. 杜威的活动教学理论

杜威的理论主要体现在三个重要命题上：教育即生活；教育即生长；教育即经验的不断改组改造。基于这些命题，杜威形成了与传统教育的“教师、间接经验、课堂讲授”三中心相对立的，以“儿童、直接经验、活动”为中心的现代教学理论，建立了其教学理论的基本原则——“从做中学”，并发展了教学法的要素与过程，即“面临真实的问题情景—产生真实的问题—提出假设—占有资料，进行调查，展开和应用解决问题的方法—检验。”这一思想对世界教育产生了巨大影响，并且可以认为是教学设计的一种体现。

3. 布鲁纳的“结构—发现”理论

可以看出，布鲁纳的“结构—发现”理论有两个观点。第一个观点与“教什么”有关。他认为课程设计要抓住学科的基本结构。我们可以将教学中的基本结构理解为构成该学科的基本框架（该门学科的最基本的概念和原理）。在教学中，教师应抓住学科的基本结构进行教学，这是关键。第二个观点与“怎么教”有关。他提出应以“发现学习”配合学科结构课程。“我们教一门科目，并不是希望学生成为该科目的一个小型图书馆，而是要他们参与获得知识的过程。学习是一种过程，而不是结果。”①布鲁纳主张不要把学习内容直接呈现给学习者，而是由学习者通过一系列的发现行为（如转换、组合、领悟等）发现并获得学习内容，因此，他把教学看作是一个归纳的过程。这个过程主要有以下几个步骤：①教师设置问题情景，学生带着问题探索（选题难度要适中，要考虑学生的接受程度）；②提出假设，寻找答案，提出各种可能性，讨论，求证；③评价和验证；④得出最后结论，知识点形成，学生能力得到发展。可以看出，这种过程与科学研究过程是同质的。

4. 奥苏贝尔的有意义学习理论

奥苏贝尔的理论有三个核心观点：①学生的主要任务是以有意义接受学习的方式获取知识。他认为，代表人类文化遗产的间接经验比儿童独立发现的个人经验更

---

① Bruner，J. S. The Act of Discovery. *Harvard Educational Review*. 1961（1）：21～22，26

为重要，因而主张课程的系统性和分科教学；②主张有意义的言语接受学习；③“先行组织者”教学策略。奥苏贝尔主张在正式学习新的知识以前，向学生提供一些他们比较熟悉的材料，让学生事先学习这些材料，通过人为的措施将其中最能与新知识建立联系的高度概括性观念“移植”进学生的认知结构中，以保证学生正式学习新材料时能利用这些观念来掌握新知识。由于这种引导材料通常是呈现在正式学习材料之前，能帮助学生于认知结构中组织和纳入新知识，因此奥苏贝尔称之为“先行组织者”。

5. 罗杰斯的人本主义教学理论

人本主义教学理论以罗杰斯为代表。罗杰斯对人性的认识包括三个方面：①人是情感和认知的整体统一；②自我是人格的核心；③人的“直觉”、“创造性”等超验意识在人格发展中具有重要意义。他认为，教学要以人的本性为出发点，以发展创造力为核心，以形成独立个性为归宿。“真诚”、“接受”、“理解”是教师对待学生应有的情感和态度。罗杰斯反对传统教学那种教学目的、内容、过程、方法全由教师精心设计安排，学生只能被动跟教师走的做法，主张“非指导教学”，即一种无结构的教学，教学的目的、内容、过程和方法等由学生自己决定或讨论决定，学生有选择的自由，一切活动由学生发起并自行组织。教师的作用在于：①创造一种真诚、接受、理解的气氛；②提供一些供学生随意支配的教学资源；③鼓励和诱导学生独立思考，帮助学生组织已被学生认可的经验。

（四）传播理论

传播理论对教学设计的一大贡献是它的信息传播模式。虽然它不单纯研究教学现象，但我们可以把教学过程看成是信息的双向传播过程，包括信息从教师或媒体传播到学生的过程和信息从学生传播到教师的过程。这样我们就可以利用传播理论来解释教学现象，找出某些教学规律。比较典型的传播理论有香农—韦弗的信息传播模式与拉斯韦尔的“五 W”模式等，关于它们的介绍详见第十章相关部分。

五、教学设计的基本过程

教学设计依据教学的不同层次可以表现为不同层次的设计。这里，我们以课堂教学设计为主介绍教学设计的基本过程。

（一）教学设计的构成要素

任何教学设计都必须解决三个问题：学生必须学到什么，或学生通过教学活动将获得何种发展（教学目的或教学目标）；为达到预期教学目标，应如何进行教学（教学活动的内容、过程、组织形式、媒体手段等）；对教学的评价（包括对预定目标和非预定结果、教学背景、教学活动过程等的评价）。这三个问题涉及教学设计的四个最基本的要素——教学目标、教学对象、教学策略和教学评价。

（二）教学设计的基本过程

1985 年，迪克和凯瑞提出了基于标准系统观的教学设计模型。在这一模型中，将需要分析和形成性评价纳入教学设计之中。

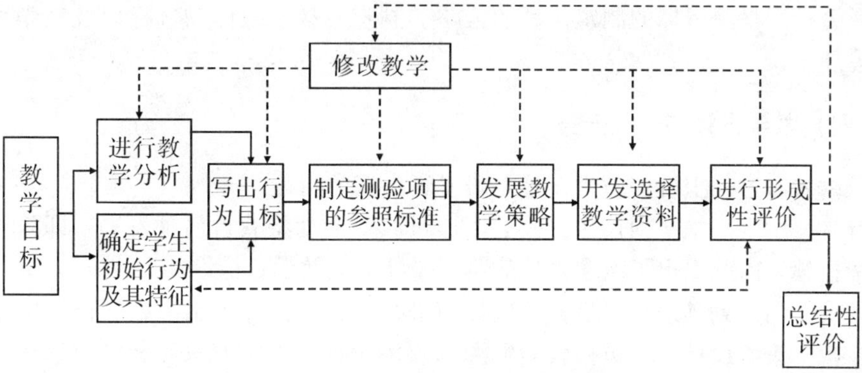

图 9－1　迪克—凯瑞的系统教学设计模型

从迪克和凯瑞的教学设计模型可以看出，教学设计过程是：首先进行需要分析；在此基础上设计与开发教学，包括内容分析、学习者分析、策略设计、媒体制作等；然后对设计与开发成果进行形成性评价，根据试用效果进行必要的修改；最后，对教学设计的实际使用情况做出总结性评价。

由此可知，教学设计的过程一般要经过分析、设计、开发、评价及修改五个环节。一个具体的教学设计经由分析、设计、开发形成具体的教学方案（如教学内容、教学的具体方法和操作过程），然后通过教学实践，并依据教学实践所反馈的信息，对整个教学活动和教学设计本身进行评价和修订。这一过程我们称为“教学设计的基本过程”，如图 9－2 所示。

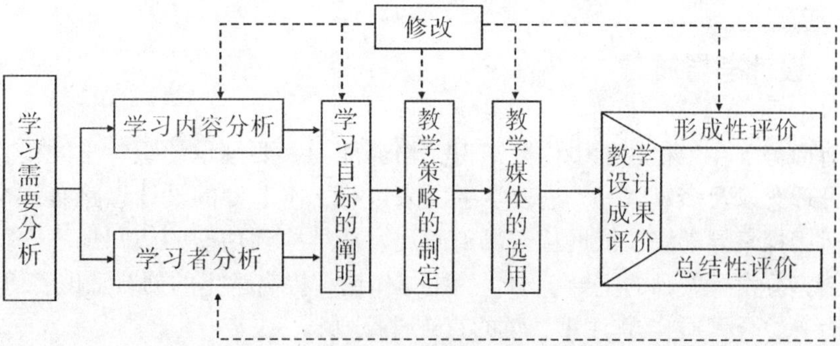

图 9－2　教学设计的基本过程模型

以上模型整体地显示了教学设计的各项主要工作，以及各项工作相互之间的关系。掌握了这个模式，也就掌握了教学设计的全过程。

（三）教学设计的内容

教学系统设计的基本内容包括：学习背景分析、学习需要分析、学习任务分析、学习者分析、学习目标的制定、教学策略的制定、教学媒体的选择以及教学评价的设计等。

（四）教学设计的一般任务

从内容和过程上看，教学设计一般要解决三个问题。

首先，学生必须学到什么，或学生通过教学活动将获得何种发展，即教学目的或教学目标。由此提出了教学设计的第一个任务：教学目标设计。

其次，为达到预期教学目标，应如何进行教学。由此提出了教学设计的第二个任务：教学策略设计。它包括教学资源和媒体设计、教学方法和教学过程设计、教学评价设计等。

最后，通过教学活动，学生是否获得了发展。由此形成了教学设计的第三个任务：教学评价的设计（包括对预定目标和非预定结果、教学背景、教学活动过程的评价）。关于教学评价，本书将在后面的章节中另有介绍。

（五）教学设计案例

下面的案例体现了现代教学设计的一般任务和过程，供参考。

案例9.1：

课堂教学设计——《人的消化系统》

河南省灵宝市第一初级中学　毛炜强

一、设计指导思想

当前形势下在生物教学中传授知识、培养能力，要继承传统教学的优点，结合现代教育理念以及多媒体等先进教学手段来进行，本节课的设计思路有三个主要方面：①运用探索导学法，依据从宏观到微观、从结构到功能的认知规律进行知识的传授；②充分发挥教师的主导、学生的主体作用，提高学生的创新意识、协作精神、实验能力等综合素质；③ 注重教学的直观性原则。

二、教材分析

（一）教材内容及地位

本节课是豫教版初中《生物》第一册第三章第八节的内容，它是中学生接触人体生理知识的第一课。此时，学生对人体生理知识既好奇又迷惑，教师在本课教学上的成功与否，将直接影响学生今后对生理知识的学习。人体生长发育和进行各种生命活动所需的营养物质和能量都来自食物，而食物要在消化系统中消化吸收后才被人体利用，自然而然人的消化系统就成了人体物质代谢的基础。

（二）教学重点、难点

重点、难点设计	设计依据
重点：牙齿的结构，小肠的结构特点	小肠在消化系统发挥其消化吸收功能中所起的作用是最大的 了解牙齿结构，对学生养成良好的饮食习惯具有十分重要的意义
难点：小肠的结构特点与其功能相适应的关系	初一学生不易理解结构与功能的辩证关系

三、学情分析

教学对象为初中一年级学生，学生在小学学过自然常识，同时在生活中对牙齿、胃、肝脏、阑尾等已有了一些认识，并不陌生，但没有系统地学习，对小肠的内表面积大、内壁薄的特点缺乏感性认识。同时，联系其功能时，这部分知识更加抽象难懂，作为易于接受形象知识的初一学生，就更难于将其上升到理性的认识上去。此外，学生知道要注意良好的饮食习惯的养成，但对相关的知识认识肤浅，对它的重要性的认识并不深入，重视程度势必不够。

四、教学目标

目标设计	设计依据
（一）知识与技能 1．知识 了解消化系统的组成； 了解消化道的组成、消化腺的种类、位置和功能； 理解牙齿的结构、功能和保健； 掌握小肠的结构； 了解小肠的结构与其功能相适应的特点 2．能力 培养和提高学生的观察能力、思维能力、自学能力、交际能力、整理笔记的能力以及有创新意识、科学严谨的学习习惯。 （二）过程与方法 1. 经历动手观察羊的小肠的结构特点的实验探究； 2. 经历自主、合作、探究学习的过程 （三）情感、态度与价值观 培养学生的辩证唯物主义观点，促使学生养成良好的饮食卫生习惯	依据大纲要求、书本编排以及初一学生身心特点、知识结构而定

五、教法与学法

	教法与学法设计	设计依据
教法	以探索导学法为主，启发引导式等多种教法相互穿插、综合运用	突出以教师为主导，以学生为主体，以探索导学为主线的教学思想，发挥学生的个性，注重合作学习，依据不同的教学内容及学生实际情况灵活运用多种教法及学法
学法	探究答疑贯穿始终，自学与合作学习相配合，观察与动手操作兼容并重	

六、媒体选择

媒体设计	设计意图
1. 自制课件	贯穿教学始终，增强教学直观性和趣味性，适时突出重点，突破难点，适度加快教学进程，扩大教学容量
2. 白纸两张	解释皱襞存在的意义，以突破难点
3. 新鲜羊小肠、镊子、培养皿、清水、放大镜等	增强学生的感性认识，培养学生严谨、求实的科学态度，锻炼学生的动手实验、观察判断能力，以突出重点

七、教学过程（45 分钟）

程序	教师活动	学生活动	设计意图
引题	众所周知，一个正常人每天都需要吃饭，这是维持生命活动所必需的，但是我们吃下去的肉和蔬菜为什么就不能在身上长出肉和蔬菜呢？食物中有六类营养物质，特别是其中的蛋白质、糖类、脂类，必须消化后才能被人体吸收利用，这一过程是在消化系统中进行的，这一节我们就来学习人的消化系统	思索 答疑 回忆 梳理	由一个司空见惯的、人人都不着意去思考的现象引题，形象生动，新颖独特，而且意图明确，能吸引学生

（续上表）

程序		教师活动	学生活动	设计意图
整体感知消化系统的结构	功能感知	动画：消化系统功能演示动画	观看动画 整体感知	在此处介绍消化系统功能，激发学生兴趣，增强学生学习的迫切性，有一种“未见其人先闻其声”的艺术效果 利用动画将抽象知识形象化，使学生容易理解。同时，体现出了物理性消化和化学性消化，为下一节课的学习打基础
	结构感知	消化系统是由哪些部分组成的 系统是由什么构成的 消化系统都是由哪些器官构成的 出示消化系统结构示意图	思考答疑	促使学生回忆学过的知识并进行纵横联系、上下贯穿，加深理解，教给学生分析问题的思路，培养学生良好的学习习惯
		指导学生自学。注意事项： （1）小组内部进行交流 （2）充分结合自己身体进行学习 （3）区分示意图中人体的左右方位 （4）简单区分胸、腹 （5）要按顺序从上到下观察	结合身体 阅读课文 讨论交流	强调合作教育，发挥学生个性，培养交流、交际能力 结合身体进行学习，其实是边学边用的过程，最能调动学生的积极性，发挥学生的主观能动性 教给学生科学的看图方法，这是学习生理学必备的基础
	检测反馈	提问： （1）请说出组成消化系统各器官的名称 （2）在自己身上指出胃、小肠和肝脏的位置	口答，并在身体上指出器官的位置	体现“小循环多反馈”的教学思想，使教师能更好地把握学生学习的状况，从而及时调整教法，因材施教
为学习“消化道”创设情景		做一个消化道式的动画并进行演示，假设我们能从口腔进去，一路走一路看，都能看到些什么呢	感知情景	创设情景，让学生保持轻松愉快的心情 将消化系统组成的结论移至最后，学生自己就可总结，顺理成章

（续上表）

程序		教师活动	学生活动	设计意图
口腔	结构	动画：进入口腔，标出牙齿、舌、唾液腺	观察	—
	牙齿的分化	出示牙齿排列示意图 人的口腔中不同部位的牙齿外形一样吗？两个同学张口相互观察一下 吃馒头的时候，先咬一口，看看用哪个部位的牙齿 嚼馒头时又是用哪个部位的牙齿	思考 答疑	使用启发式教学 补充牙齿分化的知识，扩大知识面，为学习动物分类的知识打基础
	良好习惯的养成教育	同学们吃苹果时，咔嚓咔嚓地咬；吃豆子时，咔嘭咔嘭地嚼，有的老年人为什么就不能这样吃？这些硬东西大块的吃下去，势必会加重肠胃的负担，所以，吃东西时要多咬多嚼，才有利于消化、有利于健康	思考	进行良好饮食习惯的养成教育。
	牙齿的结构功能及保健	出示：牙齿外形及纵切面图 出示问题： （1）由于不注意口腔卫生，牙冠釉质受到损伤，书面语叫“龋齿”，为什么不能有效的治疗 （2）这种损伤到了什么地步会感到剧烈疼痛，并会出血 出示护牙常识示意图	阅读课本自学基础知识并消化理解，然后应用以解答疑难	利用知识迁移性试题，训练学生运用知识的能力 了解牙齿的常见疾病及预防，培养学生卫生习惯
咽、食道		动画：进入咽，经过食道	观察	
胃	结构和功能	动画：进入胃 出示胃的切面图 胃壁中平滑肌的特性是什么 用此知识可解释什么问题	观察 思考 答疑 根据结构设计问题	提及胃壁中的平滑肌，促使学生对学过知识进行回忆 培养学生的逆向思维能力，促使学生处处留心、关爱生活

（续上表）

<table>
<tr><th colspan="2">程序</th><th>教师活动</th><th>学生活动</th><th>设计意图</th></tr>
<tr><td rowspan="6">小
肠</td><td rowspan="6">结构特点</td><td>动画：进入小肠
小肠给大家的第一印象是什么
小肠里面是什么样子的
出示小肠皱襞图
这么多皱襞有什么意义</td><td>观察
思考
答疑</td><td rowspan="6">这部分知识需要不断地认知、总结、再总结，难度较大，设计为讲述与启发引导相结合的教学方式。小肠结构是本节课教学的重点，引导学生从肉眼直接观察、放大镜观察、显微镜观察三个层次，由宏观到微观进行学习，同时，利用实物、图片、自制教具来加强直观性和趣味性
师生共同参与，相互探讨，改变了传统教学中的师道独尊、学生唯命是从的局面，既改善了师生关系，使师生平等、愉快相处，又发挥了学生个性，培养了良好的性格特征</td></tr>
<tr><td colspan="2">教师拿出两张白纸，和学生一起依据小肠结构动手操作进行模拟探究并得出结论（内表面积大，皱襞环形）</td></tr>
<tr><td>出示小肠绒毛示意图</td><td>观察</td></tr>
<tr><td colspan="2">课堂实验：师生共同探究，先用肉眼看，再用放大镜看，发现问题：绒毛倒伏？由学生自己解决（放入清水中）</td></tr>
<tr><td>绒毛的出现有何意义
出字内壁面积大</td><td>类比
答疑</td></tr>
<tr><td>出示小肠绒毛结构示意图
这都是一个一个细胞——柱状细胞，小肠绒毛襞由几层柱状细胞构成
绒毛内有毛细血管，毛细血管壁也是一层细胞，现在看来，食物中的营养物质要进入血液，需经几层细胞
出字内壁极薄</td><td>思索
答疑</td></tr>
<tr><td></td><td>功能</td><td>小肠的这些特点有利于小肠干什么
教师从侧面举例（如一群人过山洞，山洞的长短、多少都影响着过山洞的速度）
从而引导学生得出结论
出字吸收营养</td><td>进行类比分析，归纳总结</td><td>注重引导，重在培养学生的探究精神和总结归纳的思维能力</td></tr>
<tr><td></td><td>检测反馈</td><td>进行指导
出示评比标准并组织学生小组评比
评比标准：
1. 语言简洁、思路清晰
2. 字迹工整、布局美观
3. 结构合理
4. 有独到的见解</td><td>整理小肠结构特点的课堂笔记并互相评判</td><td>让学生自己整理笔记，有助于对知识的理解与掌握。同时，又能锻炼学生整理素材的能力，提高学生的综合素质</td></tr>
</table>

（续上表）

<table>
<tr><th colspan="2">程序</th><th>教师活动</th><th>学生活动</th><th>设计意图</th></tr>
<tr><td colspan="2">大肠肛门</td><td>动画：出小肠进入大肠，由肛门出去</td><td>观察</td><td>大肠的吸收功能放在下一节学习，有利于学生对知识进行梳理</td></tr>
<tr><td colspan="2">阑尾十二指肠盲肠</td><td>有时人这个部位疼痛（指图中阑尾的部位）最有可能是什么发炎
阑尾是消化系统中的吗？还有十二指肠、盲肠呢
指导学生用鼠标在图上找</td><td>凭借生活经验解答疑难，再搜集证据，解答新的疑难</td><td>让学生了解消化道后再提及它们，符合从整体到局部的认知规律，同时，能有效地防止学生将其与小肠、大肠混为一谈</td></tr>
<tr><td rowspan="5">消化腺</td><td>分布</td><td>回放消化系统功能演示动画
食物在有些地方被一些物质消化了，这些物质是什么
出示消化腺示意图
参考书本自己猜测一下，这些分别都是什么消化腺
出示胃腺开口示意图</td><td>观察
分析
判断</td><td>示意图中没有标出胃、肠腺，但知道其部位对下一节课的学习十分重要
预测力是一个人必不可少的素质</td></tr>
<tr><td rowspan="4">功能</td><td>出示消化腺分泌消化液的文字图表</td><td>阅读
记忆</td><td>“消化液”、“消化酶”的真实含义，初一学生很难理解，课本只是在实验中提及唾液淀粉酶。在此只让学生了解，为学习胆汁的软化作用做好铺垫就可以了</td></tr>
<tr><td>肝脏的主要功能有：
一是能分泌胆汁
二是在人体代谢中起着总枢纽的作用
三是解毒
补充肝脏的医学基础知识</td><td></td><td>基于生物学与医学密不可分的内在联系，在此补充一些关于肝脏的医学知识，能激起学生心灵的火花，为其长大后可能踏入医学的殿堂埋下希望的种子</td></tr>
<tr><td>动画消化液流动动画
猜猜什么地方是消化食物的主要场所</td><td>观察
分析
判断</td><td>培养学生分析、解决问题的能力</td></tr>
<tr><td>又是小肠，小肠真能干</td><td>总结
归纳</td><td>用生动的语言对小肠功能进行总结，体现教学语言简洁明了、画龙点睛的艺术性</td></tr>
<tr><td colspan="2">课堂小结</td><td>出示消化系统结构示意图
指导学生画本节课的知识结构图
指导学生总结</td><td>讨论构思，画知识结构图并归纳总结</td><td>培养学生归纳总结的能力</td></tr>
</table>

八、教学评价设计：

根据教学内容设计不同层次的达标习题，如知识题、能力题、研究性试题，难易兼顾，层次分明，对学生进行全面评价，并引导学生进一步获取信息、处理信息，以学会学习。

知识题：

1. 消化系统由__________和__________组成。

2. 牙冠的外面覆盖着一层乳白色的__________，极坚硬，损坏后不能再生。

A. 釉质　　B. 牙龈　　C. 牙髓　　D. 牙本质

3. 人体最大的消化腺分泌的消化液是__________。

A. 唾液　　B. 胰液　　C. 胆汁　　D. 胃液

4. 具有暂时贮藏食物的功能的器官是__________。

A. 肝脏　　B. 胃　　C. 口腔　　D. 小肠

5. 阑尾位于__________。

A. 腹腔左上部　　B. 腹腔右上部　　C. 腹腔右下部　　D. 腹腔中部

能力题：

6. “细嚼慢咽”、“囫囵吞枣”是吃东西时的两种现象，哪种对人体的健康有利？为什么？

7. 某同学想逃学，用手捂住右肋骨下面，向老师请假：“老师，我胃疼，我想回家看病。”老师能准他假吗？为什么？

8. 消化食物和吸收营养物质的主要场所在哪里？为什么？

研究性试题：

假如你是一名牙科医生，你们班请你去做预防龋齿的专题报告，请你参考下述途径进行准备，一周后在班级中进行交流评比。

（1）预防龋齿等卫生常识

（2）网址：http：//www. k12. com. cn

（3）网址：http：//www. 999. com. cn

九、板书设计

设计意图：出于简洁明快、形象概括且具有极强的艺术性的考虑，此设计从知识的内在联系出发，从上到下，参照各器官在人体的相对位置来定；消化道和消化腺又用不同的颜色表示，清楚明显；从左到右，由结构到功能，一目了然。同时，对小肠的结构特点也特意进行了描述，突出了重点。

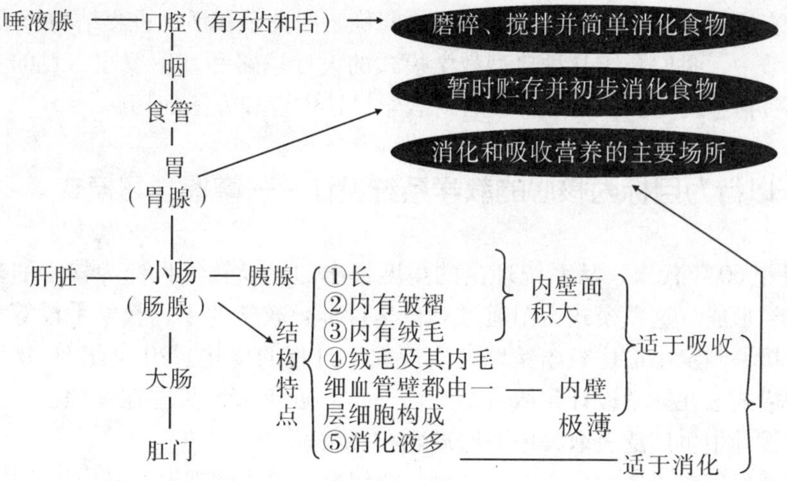

点评：本节课以探索导学法为主，借助各种教学手段，依据各知识点的联系网络，在教师的层层设疑、学生思索答疑中潜移默化地对学生进行知识的传授和学法的指导。教学中运用分段反馈来检查学生对各知识块的掌握情况，依次来调整课堂教学，优化课堂结构。同时根据教学内容设计不同层次的达标习题，如知识题、能力题、研究性试题，难易兼顾，层次分明，对学生进行全面评价，并引导学生进一步获取信息，处理信息，以学会学习。

分析一个教学班的学习状况后得知，知识题学生基本上做得全对，能力题绝大多数学生能很快说出答案，研究性试题有一多半学生可以独立正确完成，教学效果显著，达到了预期的目的。

（资料来源：涂涛等．教育技术应用教程（21 世纪教师教育系列教材）．重庆：重庆出版集团·重庆出版社，2006）

第二节　教学模式

一、教学模式的定义

关于教学模式，美国学者乔伊斯等人提出这样的定义："教学模式是构成课程、选择教材、指导在教室和其他环境中教学活动的一种计划或范型。"[①] 国内关于这个概念的理解和表述比较多。华南师范大学李克东教授的提法比较具有代表性，他说："教学模式是指在一定的教育思想、教育理论和学习理论指导下，在某种教学环境

① 闫承利．素质教育课堂优化模式．北京：教育科学出版社，2000. 2

和资源的支持下的教与学活动中各要素之间稳定的关系和活动进程结构形式。”①

在本节中，我们介绍几种典型教学模式的设计思路和基本要求，目的在于为读者提供可资借鉴的范例，并加深读者对教学设计内容和方法的理解。

二、以行为目标为核心的教学系统设计——掌握学习模式

20 世纪 60 年代末，从系统理论的角度提出的、以教学目标为核心的教学设计新模式已经形成。这种模式力图通过对教学目标、教学效果、教学手段等教学要素的系统分析，制定出最优教学策略，实现教学过程的优化。20 世纪 80 年代中期以前，这种模式已在教学设计领域占据统治地位。近年来，我国在课程设置、教材编制和教学设计中也广泛汲取其中一些理念和做法。

下面我们以布卢姆的掌握学习为例，介绍这种模式的理论及其应用。

（一）系统教学设计的范例——掌握学习模式

掌握学习模式的基本程序包括“教学前的准备、教学的实施和成绩分等”三个阶段，各阶段又有多个操作步骤。

1. 教学前的准备阶段

（1）制定某一课程或学科所要达到的成果或目标，准备好总结性测验。这种目标不是学生在班里的名次，而是既定的、学生应掌握的基本内容。

（2）把整个课程划分成一系列较小的学习单元。每一单元大致相当于教科书中的一章或一个专题，确定每一单元的目标。单元在内容上应当考虑给学生充足的时间学习和掌握，单元之间应系列化，使事实、概念、原理和技能可以在不同单元中反复学习和运用，且使后一单元的学习建立在前面单元学习的基础之上。

（3）确定构成每一单元的掌握水平的标准，制定用来测试各个学生掌握各单元目标情况的测验，即形成性测验，以反馈学生的掌握情况，判断哪些学生还需进一步学习。

（4）制订具体的教学计划，包括与各单元目标相关的教学活动与教学材料，以及一些提供给未达到单元目标的学生的补充活动和材料。

2. 教学的实施阶段

教学实施阶段的基本过程是：了解学生的学习准备条件—班级集体教学—诊断性测验—小组或个别矫正教学。

第一步：教师讲授具体的教学内容之前，要充分了解学生的准备条件，包括认知的和情感的准备。对学生的了解主要是考查学生对前一阶段的教学内容是否掌握，而不是看学生的名次。

---

① 李克东．应用现代教育技术，建构新型教学模式．北京：中央广播电视大学出版社，1998

第二步：教师依据预先制订的教学计划，采取班级形式进行第一单元的教学（我国最常用的教学方法是“传授—接受”，其他方法如“引导—发现”、“示范—模仿”、“情景—陶冶”等也有一些体现），这与一般教学区别不大。

第三步：教师要对全体学生进行诊断性测验，以了解达到或未达到单元教学目标的人数，确定学生掌握了什么内容，问题何在。对于达到目标的学生，教师安排他们从事对自身发展有益的活动，如充当未达到目标学生的“导师”、完成其他学科的学业、自学其他单元、进行拓展性阅读等。

第四步：对于未达到目标的学生，首先，教师应进行个别化或小组矫正。具体策略：采取不同于以前的教学方式，如小组问题研究、个别辅导、进行视听多媒体教学、选择其他学习材料（程序教材）等。其次，在2～3天内，进行第二次平行的形成性测试。一般只要求学生回答第一次未能回答的问题。如果两次测试学生答对题数达到80%以上，就可视为已经掌握单元目标，可以进行下一单元的教学。

3. 成绩分等

掌握学习教学活动的最后一个环节是对学生进行成绩分等。对学生的成绩评定以学生是否达到预先制定的教学目标为依据（一般用总结性测验来评定），而不是看他们在班上的名次。

（二）教学系统设计的一般步骤

迪克和凯里（1985）总结前人的理论和实践，提出了教学系统设计模式。下面，我们分别介绍主要环节的具体要求。

1. 确定和编写教学目标

（1）确定教学目标的依据。教学目标是否合理，直接关系到教学的最终效果，也直接影响整个教学实践活动本身（包括教学的内容、策略、方法、组织形式以及手段的设计和实施）。因此，对教学目标的研究就成为整个教学设计最核心和基础的问题之一。在教学目标的设计上，追求社会需要与个体发展的统一是基本的原则。

（2）确定教学目标的层次体系。教学目标有不同的层次。一般而言，高层次的教学目标对下级目标有总体上的指导作用，低层次的教学目标是高层次目标的具体化。也就是说，低层次的教学目标要符合高层次教学目标的理念，而高层次的理念须由具有可操作性的低层次目标来实现。例如，义务教育新课程标准规定了学生的一般性发展目标，即知识技能、过程方法、情感价值观。而各科课程标准及其每个学段又有具体的教学目标。

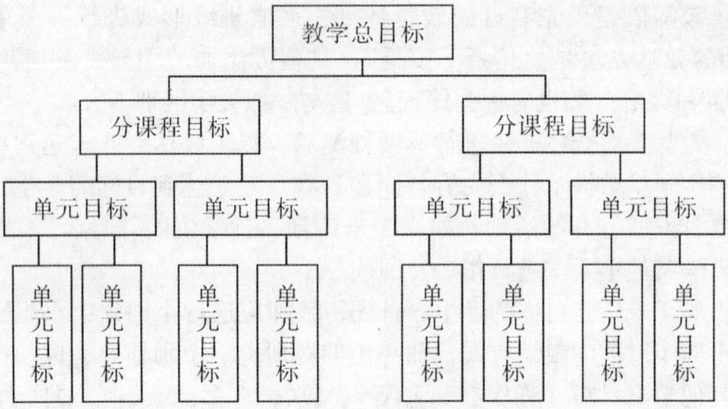

图 9-3　教学目标体系图示

（3）编写教学目标的要求。系统教学设计在教学目标的设计上强调行为主义的观点，认为教学目标是具体的、可操作的行为。它指明课程与教学过程结束后学生身上所发生的行为变化，即“能做什么”。其基本要求是目标的精确性、具体性和可操作性。

2. 编制标准参照测验

标准参照测验是指根据教学目标规定的各门课程的具体教学日标，从教学内容中抽取有代表性的、能反映教学目标的具体内容，用各种题型来表达，最终组成测验。目的在于考查学生达到教学目标的情况。标准参照测验一般采用“测验双向细目表”（如表 9-1 所示）的方法编制。

表 9-1　分数乘法单元测验双向细目表

掌握水平 / 知识点	知道	理解	应用	总计
1. 分数乘以整数	6 分，第 1 题	10 分，第 2、3 题	10 分，第 12、13 题	26 分，5 题
2. 一个数乘以分数	7 分，第 5、7 题	16 分，第 4、6、11 题	20 分，第 14、16 题	43 分，7 题
3. 带分数乘法	7 分，第 8、9 题	10 分，第 10、15 题	14 分，第 17、18 题	31 分，6 题
总计	20 分，5 题	36 分，7 题	44 分，6 题	100 分，18 题

标准参照测验一定要以教学目标以及在教学目标基础上所选择的教学内容（主要指教材和实际教学内容）为依据，不能脱离教学目标和教学内容来编制测验。测验题型主要有封闭型（选择题、是非题、匹配题、排序题等）和开放型（填空、简

答、改错、论述、作文、计算、作图、分析、应用题等）两种。不同的题型适合于检测不同的教学目标，应根据教学目标的要求加以选择。

3. 制定教学策略

在确定教学目标之后，要解决的主要问题就是“采用什么样的教学活动来实现目标”即“怎样教学”的问题。“教学策略是对完成特定教学目标而采用的教学活动程序、方法、形式和媒体等因素的总体考虑。”①

教学程序是进行教学活动的具体过程。历史上影响最大的教学过程理论以赫尔巴特和杜威的模式为代表。前者认为教学的一般过程为“明了—联想—系统—方法”，后来发展为在苏联和我国曾占主导地位的“引起动机—感知教材—理解教材—巩固记忆—应用—检查”模式。后者认为教学过程是“面临问题情景—提出问题—提出假设—证明—结论”的过程。目前，我国常用的教学程序主要有“传递—接受”程序、“引导—发现”程序、“示范—模仿”程序、“情景—陶冶”程序等。

事实上，现实中的教学过程是具体的、丰富的、多种多样的，要求教师根据具体情况，设计出最能达成教学目标的操作过程，正所谓“教学有法，但无定法”。

4. 进行形成性评价

在教学的实际过程开始后，要不断进行形成性评价。形成性评价的目的在于了解学习过程中学生学习的进展情况，它能强化正确反应，调节和改进教与学，属于目标参照测验。

5. 进行总结性评价

总结性评价是经过一段较长的教学时间后（通常为一学期或一学年），全面考查学生达到教学目标情况的测验。目标在于认定学分、评定成绩、评价教学的有效程度。总结性评价以目标参照测验为主，在特殊情形下也可以辅以常模参照评价。

总之，掌握学习模式以系统理论为基础，综合考虑教学过程中的各种要素及其优化，因而在一定程度上对所有教学设计模式都具有较为普遍的指导意义。

三、社会互动型教学设计模式——合作学习模式

合作学习（Cooperative Learning）是20世纪70年代初兴起于美国，并在70年代中期至80年代中期取得实质性进展的一种富有创意和实效的教学理论与策略。至今，合作学习已形成了小组成绩分享法、小组—游戏—竞赛法、切块拼接法、共学式、小组调查法、合作辩论等多样化的实施策略。由于它在改善课堂内的社会心理气氛，大面积提高学生的学业成绩，促进学生形成良好非认知品质等方面成效显著，很快引起了世界各国的关注，并成为当代主流教学理论与策略之一，被人们誉为近十几年来最重要和最成功的教学改革。

① 乌美娜．教学设计．北京：高等教育出版社，1994. 156

在我国，合作学习的研究与实验是从20世纪80年代末、90年代初开始的。《国务院关于基础教育改革与发展的决定》中专门提及合作学习，指出："鼓励合作学习，促进学生之间的相互交流、共同发展，促进师生教学相长。"在新一轮课程改革中，"合作学习"被当作基本的学习方式，并取得了较好的效果。《基础教育课程改革纲要（试行）》指出："改变课程实施过于强调接受学习、死记硬背、机械训练的现状，倡导学生主动参与、乐于探究、勤于动手，培养学生收集和处理信息的能力、获取新知识的能力、分析和解决问题的能力以及交流与合作的能力。"由此可见，我国对合作式学习模式十分重视。

（一）合作学习模式的基本环节

合作学习主要包括"分组与合作训练、提出问题与任务、落实小组内个人责任、独立思考学习、组内交流讨论、组间交流讨论和班内总结评价"七个环节。

1. 分组与合作训练

（1）人数：2~6人，一般采取组内异质、组间同质的方式进行。小组内各成员间在性别、学习成绩、能力、家庭经济、社会背景和性格、脾气等方面要有不同搭配。同时，全班各小组间要有同质性，即情况和实力相当。组内异质为小组成员内部互相帮助和取长补短提供了可能，而组间同质又为全班各小组间的公平竞争打下了基础。总之，合作学习的分组技术不同于以往的能力分组或兴趣分组。

（2）合作训练。

①明确小组组织结构和分工角色。小组内应该有一定的分工，每一位学生都要被指定担任一种特定的角色，如组织者、激励者、检查者、读题者、协调者、报告者、操作者等（较常见的角色有四种，如表9－2所示），而且应该轮流担任，增进生生互动的有效性。

表9－2　合作学习小组成员角色所需的技能或任务

角　色	技能/任务	范　例
组织者	引导小组活动，确保指定作业都能全部按时完成	"我们正在完成主题，估计有10分钟剩余。"
激励者	激励所有小组成员参与活动（确保没人垄断讨论和没人被忽视）；要求小组成员各抒己见	"某某，你对全员参与活动感到愉快吗?"　"某某，你对我们的问题有何看法?"
记录者	分发小组练习材料；记录小组讨论成果	"我们今天要做以下内容……""这是我们小组对这个问题的所有看法，大家同意它代表本组的讨论结果吗?"
检查者	检查小组中每个成员的掌握程度	"让我们花点时间单独在纸上写出选择的理由，然后比较答案。"

②训练合作技能。人际交往技能同认知技能、动作技能一样，应该在中小学得到系统训练。合作学习强调“在合作中学会学习，在学习中学会合作”，这句话表明了合作学习既是学习取得成功的条件，同时其本身也是一种重要的学习目标。人际交往技能，从大的方面可以划分为“对话”与“共事”技能，有的学者称之为“维持功能”和“任务功能”。我们建议实验教师将常用的人际交往技能（如请求发言、遵循指导、称赞他人、澄清观点、支持反馈、互相检查、表示疑义、提出建议、概括小结等）编成儿歌、故事、漫画、板报等让学生进行训练。

2. 提出问题与任务

问题与任务可由教师在面向全班讲授完基本内容后提出，也可由学生在教学过程中，根据自己的经历或思考提出。一般来说，较简单的认知学习任务，只需要个人独立自学或开展全班教学即可。而对于较复杂、综合的学习任务，则可以采用不同的合作学习方式。问题要具有一定的挑战性、趣味性，符合学生心理特点，并且提出的任务和问题要与学生真实的生活学习情境有密切联系，对学生的发展有重要价值。

3. 落实小组内个人责任

一般情况下，全班每个小组面临的任务是一样的，但对于复杂问题，也有各小组分担不同任务的情况。在各小组任务一样的情况下，要特别强调在小组内进行必要的任务落实和分工。有两种情况：①如果小组每个成员的任务相同，就要想方设法将任务分担到每个成员身上。比如，全班各小组之间要通过期末总成绩进行竞赛，各组内后进生可能认为自己再怎么努力也得不到高分，影响全组成绩，因而产生沮丧情绪，从而逃避责任。在此情形下，教师可以采用记提高分来鼓励后进生（通过计算学生进步情况来给小组加分，如把后进生分数与全班平均成绩进行比较）。②对于可能分割的任务，应把任务分割给每个小组成员，进行具体的分工，使每人都有事可做，防止“责任扩散”和少数成员包办。但在分配任务时，应适当考虑成员的个性特点，如基础、能力、兴趣、专长、社会背景等。

4. 独立思考学习

小组内成员的任务无论相同还是不同，在任务落实后，每个组员都必须先通过自己的努力，进行相关的独立思考和作业，或提出自己对问题的看法、观点和结论，或完成自己承担的具体任务。只有在这个前提下，小组成员才有交流的必要和价值，通过从小组每个成员处获得有用的信息，对问题作出全面、客观、合理的解释。

5. 组内交流讨论

在个人独立思考、作业和完成自己所承担任务的基础上，可以进行小组交流和讨论。这一环节要注意：

（1）讨论要有组织。小组成员要进行角色分工，教师要提出讨论过程中的要求和规则。

（2）讨论过程中要进行合作技能的指导、培训和训练。

（3）交流过程中教师可以进行适当的观察、指导、帮助和介入。

6. 组间讨论交流

在每个小组得出本组的看法、观点和结论后，可进行小组间的交流和展示。具体方式：可以由每个小组指派一名组员代表小组汇报，其他成员作补充。也可以将小组成果用其他方式，如研究报告、作品、实物，且可用各种媒体来展示。在此基础上展开全班讨论和交流，使各种观点、方法、结论、情感得到充分展现，产生思维和感情的碰撞，丰富学生知识、培养学生解决问题的能力、陶冶学生的情感和价值观。

7. 班内总结评价

在教师的组织下，学生积极参与，对本次合作学习进行评价和总结。

（二）合作学习模式案例

案例 9.2

合作学习课例片断评析

——以《我的伯父鲁迅先生》为例

步骤一：创设情境、呈现问题

1. 复习回顾：通过上节课的学习，我们已初步了解了鲁迅先生正因为有着“为自己想得少，为别人想得多”的博爱之心，所以才得到了那么多人的爱戴。作者是通过哪四件事回忆她的伯父的呢？学生回答，教师板书。（略）

2. 你最想听哪个故事？教师根据大部分学生的意见确定学习内容。

[评析] 文中列举的四个事例，尽管思想内容一致，但内容上各自独立，前后没有衔接。教师完全可以让学生自由选择学习内容，目的是调动学生的学习兴趣。

3.（以“谈碰壁”为例）学生轻读课文，寻找问题，做上标记。

4. 学生提出问题，师生共同梳理，标上序号，呈现于黑板：

（1）“恍然大悟”是什么意思？作者听了伯父的话，真的恍然大悟了吗？

（2）“那怎么 ”一句中的破折号表示什么意思？

（3）伯父的鼻子真的是碰扁的吗？

（4）“四周围黑洞洞的，还不容易碰壁吗？”这句话到底是什么意思？

……

[评析]“呈现问题”是合作学习的第一步。疑起于思，这些问题都来自于学生对课文的思考。在合作学习前先让学生通过独立阅读课文寻找问题，便于多角度、多层次地发现问题，从而大大增加了合作时的信息交流量。教师进行归类整理后再加以呈现，更明确了学习的目标。

步骤二：组内合作、解决问题

1. 确定合作形式

请同学们自由选择你最想解决的一个问题，然后请选择相同问题的同学组成一个学习小组，到指定地点，选出一位临时组长。

[评析] 合作学习前，确定合作小组的形式很重要，它会直接影响学生的参与程度和学习效率。学生面对所呈现的问题并不一定都有能力解决，也不是都感兴趣。因此，在这种情况下采用“自由组合式”较为合适。

2. 开始合作（以第一组活动为例）

组长：请大家先讨论一下，怎样理解“恍然大悟”这个词的意思。

生1：可查字典。

生2：我们可以联系上下文来理解。

生3：可通过理解重点词来理解整个词语的意思。

组长：这几种方法我们可以都试试，请每位同学选择一种方法去理解这个词的意思。

（课堂气氛描述：每个同学都在认真地寻找答案。一会儿有同学发言了。）

生1：我通过查字典，知道了“恍然大悟”的意思是一下子明白过来了。

生2：我们几个同学是联系课文中作者前后说话的语气，感觉到作者已经明白了事情的真相。因此，我们认为“恍然大悟”的意思是终于明白了。

另有学生：我觉得这句话应该这样读。（开始读）

（课堂气氛描述：同学们纷纷表示读得不错，读出了作者一下子明白过来的感觉。）

组长：我们理解了“恍然大悟”的意思，再一起来讨论作者是不是真的“恍然大悟”了。

组内马上有两种意见。教师在旁发现同学只顾争执，就及时进行点拨，鼓励学生细细地研读课文，联系上下文来体会。

（课堂气氛描述：小组成员再次认真读书，部分同学开始议论了。大多数学生认为作者并不是真的明白了，还说出了理由：从最后一句“在座的人都哈哈大笑起来”，可体会到作者并没有真正明白过来。当时作者还小，对伯父的话并没理解，反而信以为真。因此，大家都哈哈大笑起来。）

刚才持不同看法的同学也表示这位同学分析得有道理，表示赞成。

[评析] 热烈的讨论使学生的主动性得到了充分的发挥，思维活跃了起来，对问题做了深入探索，提高了理解语言文字的能力。分组学习的关键体现在“合作”上，就是充分让学生相互讨论，相互帮助，相互启发，真正收到“合作”的效果，而不是形式上的“合作”。教师应充分相信学生，并参与到小组之中进行指导，体现了师生之间的平等关系。

（课堂气氛描述：教师在各组间进行巡视，不时地参与到各个小组中来。其他小组讨论也非常热烈。有的小组已将不理解的问题记录了下来，准备在全班交流时提出来。）

步骤三：组间交流、教师调控

1. 请各小组派代表交流讨论结果，组员可随时补充（以第四组为例）

生1：我们组讨论的问题是："四周围黑洞洞的，还不容易碰壁吗？"这句话是什么意思？通过朗读，我们觉得这是个反问句，表面意思是"四周围黑洞洞的，很容易碰壁的。"经过讨论，我们又觉得鲁迅先生说这句话是另有所指。所以，我们认为"黑洞洞"可能是指旧社会黑暗的一面。

生2：这里的"碰壁"可能指鲁迅先生当时受到了迫害。

（这时又有几个组表示对这个问题较难理解。）

2. 教师指导

师：看来同学们对这个问题的理解不够深入。（投影出示："四周围黑洞洞的，还不容易碰壁吗？"引导学生思考这句话的表面意思。）

生：表面意思是说，四周围很黑，没有灯光，所以就碰壁了。

师：鲁迅先生的鼻子真的是不小心被墙壁碰扁的吗？

生：不是。

师：显然，这句话另有所指，有着深刻的含义。要理解这句话，就要了解当时的社会背景。教师随手发给学生事先准备好的小资料（有关时代背景介绍）。

3. 小组再次合作讨论

现在，请同学们以A型组合（异质组），重新开始小组讨论，大家互相帮助看能否结合资料上的内容，对这句话的意思"恍然大悟"。

[评析] 鲁迅先生所处的年代离现在学生的生活环境相距甚远，理解这句话是教学中的一个难点。教师没有空洞地讲解，没有包办代替，而是采用了"读—思—议—再读—再思—再议"的办法，循序渐进，层层深入地让学生从句子表面意思来理解到进行深层次的理解。同时，又适时地提供材料，改变小组合作学习的方式重新讨论，这是很有必要的。因为，这一问题的解决对后进生来说有一定的困难，需要优秀生的帮助。这充分体现了教师在合作学习中的作用。

（课堂气氛描述：各小组又展开了讨论，纷纷举手发言。）

生1：我知道"黑洞洞"的意思，是在暗无天日的旧社会，人民失去了自由，过着悲惨的生活，"黑洞洞"指的就是黑暗的社会现实。

生2："碰壁"指鲁迅先生遇到了困难，他的文章被国民党反动派禁止发表，反动派对他本人也进行迫害。

生3：鲁迅先生虽然遇到许许多多的困难，但他并没有放弃，继续进行工作。

师：我也来补充一点。鲁迅先生面对斗争中的挫折毫不畏惧，冒着生命危险先后用了一百多个笔名发表文章，与敌人展开巧妙的斗争，他要为广大受苦受难的劳动人民呐喊。现在你能否从"谈碰壁"这件事中感受到鲁迅先生的崇高品质？

（课堂气氛描述：学生纷纷举手发言。说自己能感受到鲁迅先生对国民党反动派的愤恨和对劳动人民的同情。）

步骤四：引进竞争、巩固合作

1. 通过刚才的交流，同学们已初步感受到了鲁迅先生的思想品质。故事主要是通过对话来描写人物的，同时对人物的动作、神态也进行了生动地描述。我们能否发挥想象，一边读一边加上动作，表演出当时的情景？

2. 仍以刚才的 A 型组合形式，人人参与，开展朗读竞赛。（各组同学情绪高涨，声情并茂地分角色练读，气氛热烈。）

3. 学生互评合作学习的情况，教师作小结。对合作中表现好的小组和个人给予表扬，并指出合作中的不足之处。

［评析］积极的评价，将不断增强学生参与合作的意识，也使学生不断获得成功的喜悦，这也是不可忽视的一个环节。

（资料来源：蔡建红．小学语文合作学习的研究．嘉兴市首届小学教师教学优秀科研成果．嘉善县西塘镇中心小学）

四、信息加工型教学设计模式——研究性学习模式

研究性学习模式又称探究学习模式。其主要是指学生在学科领域或现实生活情境中，通过发现问题、调查研究、动手操作、表达与交流等探究性活动，获得知识、技能、合理思维方式和情感态度价值观的学习方式和学习过程。

研究性学习的思想和实践最早产生于 18 世纪末到 19 世纪的欧洲，主要倡导者是卢梭、裴斯泰洛齐、福禄倍尔等人。19 世纪末至 20 世纪初，杜威提出“从做中学”，将教学过程概括为“面临问题情境—提出问题—提出假设—证明—结论”，对世界的教育产生了重大影响。20 世纪 90 年代以来，世界各国的课程改革都把学习方式的转变视为重要内容。欧美诸国纷纷倡导“主题探究”与“设计学习”活动。《美国国家科学教育标准》指出：“学习科学的中心环节是探究”，“学习科学是一种探究过程，而不是把现成的东西教给学生”（Learning science is something students do, not something that is done to them）。我国当前课程改革强调学习方式的转变，将探究学习作为学生基本的学习方式。2001 年 5 月，教育部发布了《“研究性学习”实施指南（试行）》，就研究性学习的管理、培训、资源和评价等问题提出建议。目前，研究性学习已在全国中小学广泛开展。

（一）研究性学习的基本过程

一般来说，研究性学习都要经过“形成问题、建立假设、制订研究方案、获得信息和数据（实施研究方案）、得出结论（表达与交流）”的过程。下面，我们就这

一过程进行简要介绍。

1. 形成问题

研究性学习的第一个环节是提出问题。根据问题的来源不同，可分为课程标准和教材提供的问题、教师设计的问题和学生自己提出的问题。根据问题的性质不同，可分为新的课题、前人（别人）已研究过的课题（学生重新发现）。对已研究过的课题，也可以取一个新的研究视角，用一种新的研究方法，提出一种新的观点。根据问题所涉及的内容不同，可分为科学问题、社会生活问题等。

研究问题应真实具体，与学生的经验兴趣有密切联系，有挑战性且学生可能完成，对学生的发展有重要价值（如属于科学或社会生活中的重要问题、具有典型的研究性质、利于发展学生的基本素质）。

2. 建立对问题的假设

在形成问题的基础上，教师应引导学生，在已有的知识经验背景的基础上，经过初步的资料收集和动手探究，获得与问题相关的信息，并以这些信息为基础，以一定的思维方式分析问题，大胆提出对问题的假设性答案。一般情况下，学生提出的假设应强调有依据、有思考、丰富多样、发散创新。

3. 制订研究方案

问题和假设提出后，要帮助或组织学生设计研究方案，即学生要想清楚"用什么方法去证明或证伪自己提出的假设"、"采用什么步骤来进行研究"、"如何组织和安排研究的过程"，并形成文字。研究方案的核心是研究方法及其过程。一般来说，一种假设可以用多种方法来证明。常用的研究方法主要有收集集已有研究资料和信息并进行分析、理论推理、观察法、调查法、实验法等。

4. 实施研究方案，获得相关信息、数据和证据

在这一阶段，学生进行实际的信息收集、观察、调查和实验等工作。可采用个人独立探究和集体合作的组织形式。教师绝对不能用自己的解释、分析、证明和现成的答案来代替学生的思考和探究，也不宜过分"引导"，使学生按教师的思路进行研究，导致学生丧失自主性，从而发挥不出研究性学习的真正价值。教师的主要工作是对全班的研究活动进行组织，如规定研究的期限、提出活动的具体要求、进行分组、定期组织交流和汇报、对研究过程进行必要的监控、提供必要的帮助，如设备、条件、协调等。

5. 分析信息、数据、证据，作出结论

在这一阶段，应用适当的分类、比较、归纳、分析等方法对信息进行分析。对于定量资料，要运用有效的统计方法进行处理。在此过程中，教师可以组织学生对分析思路和方法提出质疑，提供可共参考的典型案例，进行统计方面的帮助。

6. 表述研究成果、进行交流和推广

在本阶段，应该鼓励学生用多种多样的形式展示研究结果。例如，研究报告、现场演示、作品实物展示、甚至组织模拟性质的评审。提倡多种媒体的使用，如板

报、论文报告集、实物、互联网等。对于分组完成的课题，至少应组织全班各小组进行交流，使研究成果的信息及研究的思维方式得到充分利用，促进学生的发展。如果有条件，应组织好研究成果的传播，向家长、学校、相关职能部门和社会进行建议和宣传，使其产生影响和效益，这将在更深层次上培养学生的研究意识，激发他们的研究热情，让学生体会研究的价值，培养研究能力。

（二）研究性学习案例

案例9.3

围绕三棵树的研究

（选自义务教育《科学》课程标准）

格雷姆女士在五年级任教，秋天的一个上午，她班上的几个学生兴奋地将她拉到窗前，指着外面说："看啊，操场上那三棵树怎么啦？"格雷姆女士看到那三棵并排生长的树，第一棵的叶子掉光了；中间那棵的叶子颜色参差不齐，黄多绿少；第三棵却是绿叶茂密。学生们问道："过去这三棵树看上去是一样的，为什么现在变得这么不同呢？"格雷姆女士也无法回答他们。（表现好奇，从自己已有知识中提出问题）

格雷姆女士知道，按照课程计划，她的学生要到明年春天才学习植物，不过她认为这正是让学生去调查植物生长情况的好机会，因为问题是学生自己提出来的，所以会特别激励他们去寻求答案。虽然格雷姆女士并不十分有把握，但她还是决定尝试一下，让学生在她的引导下进行探究。毕竟他们去年观察过种子在不同条件下的生长情况，多少积累了一些探究的经验。于是，格雷姆女士说："同学们，你们认为那三棵树为什么会变得如此不同呢？"立刻，学生们纷纷举手发言，提出了各自的看法：（提出初步的猜想或假设）

——与光照有关；

——一定是水太多的缘故；

——这三棵树现在不同，可过去它们看上去是一样的；

——秋季到了，有些树的叶子会比其他树掉得早一些；

——地下有有毒物质；

——三棵树年龄不同；

——有害虫吃树叶；

——一棵树比另两棵要老一些……

当学生列举出足够多的观点时，格雷姆女士便鼓励他们进一步思考。在这些看法中，哪些可以进行调查，哪些只是描述？然后，她让学生根据各自的看法分成不同的小组，例如“水”组，“季节”组，“害虫”组，等等。她要求每个小组制订计划，开展一次简单的调查活动，寻找证据来回答他们的问题。在学生制订调查计划时，格雷姆女士倾听他们的设想，并让各小组向全班同学说明他们的设想。通过这种迅捷、公开的现场评价，使学生反思自己应对问题的过程，完善自己的设想，提出更好的研究方法。（计划和实施简单的调查研究）

接下来三周，学生利用课余时间开展调查研究。各小组充分利用各种资源，搜集有关树木特性、生长过程及其周围环境的信息。“树龄”组最快找到了问题的答案，他们跟学校有关人员取得联系，找到了购树的原始单据，并且到苗圃去核实，结果发现，这三棵树品种相同，树龄相差无几。对这样较早完成调查的小组，格雷姆女士请他们加入到尚未结束的小组中去。（通过观察搜集证据）

“水”组的学生几乎每隔一小时就察看一下三棵树周围的地面，他们轮流值日，并记录下各人的观察。他们记录的数据足以向全班报告：“掉光叶子的那棵树几乎一直淹在水里；中间那棵有时淹在水里；而绿叶茂密的树周围地面潮湿，但从来没有淹在水里。”（根据证据进行解释）

有一位学生回忆说，以前他家栽种的天竺葵叶子变黄的时候，妈妈曾告诉他，这是由于水太多的缘故。“水”组学生读了一本名为《栽培健康植物》的小册子后，明白了当植物的根部被水包围时，就无法从周围空间获取空气，等于是被水淹着。根据自己的观察、他人的解释和从小册子中得到的信息，学生们推断：无叶的树完全被淹，中间那棵部分被淹，而第三棵则没有被淹。（考虑其他的解释）

“水”组继续工作，调查水的来源。他们发现，学校管理员一周有三次打开草坪洒水系统，开放时间太长了，过量的水流过草坪，汇聚到三棵树这边来。

最后，各个小组集中起来汇报调查结果。学生们发现：①有些观察结果和所得信息，不能解释三棵树为什么会有差异，例如“树龄”组所做的工作；②有些调查结果只能部分地说明观察到的现象，例如“虫害”组的工作；③对学生们来说，最合理、既符合观察记录又符合别的途径所得信息的，只有水太多这种解释。全班学生都很满意，经过三周的工作，他们找到了一种合理的解释。在格雷姆女士的建议下，学生们给管理员写了一封信，告知他们的发现。管理员来到他们班上表示感谢，此后他注意控制好草坪的洒水系统。最后，格雷姆女士问学生，怎样才能证明他们的解释是正确的呢？学生讨论后说，那就只有等到明年了。（交流解释）

来年同月，格雷姆女士班上的学生们看到这三棵树都挂满了绿叶，就更加坚信他们得出的结论了，也有效地解释了他们的观察。（检验解释）

[附信]

学校管理员：

您好！

我们班同学注意到，操场上的三棵树在同样的季节里却各不相同：一棵落光了树叶，一棵叶子颜色黄多绿少，还有一棵却绿叶茂密。

这三棵树来自苗圃。我们同苗圃取得了联系，他们告诉我们这些树属同一品种，并且树龄相同，所以这不是它们产生差别的原因。

据调查我们发现，那棵落光叶子的树总是淹在水里，树叶黄多绿少的树有时淹在水里，而挂满绿叶的树从来没有淹在水里过。

我们班同学看到书上说植物不能淹在水中，否则，它会因无法从周围空间获取空气而死掉。我们想这可能是这三棵树产生差异的原因。

我们注意到您经常打开洒水系统，水流过草坪最后汇聚到了那棵秃树和那棵树叶黄多绿少的树那儿。我们认为您少洒点水也许会更好些。

五年级（1）班全体同学

普遍而言，绝对有效的教学模式是不存在的，能解决特定条件下某类问题的教学设计就是好的教学设计。初学者通常是学习教学设计的基本理论和基本模式，模仿练习，实践反思，逐步形成自己的教学设计风格。

总之，系统有效地设计教学，灵活运用有效的教学模式，是一个教师专业发展的可靠保障。有效设计教学是一个长期的过程。在教学设计中既要以一定的理论为基础，又需要发挥创造性和直觉的作用，并在科学性与艺术性之间保持平衡。同时，教学设计是否有效与教师个人的意愿、态度以及努力程度也是分不开的。为达到有效设计教学和合理运用教学模式的目的，需要广大教育实践者和教学设计研究者不断进行思考、计划、评估和反思。

本章知识结构图：

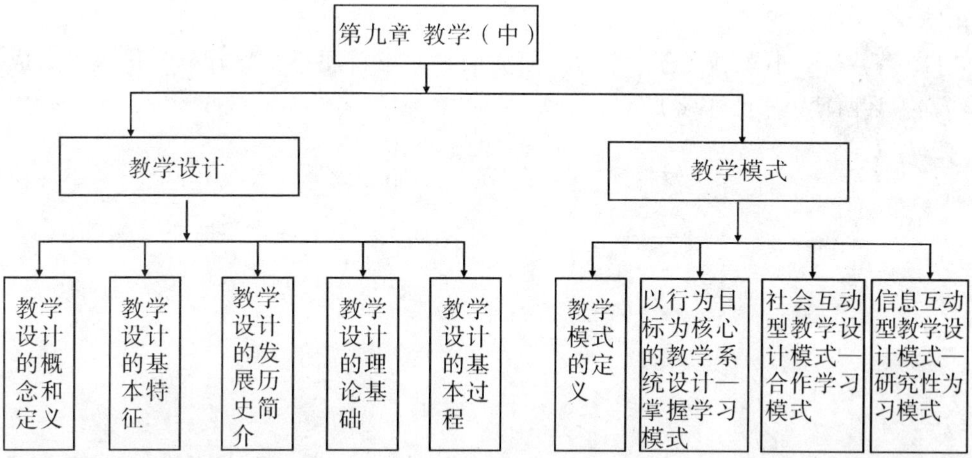

讨论与应用：

1. 结合新课改，讨论教学设计理论发展的新趋势。

2. 讨论过去教师们所写的“教案”与本章介绍的“教学设计”有何区别。

3. 根据教学设计的相关原理，选择一个具体教学内容进行教学设计。

要求：（1）课题要有一定代表性。

（2）内容格式：课题、教学对象、教学目标、教学内容分析、教学媒体准备、教学方法、教学过程、评价设计等，并对设计作简要说明。

（3）设计要符合现代教学设计的理论和新课程标准的相关理念。

4. 结合新课改，讨论教学模式发展的趋势。

本章主要参考书目：

1. 盛群力等．教学设计．北京：高等教育出版社，2005

2. 罗永祥等．教学技术教程．贵阳：贵州人民出版社，2003

3. P. L. Smith. &T. J. Ragan. *Instructional Design*. Macmillan Publishing Company，1993

4. ［美］R. M. 加涅等．教学设计原理．皮连生等译．上海：华东师范大学出版社，1999

5. Newby，T. J，etal. *Instructional Technology for Teaching and Learning. Englewood Cliffs，N. F.：Merriu*，1996

6. 乌美娜．教学设计．北京：高等教育出版社，1994

7. Bruner，J. S. The Act of Discovery. *Harvard Educational Review*. 1961（1）

8. 涂涛等．教育技术应用教程（21 世纪教师教育系列教材）．重庆：重庆出版集团，重庆出版社，2006

9. 闫承利．素质教育课堂优化模式．北京：教育科学出版社，2000

10. 李克东．应用现代教育技术，建构新型教学模式．北京：中央广播电视大学出版社，1998

11. 蔡建红．小学语文合作学习的研究．嘉兴市首届小学教师教学优秀科研成果（嘉善县西塘镇中心小学）

第十章　教学（下）

学习目标

1. 了解教学技术的发展历程，掌握教学技术的定义
2. 理解并掌握支撑教学技术的四个理论基础
3. 了解经典的传播模式，掌握教学传播的三种一般模式
4. 理解并掌握教学技能的定义，掌握教学技术的分类
5. 理解并掌握微格教学的定义及其基本训练流程
6. 理解并掌握教学媒体的定义及其分类
7. 理解并掌握计算机辅助教学的定义，了解课件的一般制作方法及流程
8. 理解并掌握教学评价的定义、教学评价的意义和教学评价的种类
9. 理解并掌握教学评价的结构、内容和实施

第一节　教学技术的概述

教学技术（Instructional Technology）也被称为教育技术（Educational Technology）。“教育技术”（Educational Technology）和“教学技术”（Instructional Technology）这两个术语都曾被教育研究者广泛使用。在美国，20 世纪 60 年代曾有许多教育研究者交替使用这两个术语。在本书中，为了方便学习者，我们将其统称为“教学技术”。现代教学技术通常包含四种不同的含义：一是指一种教育学科及其学科体系；二是指一门课程及其教学内容；三是指辅助教学的一种现代信息化教学技术手段及其相关资源；四是指实施教学需要的特定技法技巧。

一、教学技术的发展

教学技术萌芽于 19 世纪末。“教学技术”作为教育名词于 20 世纪 60 年代首先出现在美国，随后传入日本和其他西方国家。自 20 世纪 60 年代末至 70 年代初，教学技术作为一个新兴的教育研究领域已经在世界范围内被广泛研究，并得到了迅速

的发展。到了20世纪80年代，随着以计算机技术为代表的信息技术及其相关产业的迅速发展，现代教学技术已经成为教育科学领域的热门课题，教学技术理论体系也日趋成熟。

纵观国外教学技术研究发展的历程，教学技术的发展经历了四个阶段：

（一）教学技术的萌芽阶段

教学技术萌芽于19世纪末。19世纪90年代，德国的一名传教士发明了幻灯机，很快幻灯机开始进入教育领域，揭开了教学技术应用的序幕。1896年，有人结合夸美纽斯《大教学论》的直观教学理论，开始使用幻灯机进行教学，由此，幻灯机成为最早被使用的教学技术工具。这个时期被称为教学技术的萌芽阶段。

（二）教学技术的稳步发展阶段

20世纪初，随着无声电影的出现，一些影片公司为了推广电影市场，向学校提供现成的电影拷贝供教学放映。在1920年前后，美国一些大学开始自拍以教学为目的的影片、教学幻灯片。美国政府按计划把一些“非戏院影片”分配到全国30所大学、师范学校及其他知名教育机构。1922年，美国视觉教育协会成立。1923年，美国“全国教育学会视觉教育部”成立，并开始出版有关视觉教育的专门书刊，介绍视觉教育的相关理论知识。正式学术团体的成立，标志着教学技术已经作为一个专门的研究领域受到教育研究工作者的重视，教学技术的发展步入稳步发展期。

1928年，有声电影出现，并很快被运用于教育教学中。有声技术的发展和成熟，进一步丰富了教学技术的表现手段，视觉教育快速过渡为视听教育。1929年，美国俄亥俄州立广播大学正式成立。1930年，哥伦比亚广播系统建立了美国广播学校。1935年，又在波士顿附近成立了世界广播大学，播放文学、经济、天文、电子、航空等系列广播课程。

“二战”中，美国政府由于战争需要，迫切需要加快对各类人员的培训工作，拨款用于改进教学技术并制作发布各种教育资料。有声电影等教学手段被广泛应用于军队战斗人员培训和工人操作技能培训中。“二战”的战时教育的成功经验，验证了有声电影等教学技术手段对教学的巨大作用。视听教育越来越受到教育研究人员以及教育工作者的关注和重视。1947年，美国“视觉教育协会”正式更名为“视听教育协会”。

20世纪40年代末，美国教育家戴尔（Dale）提出了视听教育的“经验之塔”理论，从理论上分析、阐述了视听教育的作用和视听教育媒体在教学中的重要性，这一理论被视为对视听教育实践所作的理论总结。

（三）教学技术的快速发展阶段

20世纪50—60年代，是教学技术的迅速发展阶段。在这一阶段，电视等新媒体的出现，进一步丰富了教学技术的应用手段，拓展了教学技术的应用领域。

20 世纪 50 年代，美国心理学家斯金纳根据其刺激—反应理论中的操作条件反射学说，设计了程序教学机器，程序教学被引入教学领域。受斯金纳行为主义观点的影响，20 世纪 60 年代初，美国掀起了程序教学和使用教学机器辅助教学的热潮。

20 世纪 60 年代，闭路电视系统、语音实验室、程序教学机等新技术手段相继被应用于教育教学实践中。在教育理论上，这一阶段开始重视研究多种媒体综合使用及其在教学过程中的作用。20 世纪 60 年代初，美国教育界开始提出“教学技术”这一概念，并逐渐取代了“视听教育”这一名称。

（四）教学技术的系统发展阶段

从 20 世纪 70 年代起，教学技术进入系统发展阶段。1970 年，美国“视听教育协会”正式更名为“教育传播与技术协会”（AECT）。同年，该协会从媒体技术和方法论的角度，给“教学技术”下了定义。

在这一阶段，卫星广播电视、计算机等开始应用于教学。20 世纪 80 年代，激光视盘、视频投影等相继应用于教学。90 年代，多媒体技术、互联网在教育教学中的应用成为教学技术的热门课题。进入 21 世纪之后，视、音频高级处理技术、虚拟现实技术、智能化专家系统等内容又成为教学技术研究者关注的对象。

教学技术在这一阶段的主要研究特征表现为：以系统论、信息论和控制论为核心的系统科学理论被广泛应用于教学技术的理论研究和实践指导中，进一步深化了教学技术在程序教学、教育信息系统构建等方面的研究，引入了新的思想和方法，为教学技术的持续发展提供了有力的支持。

在我国，直到 20 世纪 70 年代才引入了“教学技术”这一概念，在此之前，我国教育工作者一直研究的是“电化教育”。电化教育是教学技术的一个重要组成部分，其研究的范围主要局限于电化教具的使用等方面，研究的深度和广度均不及教学技术。20 世纪 80 年代，我国一些院校和研究机构展开了对教学技术的研究。1985 年，中国电教馆第一次派代表团参加了美国教育传播与技术协会（AECT）举办的年会。1994 年，中国电化教育协会教学技术研究会成立，指导我国现代教学技术的理论研究和实际应用，使我国教学技术研究者的研究方向由电化教育的研究发展为更高层次的教学技术的研究。2000 年，在天津师范大学成立了国家级的现代教学技术研究中心。为了推动我国教育信息技术的发展和计算机辅助教学的发展，中国电化教育协会教学技术研究会每年举行一次优秀 CAI 课件的评选活动。现代教学技术已经成为推动我国教育改革的重要组成部分，成为教育工作者的必修课。

二、教学技术的定义

自 1963 年起，美国“教育传播与技术协会”（AECT，1970 年前为“视听教育协会”）先后为“教学技术”给出六种典型定义。在国内，不少研究者也试图为“教学技术”下定义。最具有代表性的是1994年西尔斯和里齐所给出的定义：“教学技术是为了促进学习，对有关过程和资源进行设计、开发、利用、管理和评价的理论与实践。”①

这一定义，界定了教学技术定义的四个基本内容：一是教学技术的目的是“为了促进学习”；二是教学技术包含的内容，即“设计、开发、利用、管理和评价”五个方面；三是教学技术是既重视实际应用又重视理论研究的一门独立学科；四是明确指出教学技术关注的领域是“学习过程和学习资源”。

值得注意的是，西尔斯和里齐定义的“Instructional Technology”中，技术一词（Technology）不仅具有“技术”的含义，而且更侧重于“技术学”、“工艺学”方面的含义。本书中我们以介绍操作性知识为宗旨，故以技术本身而非“技术学”的观点来定义教学技术。基于此，可将具操作性的“教学技术（教育技术）”作如下定义：

教学（教育）技术是为了提高学习绩效，教育者将教学过程与学习资源结合进行设计、开发、利用、管理和评价的方式或方式体系。

三、现代教学技术的理论基础

现代教学技术由于其研究内容“教学”和“技术”的双重性，与其他各种学科均有密切的关系。在现代教学技术的理论体系构建中，学习理论、传播理论和系统论处于核心地位。计算机科学、心理学、文学、社会学等学科都为教学技术提供了理论支持。

（一）学习理论

学习包括知识、技能的学习和个性品质的形成，学习是教育研究中的重要课题。教学技术亦需根据科学的学习理论进行学习过程和资源的设计、开发、利用和管理，为学生进行有效的学习创造学习条件。学习理论是教学技术的核心基础理论，由于研究的角度不同，先后出现了行为主义学习理论、认知心理学学习理论、建构主义心理学学习理论等。下面我们向大家介绍目前比较有代表性的建构主义心理学的学习理论。

建构主义心理学的学习理论是伴随着对认知心理学的批判和发展而产生的，建构主义教学思想重视构建学习环境以帮助学习者建构知识的意义。有人认为，建构主义学习理论的提出，使得教学也逐渐从以“教”为中心的模式发展为以“学”为

① 巴巴拉·西尔斯，丽塔·里齐．教学技术：领域的定义与范畴．乌美娜等译．北京：中央广播电视大学出版社，1999. 33

中心的模式。

建构主义认为学习是学习者在一定的情景中，借助其他人的帮助，通过人际协作搜寻、获取、利用必要的学习资料和元素构建自己的知识及知识体系的过程。建构是通过新旧知识、经验间双向相互作用而实现的。建构主义学习理论认为，“情景”、“协作”、“会话”、“意义建构”是学习环境的四大要素。建构主义学习理论和学习环境强调以学生为中心，不仅要求学生由外部刺激的被动接受者和知识的灌输对象转变为信息加工的主体、知识意义的主动建构者，而且要求教师要由知识的传授者、灌输者转变为学生主动建构意义的帮助者、促进者。在建构主义学习环境下，教师和学生的地位、作用与传统教学相比已发生很大变化。这就意味着教师应当在教学过程中采用全新的教学模式（彻底摈弃以教师为中心、强调知识传授、把学生当作知识灌输对象的传统教学模式）、全新的教学方法和全新的教学设计思想。

目前，已经形成的建构主义教学方式主要有以下三种：

1. 框架式教学

教师应为学习者营造解决问题的概念框架，通过教师适当的启发和引导，帮助学生沿框架进行学习，并逐渐让学生脱离教师的帮助，通过自己的努力实现更高的学习目标。

2. 情景式教学

以真实事例或问题为基础，让学生到真实环境中去感受、体验、调查研究、分析和解决问题。教师可以向学生提供解决问题的有关线索。让学生通过自己的努力获取解决问题的方法，并从中掌握相关知识。

3. 多路实验教学

以尽可能多的具体形式，呈现事物的复杂性和多变性。学生通过从不同途径多次进入同一学习内容，便可以达到对所学知识全面而深刻的意义建构，同时发展理解能力、思维能力和知识的迁移运用能力。

（二）传播理论

传播是人类社会普遍存在的互相交换信息的行为。传播理论的研究内容范围很广，包括传播的信息、符号的理论、传播媒体理论、传播过程理论、传播效果理论等。传播理论虽然不单纯研究教学现象，但我们可以把教学过程看成是信息的双向传播过程，包括信息从教师或媒体传播到学生的过程和信息从学生传播到教师的过程，也即是师生人际交流的过程（当然教学过程不只存在师生交流这一种交流活动）。下面我们将向大家介绍几种常见的传播模式。

1. 拉斯韦尔经典“五 W”模式

在传播学史上，第一位提出传播模式的是美国学者拉斯韦尔（Hardd Lasswell）。拉斯韦尔于1948 年在《社会传播的结构和功能》一书中首次提出构成传播的五个基本要素，后来被称为“五 W”传播模式。“五 W”指出了传播学研究的五个领域，

分别是:

Who（谁）

Says What（说了什么）

In Which Channel（通过什么渠道）

To Whom（对谁说的）

With What Effect（产生了什么效果）

2. 香农—韦弗的信息传播模式

香农和韦弗（Clavde Shannon & Weaver）在1949年发表的《传播的数学原理》（或译《通讯的数学原理》，*Mathematical Theory of Communication*）中提出一般传播模式。

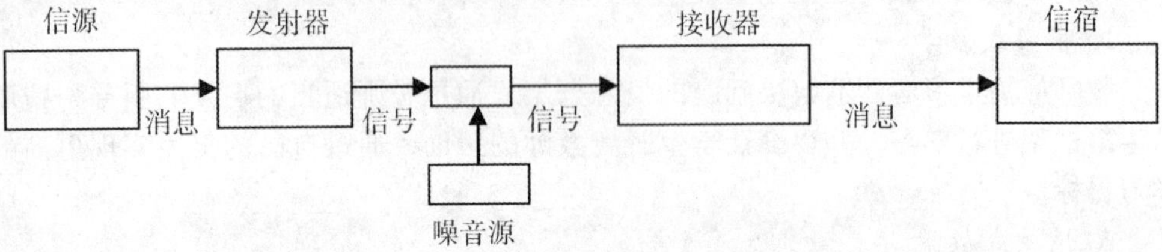

图 10－1　香农—韦弗的信息传播模式

在这一模式中，信源从一组可能产生传播的消息中产生出实际传播的一条消息（message）。这个消息可能是由口头语或文字、音乐、图像等组成。发射器（transmitter）将消息转变为信号以适合传播渠道使用。渠道（channel）是将信号（signal）从发射器传送到接收器的传送中介。接收器（receiver）所做的工作与发射器相反，将信号重新恢复为消息。信宿（destination）是消息要传送到的人或物，即接收者。

香农—韦弗模式的出发点是针对工程通讯领域的传播问题，同样也是一个线性传播模式。但是，由于信息普遍存在而形成的传播的普遍性，也由于香农—韦弗传播理论坚实的数学基础，香农—韦弗模式也被广泛应用于社会科学和传播理论之中。正是由于香农—韦弗模式的普遍性，促进了20世纪60年代教学技术学研究从重硬件向重软件的转向，同时也促进了教育传播学的诞生与发展。

3. 施拉姆共同经验传播模式

施拉姆（W. Schramm）于1954年从简单的人类传播模式着手，研究两个人根据各自积累的经验试图进行沟通的复杂模式，进而转向研究两个人之间互动关系的传播模式。施拉姆模式一与香农模式相似。施拉姆模式二认为，只有在传者（信源）与受者（信宿）经验范围的共同领域的信息，才是实际传播部分，这时的信息才是信源与信宿共同的。

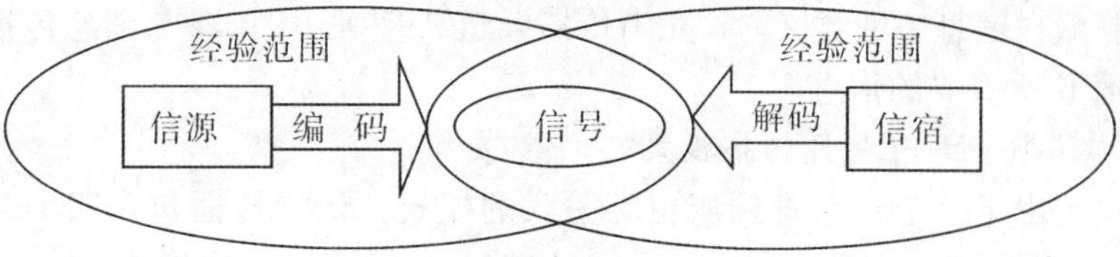

图 10－2 施拉姆传播模式二

施拉姆传播模式三则将传播看作传者和受者两个部分编码、解码、解释、传送与接收之间的互动过程，由此形成信息共享的连续循环。

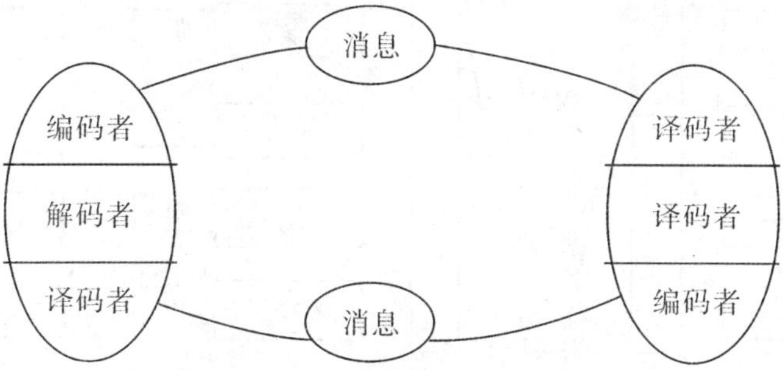

图 10－3 施拉姆传播模式三

施拉姆模式注重考虑人类传播的特殊性，如传者与受者之间的共同经验，或是二者之间的互动作用，从而对传播模式研究的深入起到了促进作用。

4. 韦斯特莱—麦克莱恩控制传播模式

韦斯特莱—麦克莱恩（Westley & MacLean）于 1957 年提出控制传播模式。

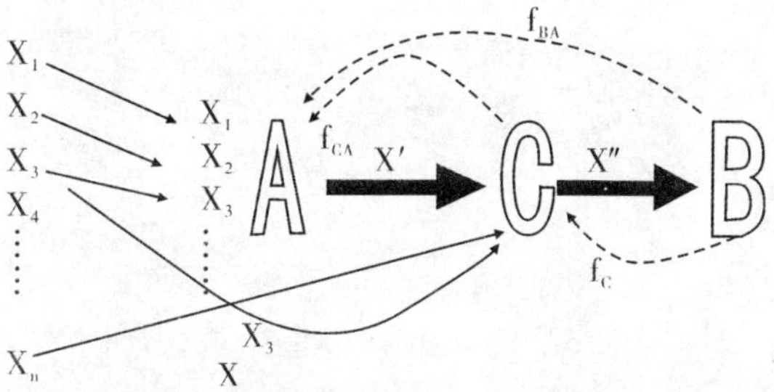

图 10－4 韦斯特莱—麦克莱恩控制传播模式

韦氏模式是一种控制论模式。图中有“把关人”对周围信息进行有目的、有计划的选择：传播者 A 的角色是有目的选择与传播消息，可以是有目的选择和传送消息的一个个体或一个社会系统。B 是接收者，可以是个人、群体或一个社会系统。B

可以从众多C中选择。当C满足B的需要时，C才充当B的代理人。B运用自己的知识解释隐藏在消息中的含义。C充当传播渠道“把关人”，参与消息传播的设计，选择和传播B所需要的信息。

5. 贝尔洛S—M—C—R传播模式

贝尔洛提出了一个与教育领域更有关联的模式，认为传播包含四个基本要素，即信息源（source）、信息（message）、通道（channel）和受传者（receiver），即S—M—C—R模式。

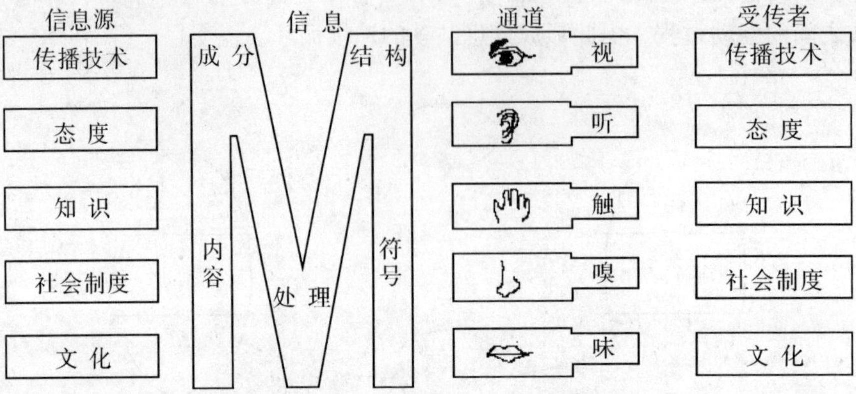

图10－5　贝尔洛S—M—C—R传播模式

6. 宣韦伯—余也鲁教育传播模式

该模式以拉斯韦尔经典的“五W”模式为基础，结合教育的特殊性，将教育传播过程分为传者研究、信息研究、工具研究、受众研究和教学效果研究等五个理论和实践领域。

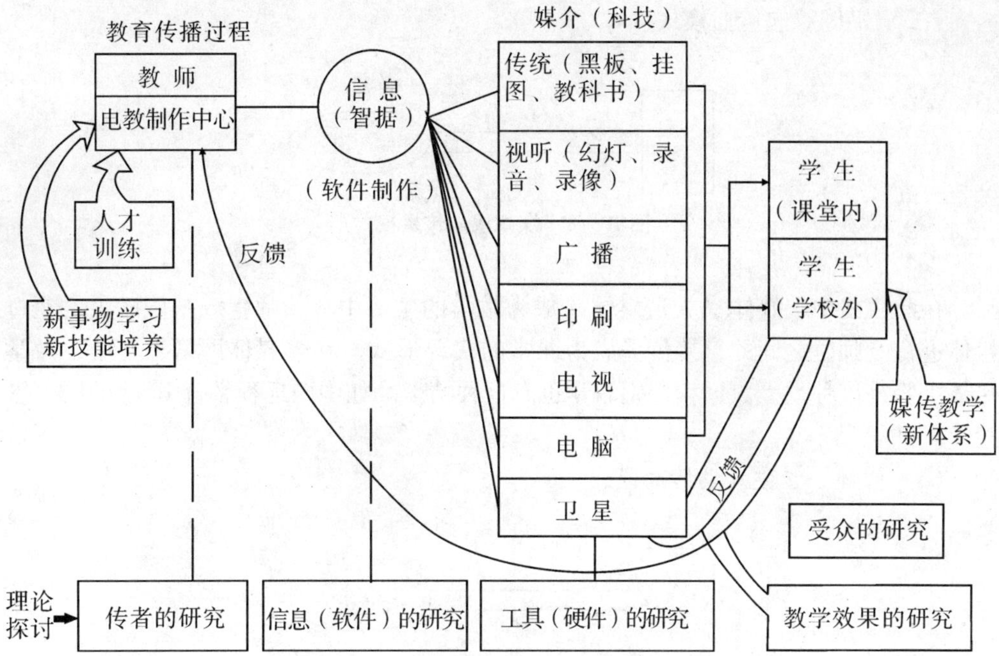

图 10－6 宣韦伯—余也鲁教育传播模式

7. 在教学中使用硬件媒体常见的三种传播模式

（1）教师演播模式

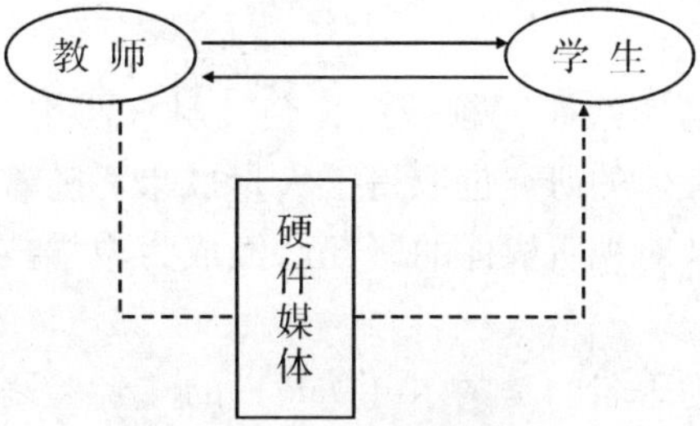

图 10－7 教师演播模式

在课堂教学中，就相关必要的教学问题，教师借助媒体，单向传递教学信息，师生之间进行交互传播。

（2）媒体双向传播模式

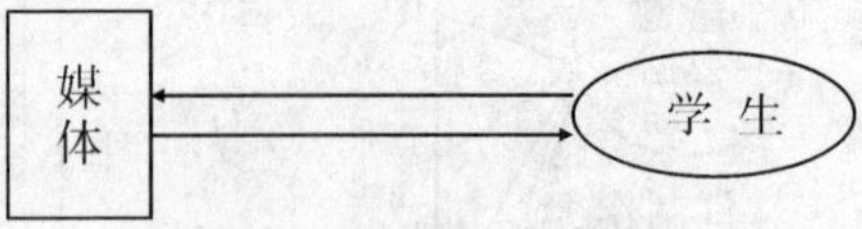

图 10 – 8　媒体双向传播模式

在此模式中，媒体（人造媒体）成为教学的主要中介，师生双向传播主要通过媒体进行。师生之间的直接传播成为课堂的次要形式。在多媒体网络教室中，教学传播主要是该种类型。远程课堂教学也有这种情形。如中国远程教育 IP 网的网上答疑等。

（3）媒体—学生互动传播模式

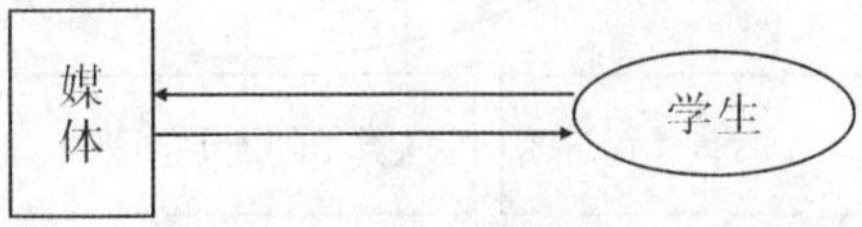

图 10 – 9　媒体—学生互动传播模式

在这一模式中，学生直接向媒体学习，媒体直接对学生作出反馈。通过计算机进行交互 CAI 学习，就属于这一类型。

（三）视听教育理论

在教学技术的理论与实践研究领域中，会接触、使用或研究大量的视听媒体，教学技术研究者对视听媒体的研究也取得了大量成果。随着视听媒体及其相关技术的不断发展，视听媒体及对视听媒体的研究已经成为教学技术研究领域中非常重要的组成部分。

视听教育理论中最为著名的是戴尔（Dale）的“经验之塔”理论。戴尔是美国俄亥俄州州立大学教育研究所的教授，他先后担任过美国“全国家长和教师联合会视觉教育分会主席”、“全国教育协会视听分会主席”、“全国教育传播和技术学会主席”等职。他在《教学中的视听方法》（*Audio – Visual Methodsin Teaching*）一书中所描述的“经验之塔（the core of experience）”理论成为视听教育的主要理论根据之一。

“经验之塔”理论阐述了人获得知识的三大途径：直接参与、借用视听媒体和利用抽象符号。而直接参与是最为具体的，学习者最容易理解、便于记忆。因此，主张学生不仅要参与练习，而且要参与到对动作意义的探索、发现、示范等过程中去。“经验之塔”的理论要点如下：

（1）最底层的经验最具体，越往上越抽象，各种教学活动可以依据其经验的具体程度，将其排成一个序列。

（2）教学活动应从具体经验入手，逐步过渡到抽象阶段。

（3）教育不能停留在获得具体经验阶段，而必须向抽象化阶段发展，把具体的经验普遍化，进而上升到概念层面。

（4）在教育教学中，应该尽量采用各种教学技术手段来提供具体直观的经验，从而获得更好的抽象理解。位于经验之塔中层的视听教具比语言、视觉符号更能为学生提供较为具体的、易于理解的经验，又能打破时空的限制，弥补学生直接经验的不足。

（5）在教学过程中，不能把直接经验看得过重，使教育过于具体化，而忽视达到普遍化的充分理解。

（四）系统理论

系统理论对现代教学技术的研究和发展的影响是全局性的。系统理论考虑的是由教师、学生、教学内容、教学策略和教学媒体、教学媒介组成的教学系统中的教学分析、教学决策和教学评价。一般来说，系统理论作为一种科学的方法论对现代教学技术会产生举足轻重的影响。

第二节　教学的基本技术

根据前一节中提到的有关教学技术的几种含义，本节主要从“教学基本技能”、“教学媒体的使用技术”和“计算机辅助教学技术”三个方面对教学的基本技术进行讨论。

一、教学基本技能

（一）教学技能定义

克利夫（Kliff Turny，1991）认为：“教学技能是在课堂教学中教师的一系列教学行为，这些行为是影响教学质量、促进学生学习的主要方面。”[①]

潘菽在《教育心理学》中认为：“教学技能是顺利完成某种教学任务的一种活动方式或心智活动方式，它通过练习获得。”[②]

孟宪凯在《教学技能有效训练——微格教学》中认为：“教学技能是在课堂教

① McGarvey，B. & Swallow，D. *Microteaching in Teacher Education & Training*. 1986. pp. 82 ~ 84

② 潘菽．教育心理学．北京：人民教育出版社，1983

学中教师为完成某项教学任务的一类教学行为，同一类教学行为在行为方式和功能上有某种共性，教学技能可以通过描述、示范、模仿和训练获得”。[①]

综上所述，我们可将教学技能理解为：教师在课堂教学中，依据教学理论、运用专业知识和教学经验等，使学生掌握学科基础知识、基本技能并受到思想教育的一系列教学行为方式。[②]

（二）教学技能的分类

从教学信息传播的过程出发分析教学信息交流过程中教师行为方式的构成要素，可设定十项教学技能：导入技能、教学语言技能、讲解技能、提问技能、反馈强化技能、结束技能、板书技能、教态变化技能、演示技能、教学组织技能。

1. 导入技能

进入新课时，教师需要建立情境来引起学生的注意，激发他们的学习兴趣，使他们明确学习目标，形成学习时机和建立知识间的联系。[③] 导入技能是音乐课堂教学艺术的重要组成部分，是教师进行课堂教学必备的基本技能。

2. 教学语言技能

教学语言是教师完成教学任务的主要工具，由口语、专业术语和体态语构成。教师的教学语言水平是影响学生学习水平和学习能力的重要因素，教学语言技能是最基础的教学技能。

3. 讲解技能

讲解是教学中重要的基本形式，通常可分为说明式讲解、描述式讲解、问题中心式讲解和原理中心式讲解四种类型。讲解技能是教师运用语言向学生传授知识和方法，引发思考，促进学生的智力发展的教学行为。

4. 提问技能

提问是实现教学互动的重要方式，按目的可分为检查知识掌握情况的提问、惩罚性提问、教学环节衔接性提问等三种类型。提问技能是教师用提出问题、并对学生的回答作出反应的方式，来促使学生参与学习，了解他们的学习状态，启发思维，使学生理解和掌握知识，并发展其能力的一类教学行为。

5. 反馈强化技能

反馈强化技能是对课堂教学实行控制的重要手段。要使课堂教学达到优化控制，必须及时取得反馈信息，根据反馈调控教学。强化则是增强对知识的反应程度，帮助学生把某一行为的变化朝着更好的方向发展的行为方式。

6. 结束技能

结束技能是教师在完成课堂教学活动时，对教过的知识进行归纳总结，使学生

---

① 孟宪凯．教学技能有效训练——微格教学．北京：北京出版社，2007. 253

② 郭友．新课程下的教师教学技能与培训．北京：首都师范大学出版社，2004. 23

③ 袁昌寰．中学英语微格教学教程．北京：科学出版社，1999. 26

对所学过的知识形成系统，并转化、升华而采取的行为方式。

7. 板书技能

板书技能是教师运用黑板或投影片上的文字、符号、线条和图像，向学生呈现教学内容、认知过程，使知识概括化、系统化，帮助学生正确理解，增强记忆，提高教学效率的一类教学行为。

8. 教态变化技能

教态变化技能是教师用改变教学媒体，改变师生相互作用的形式，变化对学生的刺激方式，来引起学生的注意和兴趣，减轻学生的疲劳，维持正常的教学秩序的一种教学行为。

9. 演示技能

演示技能是教师在上课时依据教学需要，进行实际表演和示范操作，运用多种直观形式，指导学生进行观察、分析和归纳，为学生提供感性材料，使其获得知识，训练其操作技能，培养其思维能力和观察能力的一种教学行为方式。

10. 教学组织技能

教学组织技能指在课堂教学过程中，教师不断地组织学生注意、管理纪律、引导建立良好教学环境，帮助学生达到预定课堂教学目标的行为方式。

（三）教学技能训练的有效方式——微格教学

微格教学是一种实施教学技能训练的有效方法。在微格教学中，为达到优化教学的目的，对教师的教学行为进行分析和研究，确定不同的教学技能，然后分别进行学习和训练，当每一个技能都掌握以后，再把它们组合起来，形成教师的整体教学能力，这也正是把 microteaching 翻译为“微格教学”的思想。①

微格教学创始人——美国斯坦福大学的艾伦（Dwight W. Allen）提出了微格教学的概念，即“一个缩小了的、可控制的教学环境，它使准备成为或已经是教师的人有可能集中掌握某一特定的教学技能和教学内容”。②

孟宪凯在《微格教学基础教程》中认为：“微格教学是一个有控制的实践系统。它使师范生和教师有可能集中解决某一特定的教学行为，或在有控制的条件下进行学习。它是建筑在教育教学理论、视听理论和技术基础上，系统训练教师教学技能的方法。”③

综上所述，我们可以将微格教学定义为：“一种以教育学、心理学、传播学理论及系统论为基础，以现代教育技术为手段，以训练学生掌握某种教学技能、技巧为目标的小规模教学活动。”④ 微格教学通常把教学分解为十项基本技能，但这十项

① 郭友. 新课程下的教师教学技能与培训. 北京：首都师范大学出版社，2004. 230

② George Brown. *Microteaching*. 1984. 6

③ 孟宪恺. 微格教学基础教程. 北京：北京师范大学出版社，1992

④ 穆陟晅. 基于网络的微格教学系统及其设计刍议中国电化教育，2007（10）

基本技能并非是一成不变的，如何根据实际需要设置新的教学技能，是微格教学重要的研究方向。[①]

微格教学是一项细致的工作，要有效地提高幼儿师范院校学生的音乐教学技能，关键是要抓好微格教学全过程所包含的理论学习、示范观摩、编写教案、角色扮演、反馈评价和修改教案等环节。[②] 以上环节环环相扣、联系密切，削弱其中任何一个环节，都会影响培训效果。所以，针对被培训者的实际情况，要落实每一个训练步骤。训练的基本流程如图 10 – 10 所示：

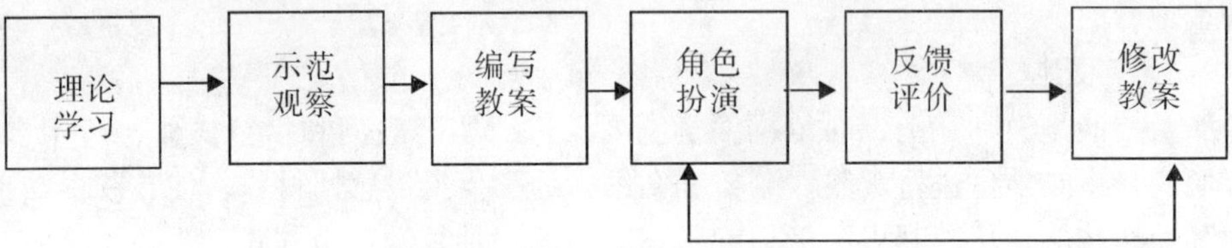

图 10 – 10　基本的训练流程

二、教学媒体的使用技术

(一) 教学媒体的定义

媒体，也称媒介、传播媒体。媒体一词来源于拉丁语 medium，意思是两者之间。媒体是指信息传播过程中，从信息源到接受者之间承载和传递信息的载体或工具。通常媒体有四个层面的含义：一是承载信息的载体；二是存储和传递信息的实体；三是指实现信息从信息源到接收者的一切技术手段；四是指传媒事业。

教学媒体是媒体的下位概念。当媒体被引进到教学领域，承载、传递和控制教学信息，并介入教与学的过程之中时，我们就把它叫做“教学媒体”。简单来说，教学媒体就是承载、传递和控制教学信息、并介入教与学的过程之中的媒体。杂志、报纸、书籍、电影、电视、无线电广播、录音、录像、图片、投影片和印刷材料等都属于媒体。当这些媒体引入教学并介入教学过程时，就被称为教学媒体。在国外，教学媒体是众多教学材料的总称，是教学技术研究的重要领域。为给学习者提供良好的学习条件，不少学校还出现了编制、储存教学媒体的媒体中心和媒体图书馆 (media library)。

---

① 穆陟晅. 网络型教学分析系统及其在行动研究中的应用. 大家，2010 (2)

② 马达. 音乐微格教学. 厦门：厦门大学出版社，2007. 45

（二）教学媒体的发展

1. 单向性教学媒体的发展概述

单向性教学媒体的发展经历了由自然媒体向人造媒体发展的过程。在人类教育史上，实物直观教学经历了漫长的时期，其中的“实物”，就是指自然媒体。人造媒体经历了传统印刷媒体、实物模型转向电子媒体的发展过程。在人造媒体发展过程中，教学媒体由单向性媒体向双向性媒体发展。单向性教学媒体的迅速发展是从20世纪初开始的。首先，单向性教学媒体的迅速发展表现为视觉教育运动的兴起与深入。1905年，第一家学校博物馆在美国圣·路易斯开办，出售幻灯机、胶卷、学习图片和其他一些教学材料，“充当了视觉教学（visual instruction）的中心管理机构”。视觉教育运动兴起后，越来越多的教育工作者参与到对新媒体应用的研究中。1913年，爱迪生宣称，“不久的将来，在学校中将废弃课本……有可能利用电影来传授人类知识的每一个分支。在未来的10年里，我们的学校将会得到彻底的改造。”在爱迪生预言后的10年里，他预期的变化没有出现，然而，这10年间视觉教育活动却有了长足的发展。19世纪末20世纪初，工业革命推动了科学技术的迅猛发展，一些新的科技成果如照相技术、幻灯、无声电影等被引入教育领域，向学生提供了生动的视觉形象，使教学获得了前所未有的巨大成果。1923年，美国成立了全美教育协会“视觉教育部”（Department of Visual Instruction）。视觉教育论者开始发展他们自己的学说，并断定视觉经验对学习的影响比其他各种经验都要强烈得多，并在1928年出版了《学校中的视觉教育》一书。其次，单向性教学媒体的迅速发展体现在视听教育诞生与发展的过程中。20世纪20年代初期，由于无线电广播的出现，英国、美国等先后兴起了播音教育、听觉教育运动。无线电广播对教育的作用远远超出了学校的范围。1924年，有声电影的出现，使视听结合运用于教学实践成为可能。无线电广播和有声电影在教育中的推广和应用，标志着视听教育运动的兴起。第三，单向性教学媒体的迅速发展还体现在媒体组合形式的出现与深化上。早期的语音教室是听觉媒体的组合形式，简单多媒体教室在早期是听觉媒体如录音机、投影仪或幻灯机的组合；在现代条件下则是计算机与电视机、液晶投影仪、实物展示台的组合。以计算机为代表的现代教学媒体在信息处理和存储方式上都发生了根本性的变化，由单向性教学媒体走向双向性教学媒体，还将逐步走向多向性教学媒体。

2. 双向性教学媒体的发展概述

在教育活动早期，单向性教学模式在相当长一段时间内成为教学的主要形式。由于现代技术的进步和教育发展的需要，单向性教学媒体逐渐走向双向性教学媒体。双向性教学媒体的发展经历了一个“被动—主动—互动”的发展过程。早期的双向性教学媒体，如传统的语音实验室（AA，AAC），主要依靠教师引导学生学习这样一种“被动”接受知识的方式；在模拟机出现后，就有了通过学员“主动”学习而教师根据其学习情况调整教学进度的“主动”接受知识的双向性教学媒体方式；在多媒体计算机被引入传统双向性教学媒体之后，出现了师生“互动”学习知识的新型双向性教学媒体方式。

传统的语音实验室（AA，AAC）是较早出现的一种双向性教学媒体，已经有30多年的历史了，它的出现是单向性教学媒体向双向性教学媒体过渡的重要标志。

模拟机出现于20世纪50年代，最早用于对飞行员进行模拟培训等军事用途。早期的模拟机功能单一，直到20世纪70年代后期计算机技术被应用到模拟机的操作和模拟之后，模拟机的功能有了巨大的飞跃。从70年代后期美国SGI（硅图像视算科技）公司将模拟机开发应用于各种科学模拟用途的高性能计算机之后，模拟机已广泛应用于军事训练、虚拟仿真、心理治疗以及生命科学等领域。

多媒体语音教室出现在20世纪90年代初期。多媒体语音教室与传统的语音教室相比，主要是引入了多媒体计算机技术进行操作管理，通过计算机强大的处理能力使师生双方可以实现自由“互动”型的学习，从而成为目前主流的双向性教学媒体。

（三）教学媒体的分类

随着科学技术的进步，媒体越来越多。研究者由于着眼点不同，形成了不同的媒体分类方法。从总的情况来看，比较有代表性的教学媒体分类主要有以下六种。

1. 按印刷与否分类

按印刷与否分类，可分为印刷媒体和非印刷媒体。

2. 按传播范围分类

按传播范围分类，可分为人际交流媒体和大众传播媒体。

3. 根据信息传播过程中信息流动的相互性分类

根据信息传播过程中信息流动的相互性分类，可以分为单向传播媒体和双向传播媒体。

4. 根据媒体呈现形态分类

R. H. 安德森（R. H. Anderson）根据媒体呈现的形态，将媒体分为十类：听觉媒体、印刷媒体、听觉—印刷媒体、静止图像投影媒体、听觉—静止图像投影媒体、活动视觉媒体、有声活动视觉媒体、实物媒体、人类和环境的资源、计算机。

5. 按教学传播过程分类

教学传播过程由教学信息发射端、信号传输端和信息接受端构成。由此，可将教学媒体划分为教学信息发射端媒体（如摄像、制作和发射设备）、信号传输媒体（如光纤、卫星传送设备和微波传送设备）和信息接受端媒体（如收音机、电视和多媒体计算机）。这种分类方法从整体上把握了教学传播过程，相应地也从整体上把握了教学媒体的分类。

6. 按教学媒体的人—机组合特性分类

以传播媒体的特性而论，传播不仅涉及媒体的交互性，而且涉及媒体的感官特性。若单以某一方面划分，不能完整反映媒体发展概况，而以人—机组合特性划分能较好地说明教学媒体的类型及其发展进程。因此，按教学媒体的人—机组合特性分类，较为全面地反映了媒体的构成概况和发展规律。

表 10－1　教学媒体的人—机特性分类表

传递特性 / 感官特性	单向传递媒体	双向传递媒体	多向传递媒体
视觉媒体	书本、黑板、实物、标本、模型、图表、照片、挂图、幻灯机 、投影仪	——	——
听觉媒体	录音、唱片、电话、激光唱机（CD 盘）、语音室（AP）、单向广播	语音室（AA，AAC）	多媒体教室
视听媒体	幻灯/录音、电影、电视、摄像系统、激光视盘机 、语音室（APV）、电影电视	多媒体计算机、教学模拟机、语音室（AAV，AACV）	微格教室、多媒体网络教室、远程教室
多感官媒体	数码影院	——	——

以媒体的交互特性为主线，即以单向传递媒体、双向传递媒体和多向传递媒体为主，以媒体的感官特性为辅来理解教学媒体，不失为一种整体把握教学媒体分类的方法。单向传递媒体是指向教师或学生单向传播教学信息的媒体；双向传递媒体是指向师生之间双向传播信息的媒体；多向传递媒体是指同一时间内学生之间、师生之间多层面、多组合方式的多维度传播媒体。

各种教学媒体均具有其基本特性和特殊的功能，但它们也有各自的局限性，往往一种媒体的局限性又可由其他媒体的适应性杂弥补。因此，我们必须研究媒体的基本性质和各种媒体的特性，根据教学内容和教学目标来安排、选择、设计、评价并组合运用多种媒体，以达到优化教学的目的。

三、计算机辅助教学技术

计算机辅助教学（CAI）一直是现代教学技术研究的重要内容。近年来，随着信息技术的飞速发展，个人电脑以及多媒体制作技术的普及，越来越多的教育或教育相关行业的工作者开始利用电脑及其相关技术进行一系列的教育研究、开发、学习工作，CAI 课件的设计与开发也不再是少数研究人员的专利，逐渐成为各级、各类教师所必须掌握的一项基本技能。

（一）CAI 概念及其发展

CAI 的意思是计算机辅助教学，是 Computer Assisted Instruction 的缩写。CAI 是将计算机作为教学媒体以提供良好的学习环境，实现人—机交互对话的新型教学模式。CAI 具有多层含义：一是指基于计算机的人—机交互对话的教学模式；二是指根据教学设计，由计算机开发、制作的课件；三是指基于现代信息技术条件下的教学改革运动。CAI 和计算机辅助教学管理（Computer Managed Instruction，简写为 CMI）是计算机辅助教育（Computer Based Education ，简写为 CBE）研究和应用的领域。

CAI 是计算机技术发展到一定阶段的产物。自 1946 年发明 ENIAC 以来，计算机的性能大幅度提高，不仅能进行数值数据处理，而且还能进行非数值数据处理，越来越接近人脑的功能。这为 CAI 奠定了信息技术基础。CAI 的研究和应用始于 1958 年，美国 IBM 公司是世界上最早开展 CAI 试验的机构。该公司的沃斯顿研究中心研制出世界上第一个计算机教学系统。它由一台 IBM650 计算机、一台电传打印机和相应的软件构成，用来教小学生学习二进制算术，具有根据学生要求产生练习题的功能。1960 年，美国伊利诺斯大学建成世界上第一个规模最大的 PLATO 教学系统。美国斯坦福大学于 1963 年建立了 CAI 实验室。到 20 世纪 70 年代初，PLATO 教学系统已发展到第五代，具有联结 4 000 个教学终端的能力，提供了数学、天文学、物理、化学、心理学等上百个学科的课程。到 20 世纪 70 年代后期，CBE 课程基本成熟，美国不少大学将 CBE 课程正式记入学分。20 世纪 90 年代，CBE 逐渐向全球化、网络化方向发展。CAI 的设计思想和制作技术也相应地发生了巨大变化。从软件方面看，这一时期出现了大量的 CAI 专用工具软件和教学分析研究软件包。计算机硬件技术和计算机软件技术的发展与完善为 CAI 的研究和广泛应用奠定了坚实的基础。“CAI 技术是教师必须掌握的基本技术”这一理念得到了广泛的认可，CAI 课件成为教学中最常见的 CAI 技术应用形式。

（二）CAI 课件分类

按照实现的任务、应用的技术、具备的功能等方面来划分，CAI 课件可以分为不同的种类。

（1）按实现教学任务的多少，将 CAI 分为单一任务型课件和多任务型课件。

（2）按课件能否实现二次开发，将课件划分为封闭型课件和开放型课件。

（3）按制作技术的不同，将 CAI 课件分为以平面制作、三维制作技术为主的单向性设计的演示型课件，以平面制作及三维制作技术结合交互式设计的交互型课件，以虚拟现实技术为主的仿真模拟型课件，以及基于分布式网络技术的网络型课件，等等。

（4）按采用的教学方法与手段，将 CAI 课件分为程序型课件与自主型课件。

（三）CAI 课件制作时应遵循的原则

CAI 的开发与制作必须遵循下列一些原则：①教育性原则；②技术性原则；③艺术性原则；④经济性原则；⑤启发性原则。

（四）CAI 课件设计与开发流程

CAI 课件的制作是依靠一定的计算机软、硬件来实现的，CAI 课件的制作与计算机软件的编制同出一源，与计算机软件编写的过程相类似，CAI 课件的制作一般包括五个过程：需求分析、脚本设计、资料（素材）的收集与制作、课件开发、课件调试与评价。

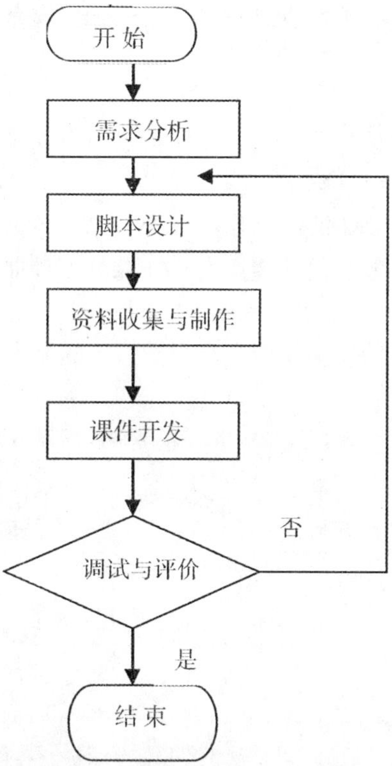

图 10－11 CAI 课件设计的一般流程

（一）需求分析

CAI课件的设计与开发是为完成一定的教学任务、实现一定的教学目标而提供的辅助教学手段。因此，在进行CAI课件设计前，首先要对CAI课件设计的需求进行分析。需求分析包括可行性、必要性、经济性三个方面。

可行性是指对人员、设备、资金和技术等因素对制作CAI课件的综合影响的考虑。首先，是否具备制作CAI课件的人员条件和物质基础。其次，目前技术条件能否实现所要进行的教学设计。最后，考虑是否具有资金支持。

必要性是指某CAI课件开发是否有价值。必要性研究要考虑两方面内容：一是研究该项目是否在重复进行别人的劳动。二是该教学设计是否有必要用课件来表现。如果使用传统教学手段能达到更好的教学效果，则不需制作CAI课件。

经济性是指开发该项目是否合算。若排除接受训练的因素，某教学内容的CAI课件的设计、制作是委托他人，还是独自完成，这需要用经济的观点来分析。

需求分析的最终成果是需求分析报告。一般情况下，需求分析报告的结论有三种：一是立即开发；二是等条件成熟后再开发；三是没有必要开发。

（二）脚本设计

如果经过项目考查评估之后，认定该项目可行，有必要进行开发，那么，接下来进行的就是教学设计与课件脚本的编写了。

CAI课件脚本设计是CAI课件制作的首要环节。它决定了课件的风格。课件脚本设计的任务之一就是将教学设计转换为CAI课件设计制作的工作流程。

脚本设计主要包括教学内容选择、结构布局、视听形象表现、人机界面形式四个方面的内容。课件脚本的作用相当于影视拍摄中的剧本。（如表10－2所示）

表10－2　《小小的船》课件制作脚本设计

出现顺序	用时（分）	内　容	视听形象	配音及文字提示	用　途
1	2”	《小小的船》课件封面	图片、背景音乐	《小星星》儿歌	课件封面
2	2”	课件主背景	图片、背景音乐、本课各主要内容	课文朗诵音乐、画面有课文内容	教师导入

（续上表）

出现顺序	用时（分）	内　容	视听形象	配音及文字提示	用　途
3	5”	看图说话	出现星光闪烁的图片	“看一看美丽的星空，我们会想到什么？”	引导学生观看并发言，导入课文内容
4	5”	学习新课《小小的船》	新课课文、范读、背景音乐	播放范读录音，教师朗读、学生跟读	学习新课文，学会朗诵诗歌
5	7”	读准生字	在课文中出现加点字，并闪烁	教师朗读这几个字并比较异同	注意加点字的读音
6	12”	学写生字	播放“见、白、田、电”四个生字的示范书写动画	“教会大家一笔一画写好字”、每个字的书写过程说明	学会写生字
7	6”	做课后练习	出现练习题	教师说明练习题	指导学生做练习，并出示答案
8	1”	布置作业	再次出现星光闪烁的图片和课文内容	“大家回家背给爸爸妈妈听一听，看看谁更背得好”	布置家庭作业

（三）资料（素材）的收集与制作

教学设计和课件的脚本设计完成之后，课件制作就进入了素材准备阶段。其主要工作是针对课件所反映的知识内容，进行与之相关的资料和素材的收集、整理、处理和制作。在素材制作、收集阶段，有可能会遇到两个方面的问题：一方面资料太少。有一些相对较生僻的学科或知识缺少资料，收集相对困难；或由于制作者所在地较偏僻，信息交流不便，难以查找资料。另一方面是资料太多。一些热点知识的资料过于丰富，信息量过大，让制作者难以取舍。这就需要 CAI 课件的制作人员对所获取的信息资料及素材进行处理，找到最能表现脚本设计的资料和素材。

（四）课件开发

当前三个阶段的工作完成之后，就进入了CAI课件设计中的关键阶段，即CAI课件的开发、制作阶段。

（1）选择用于进行CAI课件设计制作的计算机硬件平台。正所谓“工欲善其事，必先利其器”，CAI课件的制作是需要以一定的计算机硬件设备为基础的，要进行CAI设计，至少应有一台多媒体电脑，以及扫描仪等相关外部设备。当然，在条件许可的情况下，应该尽量选择最好的设备进行制作，使制作人员的注意力可以集中在课件的制作上。

（2）选择用于进行CAI课件设计制作的计算机软件系统。用于进行CAI课件设计制作的计算机软件，通常有三类：第一类是能够运行多媒体设计软件的操作系统；第二类是进行CAI课件设计的专业课件设计制作系统——这也是我们进行CAI课件设计的主要工具；第三类是辅助制作软件，如课件设计所必需的图片、视频、音频、文字等素材的处理软件。在对CAI课件制作软件进行选择时，首先要考虑软件的稳定性；其次要考虑该软件与其他软件之间的兼容性；最后还要考虑这些软件的易用性。

（3）选定开发平台后，进行课件的开发。

（五）课件调试与评价

CAI课件开发完成后，由于在CAI课件的开发制作中不可避免地存在一些不可预见的因素，CAI课件难免会出现一些设计上的缺陷和错误，为了纠正这些错误，提高课件的质量，就要求我们对其进行周密细致的调试工作，即时发现并纠正错误。调试工作完成后，需要对课件按照一定的标准进行评价，并判断此课件是否能够满足教学需要。

第三节　教学评价

一、教学评价的含义

教学评价，是指在一定教育价值观的指导下，依据所确立的教学目标，在系统而科学地收集和运用信息的基础上，对教学过程和结果进行价值判断的过程。这一定义包括以下几个方面的含义：

（一）教学评价受教育价值观的制约

所谓教育价值观，是教育主体经过理性的思考，总结长期的教育实践经验而形成的关于教育价值的思想和观念。由于教育主体的实践过程不同，对教育活动认识的角度、深度和广度也不同，因而所确立的教育价值观也各有不同。教育价值观对教育活动的影响较为全面，教育活动的开展几乎都是主导教育价值观在实践中的体现，因而，作为教学活动实施的主体，教师需要提高认识，转变观念，树立面向新时期的教育观，从而指导教学评价活动的实施和开展。

（二）教学评价的依据是教学目标

教育价值观影响并制约着教育评价。但教育价值观是抽象的、不具体的、观念的直接呈现，不便于实践操作。因而，教育价值观需要转化为具体的、明确的教育目标，将抽象的观念具体化，以此作为教育评价的依据。在确立教学目标时，从纵向看，需要考虑国家的教育总目标、学校的培养目标以及课程或教学目标三个层次的统一；从横向看，需要考虑教学在思想道德教育、智力教育和智能发展三方面的目标，实事求是地选择和确立符合学生身心发展水平的，具有可操作性的教学目标。

（三）教学评价需要以事实为基础

教师在教育价值观的影响下，树立正确的教学目标。通过教学目标选择实现目标的途径与方法，并最终落实在教学实践活动中。教育活动的实践过程，就是教师、学生以及教育影响围绕教育目标不断发生交互行为的过程。因而，教学过程会产生大量的信息，教师在进行评价时需要对大量的信息进行系统、科学的收集、选择、分析，并最终形成结果，从而准确的反映教学的过程的效果，指导教师教学的改善和提高。在整个评价过程中，对事实材料的收集直接决定了评价结果的准确性和合理性，教师应善于收集最能反应结果的重要材料，避免被大量的信息包围，难辨真伪，从而丧失宝贵的信息，造成信息反馈的偏差。

（四）教学评价的过程是对教学过程和结果进行价值判断的过程

所谓“价值判断”，就是对事物的属性和作用进行判断。“价值判断”是教育评价的核心，也是教育价值观和教学目标的具体反映。对“价值”的准确判断，需要教育评价 z 贯穿整个教育活动的始末，既关注过程，也关注结果。从过程中保证预期效果的实现，从过程中评价结果。

二、教学评价的意义

（一）有利于促进教学改革

我国在《基础教育课程改革纲要（试行）》中提出：“新课程的培养目标应体现时代要求。要使学生具有爱国主义、集体主义精神，热爱社会主义，继承和发扬中华民族的优秀传统和革命传统；具有社会主义民主法制意识；具有适应终身学习的基础知识、基本技能和方法；具有健壮的体魄和良好的心理素质，养成健康的审美情趣和生活方式，成为有理想、有道德、有文化、有纪律的一代新人。”

新课程改革的实施，改变了传统的教学评价中重知识轻能力、重结论轻过程、重记忆轻创造、重教法轻学法等诸多不足，对教学评价提出了新的要求和标准。要贯彻新课程改革的理念，进行教学评价时，教师应提高认识，转变评价的观念，以促进学生发展为主题，不仅关注学生的学业成绩，而且还要发现和发展学生多方面的潜能，从而促进学生更好地发展。

（二）判断教学效果，修正目标行为的偏差，调整教学内容并改进教学方法

传统的教学评价，就是对教学效果进行价值判断。判断的结果用来反映教师教学水平的高低，以及学生的优良中差。而事实上，教学评价的意义并不只是在于对教学的结果进行价值判断，还在于对教学过程进行监测和控制。教学评价所反馈的信息，既可以让教师及时地了解教学目标完成的情况，还可以掌握学生对所学知识的理解水平，从而了解教学中存在的问题和不足，及时总结经验，纠正偏差，调整自身的教学内容并改进教学方法。

（三）加强教师之间、师生之间的交流和沟通，促进师生的共同成长

通过开展教学评价，教师之间可以通过不同的形式，诸如评课活动增进了解，交流经验，取长补短；师生之间也可以通过评价进而缩小教师的教学和学生的认知水平之间的差距，实现教与学的平衡一致。

三、教学评价的种类

（一）按教学过程分为：诊断性评价、形成性评价、总结性评价

1. 诊断性评价

诊断性评价指在教学计划实施的前期阶段开展的评价。重在对学生已经形成的知识、能力、情感等发展状况作出合理的评价，从而为教学计划的有效实施提供可靠的信息资源，以获得更好的效果。

2. 形成性评价

形成性评价指在教学计划实施过程中开展的评价。一般以教学的一个单元为评价内容。形成性评价可以帮助学生强化已学知识，发现不清楚的知识点，评价的结果能够指导以后的教学和学习的评价。

3. 总结性评价

总结性评价指在教学和学习后进行的评价，是对教学和学习全过程的检验，一般在学期中和学期末进行，次数较少，目的在于对教学的总体效果进行检验，考查学生的学业成绩。

（二）按评价的标准分为：相对性评价、绝对性评价和个体内差异评价

1. 相对性评价

相对性评价又称为常模参照评价。依据评价对象的成绩在团体中所处的位置来评价和决定成绩的优劣。这种评价方式不考虑评价对象是否达到教学目标的要求，而是将评价对象按实际达到的程度排序，超过基本标准即达到评价要求。此种评价适用于选拔人才。

2. 绝对性评价

绝对性评价又称为常模目标评价。以既定的目标为标准，对评价对象达到目标的程度进行评价。这种评价方式是由目标来决定的绝对标准。评价对象的评价结果只与既定目标比较，评价对象相互之间不进行比较。这类评价适用于评定评价对象是否达到特定的资格，不适用于人才选拔。

3. 个体内差异评价

个体内差异评价指以评价对象的某一状况作为评价标准而实施的评价。评价过程主要比较个体状况前后的变化。这类评价方式以尊重个性发展为出发点，既可以时间为依据，作纵向比较；也可以评价对象的某几个侧面为依据，作横向比较。这类评价适用于了解学生的学习特点和优势，尊重学生的个性发展。

四、教学评价的结构、内容和实施

（一）教学评价的结构

教学评价是对教学过程和结果进行价值判断的过程。评价的目的是为了引导教师改进教学工作、提高教学质量。据此，课堂教学评价的结构应包括：教学过程评价（课堂教学评价）和教学绩效评价。

1. 教学过程评价（课堂教学评价）

（1）教学过程评价的内容。

教学过程是教师与学生共同参与的活动，而教学发生的场所主要是课堂。因而，评价课堂教学活动整体也构成了教学的过程评价。

“在具体的课堂教学活动中，各个因素相互作用共同构成课堂教学的统一整体。因此，在课堂教学评价中，不能把他们中的某一个因素作为评价对象，而应该把各个因素在课堂教学中的共同表现形式——课堂教学活动作为评价对象。”

课堂教学评价应包括对教师平时的一堂课给予的即时性评价，以及对教师每学期或每学年所上的课进行的概括性评价，可以是一节课的课堂教学评价，也可以是一个学期或一年的课堂教学评价。对教师进行一节课的课堂教学评价，应包括以下三个方面：①课堂教学设计：评价涉及教学目标明确性和全面性；教学目标与课程标准及教学大纲的衔接程度；教学分析是否结合所教内容，针对学生实际，从知识、

情意、潜能等方面进行分析；教学流程的设计是否包括新课导入、教学要点提示、教学步骤、课程内容开发、练习设计等；教学方法是否多样，教学组织形式是否得当；板书设计是否简明、清晰、美观等。②课堂教学评价：评价涉及教师的素质（教学的思想性、语言表达的能力、应变能力，对课堂的驾驭能力、教态等）；教学行为的评价（对教学的处理、教学活动的组织、教具的灵活使用、对学生的引导等）等。③课堂教学效果评价：评价涉及教学是否达成教学目标；学生对基本知识、基本技能、学习方法的掌握；学生独立思考能力、自学能力、创新实践能力、非智力因素（如学生的学习兴趣、态度和自信心）的培养等。

（2）教学过程评价的实施。

首先，随堂听课、评课是教学评价的重要手段，也是教师之间交流学习的主要形式。盲目听课与有所准备的听课，效果是大不一样的。因此，教师在听课前应有所准备，具体包括：①熟悉教材，了解主讲教师的意图和教学的重难点；②明确这节课教学的三维目标；③勾勒出这节课大体的教学框架，为评课提供参照体系。

其次，教师在听课时应重点观察主讲教师；观察教学环节的组织和实施；观察教学重点、难点的处理；观察教学方法与学习方法的应用；观察辅助手段的应用与板书设计；观察教学过程中学生的参与程度等。

再次，教师听完课后，应首先整理好听课记录；做好课后分析，并针对这节课的实际情况，提出建设性的意见与合理化的建议，与执教教师交流切磋。

最后，评课时应注意要善于从不同侧面抓住主要矛盾；要把握评价的语言、肢体动作和表情；评课能关注“优缺点”，注意评价对教师的激励作用；评价要有理有据；要有重点，要全面衡量，切忌以偏概全；要实事求是，切忌片面化和庸俗化；要区别对象，注意教师的年龄和心理承受能力。对年长的或心理承受能力弱的教师应含蓄、委婉；对年轻的或心理承受能力强的教师则可坦率、真诚；对新教师，第一次评课要以鼓励为主。

2. 教学绩效评价

成功的教师教学评价既要保持教师的绩效压力，又能够通过评价对教师进行内在的激励，促进教师的专业成长和发展。教师教学绩效评价要基于事实对教师进行奖惩，更重要的是通过评价改进教学工作，促进教师的发展。在评价过程中，既要对教师进行教学效果的评价，又要注意避免出现片面追求结果而忽略过程的现象。因此，对于教学绩效的评价，要确定合理的评价范围和标准，采用多元评价方法，广泛收集评价信息，将定量评价和定性评价相结合，注重突出教学绩效评价的激励性和教育性。

教师教学绩效的评价范围：教师思想政治道德素养、教师专业知识、技能及态度；教师业务素质、工作量和工作质量等。在此基础上，确立定量与定性评价相结合的标准，并赋予相应的权重。

教师教学绩效的评价形式：按主体的不同可分为教师自评、同行评价、领导评价和学生评价。为确立以学生为主体的价值观念，应适当增加学生评价的权重。

教师教学绩效评价应注意三方面关系的处理：教学效果显性与隐性的关系；教学数量与质量的关系；教学过程与结果的关系。

本章知识结构图：

- 教学技术概述
  - 教学技术发展的四个阶段
    - 萌芽阶段
    - 稳步发展阶段
    - 快速发展阶段
    - 系统发展阶段
  - 教学技术的定义
  - 现代教学技术的理论基础
    - 学习理论
    - 传播理论
    - 视听教育理论
    - 系统理论
- 教学的基本技术
  - 教学基本技能
    - 教学技能定义
    - 教学技能的分类
    - 微格教学
      - 微格教学的定义
      - 微格教学的基本流程
  - 教学媒体的使用技术
    - 教学媒体的定义
    - 教学媒体的发展
    - 教学媒体的分类
  - 计算机辅助教学技术
    - 计算机辅助教学的定义
    - 课件的分类
    - 课件的制作原则
    - 课件制作的基本流程
- 教学评价
  - 教学评价的含义
  - 教学评价的意义
  - 教学评价的种类
  - 教学评价的结构、内容和实施

讨论与应用：

1. 根据自身的特点，结合教学需要，开展教学技能的训练。
2. 了解多媒体教室这种最常见的教学媒体综合系统的使用方法。
3. 尝试运用 CAI 技术制作一个多媒体课件。
4. 按传播模式分，我们经常参与的教学活动可分为哪些传播模式？

本章主要参考书目：

1．南国农，李运林．电化教育学（第二版）．北京：高等教育出版社，1998

2．国家教育委员会电化教育司编译．教学媒体与教学设计．北京：高等教育出版社，1990

3．顾明远．教育技术．北京：高等教育出版社，1999

4．初娜娜．信息技术——中小学教师信息技术教育教材．北京：人民教育出版社，2001

5．乌美娜，李芒．现代教育技术基础．长春：东北师范大学出版社，1998

6．陈琳．现代教育技术．南京：河海大学出版社，2002

7．［美］加涅 Gagne Robert M.．教育技术学基础．张杰夫等译．北京：教育科学出版社，1992

8．武法提．网络教育应用．北京：高等教育出版社，2003

9．祝智庭．现代教育技术——走进信息化教育．北京：教育科学出版社，2002

10．王建华等．计算机辅助教学实用教程．北京：高等教育出版社，2004

11. 孟宪恺．微格教学基础教程．北京：北京师范大学出版社，1992

12. 穆陟晅．基于网络的微格教学系统及其设计刍议．中国电化教育，2007（10）

13. 郭友．新课程下的教师教学技能与培训．北京：首都师范大学出版社，2004

14. 荣静娴，钱舍．微格教学与微格教研．上海：华东师范大学出版社，2000

15. 刘丽平．运用微格教学系统促进师范生教学技能的发展．职业时空，2008（1）

16. C. Turnev，K. J. ELtis. *Sydney Micro Skill Redeve Typed* . 1983

17. Miyata，Hitoshi. *Development of a Classroom Teaching Improvement Support System Using a Web-based Teaching Portfolio*. Computers and Advanced Technology in Education，2004